リーディングス
ネットワーク論

家族・コミュニティ・社会関係資本

READINGS IN SOCIAL NETWORKS
FAMILY, COMMUNITY, AND SOCIAL CAPITAL

野沢慎司［編・監訳］

勁草書房

Class and Committees in a Norwegian Island Parish
Copyright © by J.A. Barnes in *Human Relations*, 1954; 7: 39-58.
Permissions arranged with Sage Publications Ltd. through The English Agency (Japan) Ltd.

Urban Families : Conjugal Roles and Social Networks
Copyright © by Elizabeth Bott in *Human Relations*, 1955; 8: 345-384.
Permissions arranged with Sage Publications Ltd. through The English Agency (Japan) Ltd.

The Small-World Problem
Copyright © by Stanley Milgram in *Psychology Today*, 1967; I 61-67, CRM associates.

The Strength of Weak Ties
Copyright © by Mark S. Granovetter in *American Journal of Sociology*, 1973; 78: 1360-1380.
Permissions arranged with The University of Chicago Press through The English Agency (Japan) Ltd.

The Community Question: The Intimate Networks of East Yorkers
Copyright © by Barry Wellman in *American Journal of Sociology*, 1979; 84: 1201-31.
Permissions arranged with The University of Chicago Press through The English Agency (Japan) Ltd.

Social Capital in the Creation of Human Capital
Copyright © by James Coleman in *American Journal of Sociology*, 1988; 94: s95-121.
Permissions arranged with The University of Chicago Press through The English Agency (Japan) Ltd.

Structural Holes versus Network Closure as Social Capital
Copyright © by Ronald S. Burt in *Social Capital: Theory and Research*, 2001; pp.31-56, Aldine Publishers.
Reprinted by permission of Aldine Transaction, a division of Transaction Publishers.

READINGS IN SOCIAL NETWORKS
FAMILY, COMMUNITY, AND SOCIAL CAPITAL

Edited by
Shinji Nozawa

Translated by
Shinji Nozawa
with
Emi Ooka, Jun Kanamitsu, and Noriko Tateyama

Published by
Keiso Shobo Publishing Co., Ltd.
Tokyo

August 2006

序
ネットワーク現象としての社会

野沢慎司

現代科学のキーワードとしての「ネットワーク」

　「ネットワーク」は、現代社会を分析するキーワードとしてのみならず、物理学、生物学、情報科学などを含む広範な「科学」の新しい理論展開を導く重要概念として大きな注目を集めている。A. バラバシや D. ワッツなどの科学者たちは、大停電を引き起こす発電所事故の連鎖、生物の神経細胞の働き、群生するコオロギの鳴き声やホタルの発光点滅の同期現象、人体およびコンピュータを介したウィルスの流行などの様々な現象をネットワークの視点から説明しようと試みて、その有効性を明らかにしてきた。そうした最先端の研究成果は、何冊かの一般向け書籍として出版されて大きな反響を呼び、翻訳出版されて日本でも多くの読者に関心が拡がっている (Barabasi, 2002 = 2002; Watts, 2003 = 2004; Buchanan, 2002 = 2005)。また日本人科学者による解説書も出始めている (増田・今野，2005)。個々の研究の展開がどのようなものになるかは予断を許さないが、これらの研究が共通に示唆しているのは、広範な現象を対象にした科学のパラダイム転換にとって、世界を「ネットワーク」という観点から眺めることが決定的に重要だということだ。

　世界をネットワークと見る視点は、社会学を中心とした社会科学の世界における「社会的ネットワーク分析 (social network analysis)」として結晶化されてきた研究系譜が長年にわたって発展し、理論・方法論として洗練されてきたものである。広義の社会学は、自然科学を方法論的なモデルとしたりするなど、いわゆる理科系の科学から影響を受けることはあっても、逆に社会学が自然科学に影響を及ぼすということは稀なことであると思われてきたが、現在起こっ

ていることはまさにその稀なケースである。

　もちろん、ネットワーク分析の発展は数学など自然科学の成果を応用することによってもたらされたことも事実であり、その意味でネットワーク分析はそもそも特定の学問領域限定の理論とは言えない。ネットワーク分析の知識社会学とも言える L. フリーマンの近著（Freeman, 2004）は、世界の様々な研究分野で散発的に展開した「ネットワーク」の視点や発想が、次第に影響関係のリンクで結ばれ、組織化・制度化されて現在に至る脈々たる歴史を掘り起こしている（フリーマンによれば、ネットワーク分析の系譜は社会学の祖、オーギュスト・コントにまで遡ることができる）。ワッツ（Watts, 2004）のように物理学出身の研究者が、自然科学と社会科学の垣根を越えて社会学の世界でも仕事をするようになっている現状は、こうした発展史の当然の帰結なのかもしれない（ネットワーク分析の発展史については、金光［2003: 2 章］および Scott［2000: 2 章］も参照）。

ネットワーク分析の社会学的水脈

　しかしながら、近年、広い意味での「社会学」的なネットワーク分析の意義が「新しい科学」として再発見されてきた文脈では、S. ミルグラムの「小さな世界問題」と M. グラノヴェターの「弱い紐帯の強さ」（いずれの論文も本書に収録）が決定的に重要な貢献として繰り返し引用され、紹介されているものの、それ以外の重要な研究についてはあまり顧みられていない。さらに不幸なことに、ネットワークの研究視角は、広義の社会学界内においてさえ、長年、周縁部に位置づけられてきた。ネットワークという概念はおもしろそうだと期待されながら、具体的に社会の分析にどんなおもしろい視点をもたらすかが理解されないまま、特殊な分析技法を使った、小難しくて近づきにくい研究群とみなされ、敬遠されてきたきらいがある。

　しかし、事情は次第に好転してきた。定評のあるネットワーク分析入門書（Scott, 2000）の著者でもある J. スコットが編集した 4 巻本（Scott, 2002）が社会的ネットワーク論の古典から最近の重要な研究論文を幅広く再録しているので、研究系譜を概観することが容易になっている。そして最近では、日本語で読める入門書や応用的な解説書・論文が続々と出版され、基本概念、理論的背

景や基礎づけ、応用分野の幅広さと既存研究の展開、分析手法に関する知識が次第に浸透してきた（平松,1990; 安田,1997; 安田,2001; 野沢,2001; 渡辺,2002; 金光,2003 など）。

　にもかかわらず、とりわけ日本において、ネットワーク論的視点の有用性・有効性が充分認知されていない現状があるとすれば、それは古典から最近までの基本文献を日本語で読めないことにも原因があるのではないだろうか。そう考えたことが、本書の編纂・出版企画へとつながった。社会学および関連領域の学生や研究者が、優れたネットワーク研究のいくつかを、ある程度系統的に、日本語で手軽に読むことができるリーディングスがあれば、ネットワーク分析の基本的な論理や発想を理解しやすくなるし、それぞれの抱えているテーマに応用する具体的なヒントも得られやすいだろうと考えたのである。

　しかし、1冊の限られた紙幅のなかにどの文献を含め、どれを含めないかを判断するのは難しい。ネットワークの視点に立つ研究が多様な領域で展開してきたことを考えてみれば、それぞれが専門とする領域ごとに偏りが生じるのは必定である。どうあがいてみても、本書に含めた諸論文の選択はあくまでひとつの選択に過ぎない。上記のリーディングス4巻本（Scott, 2002）には61本に及ぶ論文が収録されているし、フリーマン（Freeman, 2004）も数多くの人物、学派、著書・論文を重要な貢献をもたらしたものとして取り上げている。それらを網羅することは不可能であり、ここでの目的でもない。

ネットワーク研究のための知的共通基盤

　本書に収録した文献は、ネットワークという概念を単なる比喩的概念ではなく分析道具として使用し、その分野における理論の転換と前進をもたらした「発見」に満ちた七つの研究論文である。基本的に、経験的データに基づいてネットワーク分析を試みた論文を取り上げたが、理論的な問題を扱った論文やレビュー論文の場合でも、経験的調査研究をある程度詳しく紹介・検討しているものを選んだ。優れたネットワーク分析の多くが、データを読み解きながら常識を越えた発見に至るおもしろさを具現しているからである。しかも、これらの論文はいずれも、社会学や社会調査についての初歩的な知識さえあれば、必ずしもネットワーク分析手法に関する高度な数学的知識がなくても、その魅

力が充分に理解できる論文である。

　時系列に並べられた7論文は、結果的に相互関連のネットワークで結ばれた文献群になっている。本書の性格上、単著は対象外とせざるをえず、ネットワーク論における必須文献の多くがここから漏れていることは間違いない。にもかかわらず、20世紀の半ばから21世紀初頭にかけて発表された古典から最前線に至るこれら7本の論文を通読するだけで、ネットワーク論が開拓してきた新しい視界とその展開をざっくりと捉えることができる。読者は、自分の関心にしたがって特定の論文だけを読んでもよいが、できれば年代順に7論文を読み通してほしい。そして必要に応じて、他の入門書や関連文献を参照していただければ、本書は社会をネットワーク分析する研究世界への導入として大いに役立つ1冊となるだろう。

　本書出版のもうひとつのねらいは、ネットワーク分析に関心のある日本の多くの研究者や学生にとっての基本的な共有財産を提供することにある。比較的早い時期に出版された都市人類学マンチェスター学派の主要ネットワーク論者による論文集の抄訳（Mitchell, 1969＝1983）やその伝統に連なる人類学のネットワーク論の邦訳（Boissevain, 1974＝1986）があるが、対象地域のなじみの薄さからか、必ずしも日本のネットワーク研究者の共通の知的財産とはならなかった。一方、「構造分析」（Wellman, 1988）と呼ばれる狭義のネットワーク分析に限定しなければ、ネットワークという概念はより広範な分野で日本の研究者に採用され、日本社会の経験的な研究に応用されてきた。社会人類学、家族研究、都市コミュニティ論、社会老年学、数理社会学、社会階層論、教育社会学、社会運動論、経済社会学、組織社会学、社会心理学、政治学、コミュニケーション論、移民研究、宗教社会学、社会福祉学など研究蓄積のある分野は数多い。しかし、国内のそれぞれの研究は、専門領域内のネットワーク調査研究のみに眼を向けがちで、閉鎖的な展開となりやすい。それは、"social network"というもっとも基本的な概念の日本語表記が、「社会的ネットワーク」、「社会ネットワーク」、「ソーシャル・ネットワーク」などと分野や個人ごとにばらついていることにも表れている。しかし実際には、ネットワーク研究のフロンティアは、私たちの想像を超えて拡大しているのかもしれない。

　ネットワークに着目した研究知見は狭い研究分野の垣根を越えて相互に影響

を与え合いながら展開してきたという事実を顧みれば、日本にもさらなる知的交流のネットワークが必要だと言える。本書が、できるだけ多様な社会現象を扱った研究論文を集めて翻訳したのは、自分のテーマにかかわりなく読むべき知的共通基盤を提供して、多様な分野のネットワーク分析者間の「橋渡し」となれればという願いが込められている。

収録した7論文に通底するテーマ

　本書の収録論文は、実に多様な研究領域における画期的な研究業績をカバーしている。ノルウェーのある島内の地域社会をフィールドにして、地域コミュニティの構造をネットワークの視点から描き出した1章のバーンズ論文(社会人類学、地域社会論、社会階級論、政治過程論)。ロンドンに住む夫婦の役割関係を家族以外の親族や友人との関連から説明してみせた2章のボット論文(家族社会学、家族心理学、ジェンダー論)。アメリカ社会は膨大な数の人々が意外に緊密に結合しあった「小さな世界」であることを証明しようとした3章のミルグラム論文(社会心理学、コミュニケーション論、社会構造論)。アメリカでの転職調査から「弱い紐帯」に独自の機能があることを発見した4章のグラノヴェター論文(経済社会学、職業社会学、キャリア研究、コミュニティ組織論)。カナダのトロント大都市圏内の住民調査から現代の「コミュニティ問題」に対して新たな解答「コミュニティ解放論」を提示した5章のウェルマン論文(都市社会学、コミュニティ論)。高校生が学業を達成するうえで閉鎖的なネットワークとしての「社会関係資本」が効果をもたらすことを強調した6章のコールマン論文(教育社会学、社会階層論)。そして、それとは対照的に、開放的なネットワーク特性としての「構造的隙間」がビジネスなどの世界での成功をもたらすことを強調する7章のバート論文(経営学、組織社会学、経済社会学)。古典的な社会人類学のフィールドワークから最新の社会関係資本(social capital)論までの展開を代表する以上の7論文を1冊に収めている。

　これらの諸論文が共通に前提としている理論的視角は、社会を単なる個人の寄せ集めとみなさず、また個人の集合としての集団や組織の並列と捉えるのでもなく、よく観察しなければ見えない個人や集団の絶えざる相互作用の複雑なネットワークとみなす点にある。そのうえで、ネットワーク構造の様々な側面

を切開し、分析し、対象とした社会現象（例えば、夫婦役割関係、転職など）との関連や因果関係を解き明かそうとする。ただし、ネットワークとしての社会の切り取り方は、大きく二つに分かれる。ひとつは、ボット論文やウェルマン論文のように、特定の個人（あるいは世帯や組織）を単位とし、中心とした「エゴセントリック・ネットワーク（egocentric network）」を描き出す方法である。もうひとつは、例えばバーンズ論文やミルグラム論文のように、一定の範域をもつ地域や社会のなかに含まれる諸個人を視野に入れ、その相互連関を表す「ソシオセントリック・ネットワーク（sociocentric network）」を分析対象とする方法である。しかし、ネットワークのマクロな構造を見るのか、そのなかに織り込まれた個人ごとのミクロなネットワーク構造を見るのかという両者の視点は、相互にリンクしていて、いわば「地」と「図」の関係にある。収録した個々の論文をじっくり読んでいただければ、どの論文においても、両者の関連が直接・間接に論じられていることに気づくだろう。

　そして、これら所収論文全体に通底する問題関心は、マクロな社会構造の変動と連動しているミクロなネットワーク構造の変化をどう評価するかという問題だと言ってよい。それは、まるで変奏曲のように、各論文の中で微妙に異なった概念として登場する対概念によって表現されている。高度に結合したネットワーク／分散したネットワーク（緊密な編み目／ゆるやかな編み目）、強い紐帯／弱い紐帯、連帯的なネットワーク／まばらなネットワーク、閉鎖／開放（隙間）などのネットワーク特性の対比である。とくに、ボット論文、グラノヴェター論文、ウェルマン論文、バート論文は、明示的にこの対比を論じている。また、最後の２論文（コールマン論文とバート論文）は、この点を巡る論争として読むことができる。

　社会学的なネットワーク分析の系譜は、現代の社会変動がネットワーク構造を脱連帯化させつつあることを前提に、そこに機能不全を見るというよりは、現代社会に適合的なものとして肯定的な評価を下す傾向がある。ネットワーク分析の研究系列においてはやや異端に属するコールマン論文をあえて収録したのは、こうした理論的立場へのアンチテーゼとしてバランスを配慮した面もある。ただし、閉じた連帯を重視するコールマン論文は、むしろ社会学全体においては今なお正統派・主流派を代表する立場と言ってよいだろう。読者は、双

方の立場と考え方を意識的に比較評価しながら全体を通読することで、多くのことを学び、さらに新たな問いを発掘するに違いない。

＊　　　＊　　　＊

　各論文の後には著者紹介とその論文の解題を付し、文献リストを掲載することで、読者の理解を助け、関連文献へと読み進めるための糸口をできるだけ提供したつもりである。訳注は最小限に止め、必要に応じて本文中に挿入した〔　〕内の語句や文章で説明を補った。

　翻訳は、社会学におけるネットワーク分析で多くの優れた業績を上げている大岡栄美氏、金光淳氏、立山徳子氏〔50音順〕にご協力いただいた。3氏には早々に訳稿を仕上げていただいたが、その後、私との間で何度も訳稿のやりとりを繰り返し、読みやすい訳文に練り上げる作業は、予想以上にハードなものであった。3氏の忍耐強い努力に感謝している。また、明治学院大学の大学院と学部のゼミで訳稿の一部を講読したが、院生・学生たちからのコメントによって訳稿が大いに進化したことに感謝したい。にもかかわらず、編者・監訳者の責による不備が残されているのではないかと思う。読者の皆さんからご批判を仰ぐことができれば幸いである。

　勁草書房編集部の徳田慎一郎氏と藤尾やしお氏には、それぞれこの企画の立ち上げ段階と最終段階で大変お世話になった。末筆ながら感謝申し上げたい。

【文献】

Barabasi, Alberto-Laszlo. (2002). *Linked: The New Science of Networks*. Perseus Books.［バラバシ, A. L.（青木薫訳）（2002）『新ネットワーク思考――世界のしくみを読み解く』日本放送出版協会.］

Boissevain, Jeremy. (1974). *Friends of Friends: Networks, Manipulators and Coalitions*. Basil Blackwell.［ボワセベン, J.（岩上真珠・池岡義孝訳）（1986）『友達の友達――ネットワーク、操作者、コアリッション』未来社.］

Buchanan, Mark. (2002). *Nexus: Small Worlds and the Groundbreaking Science of Networks*. W. W. Norton.［ブキャナン, M.（阪本芳久訳）（2005）『複雑な世界、単純な法則――ネットワーク科学の最前線』草思社.］

Freeman, Linton. (2004). *The Development of Social Network Analysis: A Study in the Sociology of Science*. Empirical Press.

平松闊（編）（1990）『社会ネットワーク』福村出版.

金光淳（2003）『社会ネットワーク分析の基礎——社会的関係資本論にむけて』勁草書房.

増田直紀・今野紀雄（2005）『複雑ネットワークの科学』産業図書.

Mitchell, J. Clyde. (Ed.). (1969), *Social Networks in Urban Situations: Analyses of Personal Relationships in Central African Towns*. Manchester University Press. ［ミッチェル, J. C.（編）（三雲正博ほか訳）（1983）『社会的ネットワーク——アフリカにおける都市の人類学』国文社.］

野沢慎司（2001）「ネットワーク論的アプローチ——家族社会学のパラダイム転換再考」野々山久也・清水浩昭（編）『家族社会学の分析視角——社会学的アプローチの応用と課題』ミネルヴァ書房 281-302.

Scott, John. (Ed.). (2002). *Social Networks: Critical Concepts in Sociology*. (4 volumes). Routledge.

Scott, John. (2000 [1991]). *Social Network Analysis: A Handbook* (2nd ed.). Sage.

渡辺深（2002）『経済社会学のすすめ』八千代出版.

Watts, Duncan. (2003). *Six Degrees: The Science of a Connected Age*. W. W. Norton. ［ワッツ, D.（辻竜平・友知政樹訳）（2004）『スモールワールド・ネットワーク——世界を知るための新科学的思考法』阪急コミュニケーションズ.］

Watts, Duncan. (2004). "The 'New' Science of Networks." *Annual Review of Sociology*. 30: 243-270.

Wellman, Barry. (1988). "Structural Analysis: From Method and Metaphor to Theory and Substance." (pp. 19-61) in Wellman, B. and Berkowitz, S. D. (Eds.). *Social Structures: A Network Approach*. Cambridge University Press.

安田雪（1997）『ネットワーク分析——何が行為を決定するか』新曜社.

安田雪（2001）『実践ネットワーク分析——関係を解く理論と技法』新曜社.

リーディングス　ネットワーク論
──家族・コミュニティ・社会関係資本──

目　次

序　ネットワーク現象としての社会 ……………………………… i
　　　　野沢慎司

第1章　ノルウェーの一島内教区における
　　　　階級と委員会 ……………………………………………… 1
　　　　J. A. バーンズ（野沢慎司・立山徳子訳）

第2章　都市の家族――夫婦役割と社会的ネットワーク ………… 35
　　　　エリザベス・ボット（野沢慎司訳）

第3章　小さな世界問題 …………………………………………… 97
　　　　スタンレー・ミルグラム（野沢慎司・大岡栄美訳）

第4章　弱い紐帯の強さ …………………………………………… 123
　　　　マーク・S・グラノヴェター（大岡栄美訳）

第5章　コミュニティ問題――イースト・ヨーク住民の
　　　　親密なネットワーク …………………………………… 159
　　　　バリー・ウェルマン（野沢慎司・立山徳子訳）

第6章　人的資本の形成における社会関係資本 ……… 205
　　　　ジェームズ・S・コールマン（金光淳訳）

第7章　社会関係資本をもたらすのは構造的隙間か
　　　　ネットワーク閉鎖性か……………………………………243
　　　　　　　ロナルド・S・バート（金光淳訳）

索　　引……………………………………………………………282

第1章　ノルウェーの一島内教区における階級と委員会[1]

J. A. バーンズ
（野沢慎司・立山徳子訳）

Barnes, J. A. (1954). "Class and Committees in a Norwegian Island Parish." *Human Relations*, 7: 39-58.

I

　単純な社会における社会組織を研究する場合、私たちはその社会のメンバー間の体系的な相互作用の様子をあらゆる点から理解することを目指す。分析上の目的のために、政治システム、村の生活パターン、血縁・姻縁関係のシステムなど、相互作用の諸領域をすべて同一の議論の世界に持ち込んで、それらを分析的に対等な位置を占めるものとして扱い、その上で、同一の外部要因、組織化の共通原理、共通した価値観が、こうした社会生活の様々な部分に影響していることを示そうと努力する。これはつねに困難な仕事には違いないが、次第に多くの単純な社会に関してこうした分析が実施されてきており、またそれによって社会が全体としてどのようなものなのかが理解できたと、ある程度自信をもって言えるようにもなってきた。ところが、途方もなく複雑な西洋文明社会に眼を転じてみれば、こうした分析課題ははるかに困難なものになる。西洋社会における単一のコミュニティ内で行われたフィールドワークから直接わかることは、大規模社会における社会生活のごく限られた領域に関することにすぎない。したがって、このように限定された領域についての詳細な情報は、可能な限り、社会の他の部分で得られた経験や情報と関連づけて理解されなければならない。

　最近、私はブレムネス（Bremnes）と呼ばれるノルウェー西部にある一教区で調査をする機会を得た[2]。フィールドワークを行っている間、私はノルウェ

ーの全体社会に関する一次情報を手に入れようとはしなかった。おそらく、そのような試みをしたところでまったくうまく行かなかっただろう。そのかわりに私は、社会生活の特定の側面だけを切り離して研究しようと試みた。つまり、私が関心を持っているもののうちで、まだあまり研究されておらず、しかも把握しやすい側面だけを研究することにしたのである。ノルウェーの政治史や経済制度の発達、国民性、宗教的信仰のかたちなどについては、これまで多くの人々が論じてきた。また、これまでにこの国で実施された社会学的なフィールドワークもある。しかし、社会的平等の遵守を誇りにするこの国の階級システムがどのように作動しているのかについては、いまだにほとんど何も知られていない。そこで私は、それを通じて階級システムが（仮にあるとしてだが）作動するような類の対面的関係（face-to-face relationships）に焦点を合わせることにした。また私はこのような種類の社会において集合行為（collective action）がどのように組織されるかにも興味があったので、様々な委員会（committees）の動向に注意を向けるようにもなった。そこで私は、部分的に製造業に依存している島の一教区を調査研究することにした。なぜなら、そのほうが都市部に比べると、フィールド・データを得ることもそれを理解することも容易だろうと考えたからである。

　ブレムネスは、約4,600人の居住人口を持つ島である。ここでは、15歳以上の男性10人のうち3人は漁業、2人は農業、他の2人は製造業に従事し、そして1人は商船員という構成になっている。成人男性人口の84％がこうした職業に就いている。それ以外の6％は別の有給職に雇用され、残る10％は引退生活を送っている。成人女性の大半は専業主婦である。この職業構成の比率は、主要な職業に関するものにすぎず、実際には複数の稼業を持っている男性も多い。農場はいずれも小規模経営で、人を雇っている例はまったくと言っていいほどない。また、自分の土地のみで生計を立てられる世帯はごくわずかしかない。そのため、大半の小作農たちは、少なくともクリスマスから復活祭までの期間をニシン漁に費やす。地元の漁船エンジン工場で働く者もいる。ほぼフルタイムで働く行政官もいないわけではないが、地方行政の膨大な業務は、区長、教区出納官、税額査定士、収税官、および常設されている様々な委員会の委員長など、パートタイムの兼業公務員によって遂行されている。その大部分は、小

自作農地を耕作するかたわら、公職を兼務しているのである。

　ブレムネスはノルウェーに属しており、その住民は、同国人と同じ文化を共有し、ひとつの経済・社会・行政システムの下に置かれている。ノルウェーという国は、税金が高く、極端な貧困層も富裕層も比較的少ない民主制君主国であると言っておけばここでは充分であろう。ノルウェー国民の95％以上がルーテル派国教会に属している。この国には封建制度の伝統は見られず、また王室以外では世襲される称号もない。そして、ほとんどすべての子どもが公立小学校に通っている。ノルウェーの思想においては、誰であっても自分の仲間が持っていないような特権を持つべきではない、という点がとくに強調されている。

II

　ブレムネスでは、各人がいくつもの社会集団に属している。たいていは、世帯の一員であり、部落（hamlet）の一員であり、地区（ward）の一員であり、かつブレムネス教区（parish）の一員でもある。こうした集団のいずれかの一員であるということは、様々な時と場所においてその人がどう行動するかを規定している。たとえば、教会（prayer house）には同じ世帯の人と一緒に出かけ、結婚式では同じ部落の人たちと同席し、教区の一員として税金を払うことになる。これら地域（territory）を基盤にした諸集団と部分的に交錯するような別の系列の集団も存在するが、それらもまた地域を基盤にした集団である。したがって、たとえばひとりの人が部落の伝道活動班に所属したり、地区ごとの肉牛所有者協働組合に所属したりすることがある。公式な言い方をすれば、これらの様々な集団は、あるものが別のものの内部に包含されるというかたちで、それぞれひとつの系列のなかに収まっている。そのようなわけで、たとえばこの教区内には地域ごとの漁業組合が三つ存在している。その3組合すべてが県の（provincial）漁業組合に所属し、さらにはそれが全国レベルの組合を構成している。ひとりの人が、同一系列内の多様な集団に複数の義務や権利を持つために、また異なる複数の系列に利害を持つために、葛藤が生じることがある。これはどの社会でも同じであろう。

　ブレムネスの人口の地域的分布はかなり安定している。毎年同じ土地が耕作され、新しい土地が開墾されることはめったにない。住宅をある敷地から別の

敷地へと移動することもできるが、これには高額なお金がかかる。土地の売買は可能だが、いくつかの要因によって頻繁な土地売買は抑制される傾向にある。その結果、毎年毎年同じ人が同じ住宅に住み、同じ土地を耕作することになる。このため、いわば何十年間にもわたって社会関係が維持される安定した環境、および自分と他の人々とを関連づける準拠枠組が提供されているのである。しかし、地域を基盤にした人間関係は、ブレムネスの社会システムの一部分にすぎない。なぜなら、人々は陸地だけではなく海も利用しているからである。ニシンは耕作物ではなく、捕獲物である。ニシンは海で獲れるものであり、海は地域的な資産の所有権を確定できない場所である。ニシン漁は男たちが5人から20人の集団で行うもので、その集団構成は年ごとに変化し、同じ所有地で一緒に働く世帯集団よりもはるかに変動が激しい。漁師たちにとって一時的には住居ともなる漁船は、住宅や土地に比べると耐久期限がはるかに短く、売買も比較的容易である。さらに重要なのは、船上には女がいないことである。男たちがひとつの漁場から別の漁場へ、ひとつの乗組員仲間から別の仲間へと移動を繰り返している間、妻や子どもは陸に残され、ひとつ所に留まっている。したがってここには、まったく種類の異なる二つの社会的な場（social field）が存在することになる。すなわち流動的な場と定着的な場のふたつであるが、ほどなくそのふたつをつなぐ第3の場についても論じることにしよう。流動的な場とは、生産活動の場であり、男たちが魚を獲ってお金を稼ぐ場である。定着的な場とは、陸の上での家庭的、農業的、行政管理的な活動の場であり、男たちやその妻たちがお金を使う場である。

　ノルウェーの漁業は生産効率が高い。つねに技術革新が行われ、漁船は無線電話や音響測深機、ナイロン・ロープ、レーダーや魚群探知機などの近代的装備を利用している。また、競争の激しい産業でもあり、個々の漁船にとってはほかのすべての漁船が競争相手である。親族、近隣、友人への忠誠心は今でも働いているのだが、その強さはかなり限定されている。彼ら自身に言わせれば、「ニシン漁は戦争である」。どんな男でも乗組員に入れてもらえなくはないが、どの船主も最高の漁獲量をあげそうな乗組員を雇いたがる。ニシン漁のシーズン中には、ブレムネスの男たちが他の教区に所属する漁船に乗り込むこともあるが、ブレムネスで登録された漁船が600マイルも離れた土地の漁師たちを乗

船させることもある。そこには、まさに自由労働市場的な状況がある。男たちは、すでに乗船している友人や親類のつてがあるとか、前のシーズンで成功を収めた船だとかという理由から、特定の漁船の乗組員に志願する。

　社会関係のパターンが、陸上における多くの社会的・経済的活動と同じように固定的・安定的なものであったなら、この種の産業はほとんど動きがとれなくなってしまうだろう。ニシンの漁獲量の大半は輸出されるが、世界市場で利益を上げるためには、船団の規模やそれに投資する資本の額が、経済的圧力がその強度や矛先を日々変化させる状況にうまく対応していなければいけない。漁船によって、あるいは年によって収益が上下しても、巨大なマーケティング組織が存在し、多様な積立資金があるために、その一部を穴埋めすることができる。そうではあっても、シーズンを通した船団全体の収益にはかなりのばらつきがあり、ある乗組員集団は大漁なのに、別の乗組員集団はまったくと言っていいほどお金を稼げなかったといったことが毎年起きている。漁業における仕事のほとんどは、海辺に生まれ育った健康な男なら誰でもこなせるようなものなので、男たちは簡単に漁師からほかの職業へと転職することができるし、また漁に戻ることもできる。それゆえ、漁師個人の視点から見れば、ニシン漁という産業は、おもに経済的な目標達成をめざして、友人関係や地元情報の線をたどって自由に行き来できる社会的な場と交差している。男たちは誰でも、ほかの多くの男たちと接触を保っている。あるいは、そうしようと思えば多くの男たちと接触することができる。接触のある男たちには、船主、船長、網主、料理人など様々に分化した職種の人々が含まれ、善人から悪人までいろいろいる。それらの男たちとの関係性も実に多様である。ニシン漁業は、独自の社会的な場を形作っているが、それは魚の減少などの生態学的要因、ほかの職や投資の機会などの経済的要因など、数多くの要因に影響されている場である。これは、その一部分のみが永続性のある社会集団によって構成されているような社会的な場であると言えるだろう。

　さて、これまでの分析によれば、ブレムネスの社会システムには三つの異なる領域あるいは場があると考えられる。その第1のものは、地域性に基づく社会的な場であり、そこには永続性のある多数の行政管理の組織体があり、それらはあるものが別のものに包含されるかたちでヒエラルヒーを成している。教

区の行政管理はこうしたシステムによって運営されており、ボランタリーな諸団体もこれと同じ区域割に基づいている。部落や地区のような小さな地域単位は、その物理的な近接性ゆえに、自給的な農業、子育て、宗教や娯楽などの様々な活動を通して継続する隣人間の社会関係の基盤となっている。システムの単位は永続性があり、そのメンバーの入れ替わりは少ない。

　第２の社会的な場は、産業システムによって生み出された場である。この場には、漁船やマーケティング協働組合、ニシン油工場などのように、相互に依存しているにもかかわらず、表向きは相互に自律的な組織体が多数存在する。これらは、ヒエラルヒー的というよりも機能的な意味で相互に結合しているが、内部的には指揮系統の序列に従って組織化されている。これらの組織体は、組織上の単位というだけでなく本当の社会的な集団となっていることも多いが、必ずしも長期に存続するわけではないし、メンバーがずっと固定されているわけでもない。

　第３の社会的な場には、組織単位も境界線もない。調整役を果たす組織もない。この領域は、友人関係や知人関係の紐帯で構成されており、こうした紐帯は、ブレムネスの社会に生まれ育ったものなら誰でもある程度親から受け継ぎ、またその大部分を自分自身で築き上げたはずのものである。その一部は親族間の紐帯である。また、以前の雇い主と接触を保っている場合のように、対等でない紐帯も少数ながらある。だがほとんどの紐帯は、ほぼ対等な地位にあるとみなし合っている人間の間に存在しており、これこそがブレムネスの階級システムを構成しているものだと私は考えている。この第３の社会的な場の構成要素は、固定的なものではない。絶えず新しい紐帯が形成されるし、古いつながりが断ち切られたり、無期限に冷所保存されたりすることもある。

　この第３の社会的な場の独特な側面を詳しく検討してみよう。私たち自身よく知っているように、共系的親族関係（cognatic kinship）〔双系的あるいは非単系的に拡がる親族関係〕それ自体が永続性のある社会集団を生み出すわけではない。たとえば、私にはいとこが何人かいて、全員が一緒に行動することがある。しかし、いとこたちには私のいとこではない彼ら独自のいとこがいるし、そのいとこにはまた彼ら独自のいとこがいる、という具合に限りなく拡がっている。ひとりひとりの個人が自分に固有の共系的親族のセットを生み出してお

り、一般にはその人自身とそのきょうだいが生み出した共系的親族セットは、ほかの誰のセットとも同じではない。いわば個々人は一定数の他者と接触を保っていて、その人たちの一部は相互に直接の接触があるが、相互に接触のない人々同士も含まれている。同様に、個々の人間は、一定数の友人を持っており、その友人たちもそれぞれ自分の友人を持っている。ある人の友人たちのうち何人かは互いに知り合いであるが、そうでない人たちも含まれている。私はこの種の社会的な場のことをネットワーク（network）³と呼ぶのが便利だと考えている。私の頭に浮かぶのは、一組の点のうち一部が相互に線で結ばれているというイメージである。このイメージのなかの点は人あるいは集団を表しており、線はどの人とどの人が相互作用しているかを示している。もちろん、社会生活のすべてが、この種のネットワークの生成を意味していると考えることもできる。しかし、本稿の目的のためには、おおまかな言い方をすれば、全体ネットワーク（total network）のなかから、地域および産業のシステムのなかにきちんと包含されている相互作用の集まりや相互作用の連鎖を取り除いたあとの、残余部分を考察の対象にしてみたい。ブレムネスの社会において、これら以外の残余部分と言えば、すべてではないにしてもその大部分は親族関係、友人関係、および近隣における紐帯のネットワークである。このネットワークは、社会全体にわたって張り巡らされていて、教区の境界で途切れるようなことはない。このネットワークは、ブレムネスの人々を他の教区に住む親族や友人たちに結びつけていると同時に、教区内の親族や友人たちをひとまとまりに編み込んでいるのである。この種のネットワークには、外部との境界はなく、内部がいくつかの部分に明瞭に分化していることもない。というのも、どの人も自分を友人たち全体の中心に位置するものとみなしているからである。確かに、より緊密に編み合わされた人々のクラスター（cluster）というものが存在するが、クラスターの境界線は不明瞭であることが多い。実のところ、クラスターを成す人々が自分たちの排他性を強調するための方法のひとつは、新たに集団を形成し、それによって所属メンバーかそうでないかが明確になるようにしてしまうことである。しかしそうなると、その集団のメンバー間に結ばれる社会的紐帯は、もはや単なる親族関係や友人関係ではなくなってしまう。

ちなみに、単純で原初的・村落的な小規模社会と、近代的で文明化した都市

的な大衆社会との根本的な差異のひとつは、社会的ネットワーク（social network）の網目（mesh）が、前者では小さく、後者では大きいという点にある。ここで言う網目とは、単純にネットワークの穴の周りの距離を意味している。一般的には、近代社会では、人々が小規模社会のように共通の友人を数多く持つことはないと言ってよいだろう。近代社会では、ふたりの人間が初めて出会った場合に、そのふたりに共通の友人が大勢いることを発見することはめったにないだろう。そんなことが実際に起こったならば、記憶されるべき珍しい出来事となるだろう。しかし、小規模な社会においては、こうしたことはもっと頻繁に起こるだろうし、ときとして見知らぬ者同士に共通の親類縁者がいることに気づくこともあるだろう。再びネットワークの比喩的用法を使うならば、原初的社会においては、任意の点Aから出発した経路の多くが、2、3の連結（link）を経由したのちにまたAに戻ってくるのに対して、近代社会では、Aに戻ってくる経路は少ない。言い換えれば、AがBと相互作用し、かつBがCと相互作用すると仮定すると、原初的社会ではCもAと相互作用する可能性が高いのに対して、近代社会ではその可能性は低い。この事実は、社会人類学の伝統的な技法を使って社会を研究するうえでは、実践的にかなり重要である。たとえば、限られた数の人たちと知り合いになって、その人たちが様々な役割関係において相互作用するのを観察しようとするような場合である。これに対して、近代社会においては、個々人はそれぞれが演じる役割ごとに相手にする観客（audience）が異なることが多い。ブレムネスは、その意味では中間的な社会である。

　近しい血族や姻族が必ずしも社会的に対等な存在ではない社会もある。そのような社会では、親族関係に基づく紐帯のネットワークは、社会的な急勾配を含んでいることになる。同様に、私たちの社会においても、一方の端に建っている大邸宅からもう一方の端の安アパートに至るまで多様な資産状況にある街路においては、互いの社会的地位が対等だとは考えていない隣人間の紐帯のネットワークが存在すると言ってもよいだろう。ところが、ブレムネスでは、他の多くの社会と同様に、概して親族はほぼ社会的に対等と考えられている。そればかりか、約100年前までのブレムネスに支配的だった状況とは異なり、最近では隣人同士も社会的地位という点では概ね対等なものとみられている。ノ

ルウェーの思想では、平等の理念が強調されており、それゆえに経済的な地位の面で著しく異なる人々の間にも、英国におけるほどには、社会的不平等の認識がないように思える。このように、ブレムネスにおける社会的ネットワークは、全体的にみれば、互いを社会的にほぼ対等であるとみなしているふたりの人間の間にある紐帯によって構成されるシステムなのである。

III

　ノルウェーの人口がいくつかの社会階級へと組織されているとするならば、そうした組織化はブレムネスにおいても、上述してきたような社会的ネットワークのなかに顕在化していると言えるかもしれない。社会階級（social class）という用語は広く日常会話のなかでも使われ、当然ながら実に多様な意味を持っている。この用語をめぐる混乱の多くは、異なる用法をきちんと区別していないために生じているというのが私の考えである。マルクス（Marx）が想定していた社会階級は、社会のなかの人々が複数の確固たる集団へと分裂しており、しかもそれらの集団は相互排他的・網羅的にまとめられ、少なくとも数十年間は存続し、その構成員は経済システムにおける位置に基づいて動員される、というものだった。それに対して、クリーク（clique）への所属関係からみた階級の研究は、ネットワークとしての階級という考え方にずっと近づく。たとえば、『ディープ・サウス（*Deep South*）』[4]においては、階級の境界を定義づける際に一連のクリークの重なり合いを使用している。階級にアプローチする他の方法では、ほとんどの場合、広さが同程度の住宅を所有しているとか、同程度の収入を得ているとか、あるいは広く世間に流通している社会的地位評価の尺度において同一レベルにあるといった、人々を分類する一種の社会的カテゴリーとして階級を扱っている。そして最後に、思考されたカテゴリーとしての階級というものもある。これは、社会の成員が人口全体を頭の中でいくつかの地位カテゴリーに分割する際に使われる単位のことを指している。「いくつの階級があるのか」という問いは、階級を社会的カテゴリーとして捉える限り、無意味であることは明白である。と言うのも、階級は、私たちが多いと思えば多くなり、少ないと思えば少なくもなるからである。そして、思考されたカテゴリーとしての階級に関しては、社会のなかに何ら合意が見られないことが多

い。社会階級を社会集団とみなした場合にも、社会階級がいくつあるのかについて意見が一致しないことがある。それは、まるで動物学上の分類において種や属がいくつ存在するのかなかなか一致をみることがないのと同様だが、この問題はまだしも解決の可能性がある。しかしながら、社会階級をある種のネットワークと見るならば、社会階級がいくつに分かれているのかという問題は完全に手からこぼれ落ちてしまうことになる。

　ネットワークという概念は、社会階級という現象を分析する際に使われる道具のひとつにすぎないのだという点を強調しておくべきかもしれない。上述した他のアプローチも、階級という複雑な社会的事実を理解するために、同じように有効であり、実際必要である。すでによく知られていることではあるが、異なるアプローチの間にもかなりの程度の一致が見られる。一般的に言えば、ある人の友人たちは、その大部分が、その人とほぼ同等の収入を得ており、似たような住宅に住み、その社会の他者からは同類だと思われており、仮に社会階級が集団として機能するような政治的・職場的な闘争があれば、おそらく同じ陣営で一緒に闘っていることになるだろう。にもかかわらず私は、この論文の目的に照らして、ただひとつの観点、すなわち、ほぼ対等の地位にある二者間の関係ネットワークという観点から社会階級を捉えてみたいのである。

　このような方針の選択は、必ずしも恣意的なものではない。これは、ブレムネスがかなり小さな地域社会であり、ごく少数の例外を除けば、衣服や住宅などの標準に関してとくに目立った文化的多様性が見られないという事実に基づいているからである。多くの人々の話しぶりからすると、この教区には階級差がほとんどない。収入の面でははっきりとした差が見られるが、消費のパターンに明確な差がないために、その影響はかなりの部分相殺されている。こうした状況下では、上下にランクづけられる複数の社会階級へと人々が明確に分割されるような現象を見出すことはできない。

　ひとつはっきりさせておきたいのは、ネットワークとしての階級という考え方を採用するからと言って、それによってこうした階級上の分割が不可能になるわけではないという点である。互いにほぼ同じ地位にあるとみなし合っているのは、階級ネットワークのなかで相互に直接的な接触のあるふたりの人間にすぎない。このふたりの人間は、ネットワーク内のほかのすべての人を必ずし

も同じような地位の人とみなしているわけではない。たとえば、Aという人にはBという友人がいると仮定してみよう。そしてAはBを、社会的地位が多少上か下であるとしても、ほぼ対等な人とみなしているとしよう。すでに述べたように、Bの友人のすべてがAの友人であるわけではない。Dは、Bの友人ではあるがAの友人ではないと仮定してみよう。すると、仮にAがDを知っているとしても、AはDを社会的に対等とみなすかもしれないし、みなさないかもしれないということになる。たとえば、仮にAがBのことを自分より社会的地位がはるかに下というわけではないが、ほんの少し低いとみなしているとする。さらにBもDに対して同様に思っているとするならば、AはDをずいぶんと下の地位にあるものとみなしてしまい、対等の扱いはできなくなってしまう可能性がある。同様に、AがBより低い地位にあり、またBがDより低い地位にあるとすると、AはDのことを自分よりも社会的地位がはるかに上の人だとみなしてしまい、対等に扱うことができなくなってしまうだろう。これは、出発点として設定した任意のAから、そのネットワークに沿って1ステップ離れるごとに格差が累積されていく過程を示している。こうしてみると、Aとなる各個人から見ると、自分が知覚しているネットワークの全体あるいは少なくともその一部は三つの領域に分けられていることになる。つまりネットワークに含まれるたくさんの点が三つの組に分けられているのである。そのうちの一組は、様々な長さの経路によって連結しているすべて人々のうち、Aが自分と社会的に対等だと思っている人々によって構成されている。同様にAは第2の組に含まれる全員とも連結しているが、この組はAが自分よりも社会的に上位にあるとみなしている人々から構成されている。同様に、Aの評価において社会的に下位にあるとされた人々が第3の組を成している。誰がどの組に含まれるかは、Aとして考察の対象とした各個人ごとに、その都度新しく定義づける必要がある。その意味では、先述したいくつかの異なる組に含まれるいとこたちに似ている。上に挙げた例で言えば、DはAから見れば上位の組に含まれるが、Bから見れば社会的に対等な組に属することになる。経済的な位置が様々に異なる人たちが、そろいもそろって、自分は3階級（あるいはそれ以上）からなる社会階級システムのなかの中間階級（middle class）に属していると言うのをよく耳にするが、たいていの場合彼らは上記3組の人々の存在を認知していると

第1章　ノルウェーの一島内教区における階級と委員会

表明しているにすぎない。そのこと自体は、明確な所属メンバーをもつ三つの集団に、社会が分割できることを意味するわけではない。

　この階級システムの理論モデルを詳しく論じて、さらに話を脱線させることはやめておこう。このような考え方はここまでかなり展開されてきたので、全体に比較的単純な条件下に置かれているブレムネスを説明するにはすでに充分であろう。第1に、ブレムネスは、小さな社会であり、異なる階級間の結婚（intermarriage）も非常に多い。ゆえに、そのネットワーク内において、教区のメンバーである二者間をつなぐ経路内の連結数も小さく、5人以上になることはめったにないだろう。第2に、ノルウェー文化が平等主義的であるために、たとえ相手の収入、育ち、関心、職業などが自分とはかけ離れていても、誰もが他者を対等な相手として扱おうとする傾向がある。第3に、平等主義的な教義を信じているにもかかわらず、ブレムネスの人々は社会的地位に差異が存在することを認識している。彼らは、上流階級（upper class）の人たちというものは、都会の大きなお屋敷に住み、異なった言葉づかいをし、宗教的な信条も異なるというようなステレオタイプを持っている。下層階級（lower class）の人たちについても、放浪生活を恥ずかしいとも思わず、人から施しを受けて暮らしながら、まともな市民の上昇志向を嘲笑しているのだと、ブレムネスの人々は語る。そして、これら二つの階級の間に、「私たちのような、まったくふつうの人々」がいるのだと言う。まさにこれこそが、私たちがよく耳にする、自己を中心に置いて眺めた3階級システム（egocentric three-class system）であり、このシステムのなかでは自己は中間階級に位置づけられることになるのである。ここで階級と言っているのは、まさしく思考されたカテゴリーである。たいていの場合ブレムネスでは、教区にいる自分以外のほとんどすべての人が自分と同じ階級に属していると誰もが考えているように見える、という意味で条件が単純化されているのである。ブレムネス住民が思い描くような上流階級や下層階級の人々は、教区のなかにはほとんど住んでいないことになる。これら二つの階級に属する人が教区の外からここを訪れるようなことがあると、ここの住民たちはたいていの場合彼らを社会的な上位者か下位者として扱い、対等な相手とはみなさない。

　この教区の地域社会内部では、多様性の幅があると言っても、せいぜい10人

強ほどの少数の人が、それ以外の多くの人々によって社会的対等者の組よりも上、つまり上位者の組に位置づけられるという程度のものである。それでも、この12、3人の人たちは、ほかの人たちから社会的上位者として扱われる。同様に、この地域の多くの住民から、ちょっと屈折したやり方で社会的な劣位者として扱われる少数の人々も存在する。しかしながら、この社会的な劣位性の認識は隠蔽されていることが多い。なぜなら、相手が誰であれ自分のほうが優位であるかのようなあからさまな振る舞いをするのは失礼なことだからである。

　地位の多様性の幅は、将来的には拡大しそうである。実際この地域においても、ほかの人よりも裕福な人たちはいるわけで、彼らは自家用車や大きな住宅、高価な衣服、レジャー用のヨットなど、社会的に目につきやすいモノやサービスを買うために自分の富を使うことはめったにないとしても、たいていはお金のかかる教育を自分の子どもに受けさせることにはなる。14歳までは、すべての子どもが教区の学校で同じ教育を受けるが、さらに2、3年間の教育を継続するのは、全人口のなかのおもに裕福な層の子女である。教育を継続することは、多くの青少年にとって、教区を離れ、故郷で慣れ親しんだものとは異質な考え方や価値観に出会うことを意味している。そこで彼らは技術を修得し、卒業後にはその技術ゆえに、労働者人口の大部分と区別されることになる。そしてそのために、一世代か二世代のうちには、階級間を区切る裂け目がさらに深くなるだろう。あるいは、少なくとも社会的位置の差異の幅が拡大したという認識が広まるようになるだろう。同様に、ノルウェーのほかの地方に関する証拠データに依拠すれば、教区内に赤貧状態の小作農や日雇い労働者が数多く住んでいた100年前に比べると、現在では、ブレムネスの社会的尺度において最下層にある行商人や物乞いなどとそれ以外の人々との区別がより明瞭になっていると考えられる。ただし、残念ながらブレムネスに関してこの点を論証する証拠はない。

　社会的地位の分化は拡大する傾向にあるのだが、ほかのいくつかの社会過程がその変化の速度を抑えている。たとえば、ノルウェーでは課税率が高いので蓄財することはむずかしく、所得だけでなく資産も課税の対象となるため資産の維持も困難である。すべての人は同じように扱われるべしという命題は、まさに文化的伝統に支えられたものであり、それはすべての子どもは平等に相続

すべきであるという考え方が普遍的に見られる点にも表れている。

　法律上、遺言書によって処分を決められるのは、自分の財産の3分の1だけであり、残る3分の2は相続法によって分配されなければならない。ブレムネスでは、遺言書が作成されることはほとんどなく、夫の財産はたいてい遺された妻に支給されたあと、残りが子どもたちに均等に分配される。したがって、大家族が多い社会では、死によって財産が分散してしまうことになる。人の死に関わる税においてさえ、「富めるものほど、受け取りを少なく」という原則に基づいて、各自が異なった扱いを受けるのである。土地に関しては、ひとりの子どもが父親の農場のすべてを継承することが多いが、その場合でも、その子どもは父親から土地を購入しなければならないので、土地を持たないきょうだいの権利が保護されるようになっている。

　教育についても、公的財源からの奨学金や無利子のローンによって、また青年期に1～2年間働いてさらに上の学校に通うのに充分なお金を貯めるという慣習が許されていることによって、機会の不平等が一定程度埋め合わされている。社会的差異が拡大する傾向はあっても、こうした要因全体がその変化の速度を抑えているのである。

　要するに、一般化して言えば、ブレムネスの社会には、地域や産業のシステムとは別に、親族関係、友人関係、知人関係に眼を向けると見えてくる二者間の社会的紐帯から成るネットワークが存在すると言える。こうした紐帯のすべてとは言えないが、そのほとんどは互いを社会的にほぼ対等だとみなす人間の間に結ばれており、このほぼ対等な紐帯を社会階級システムのひとつの兆候とみなすことができる。よって、これを階級ネットワーク（the class network）と呼ぶことにしたい。階級ネットワーク内の個々の連結は社会的にほぼ対等なものであるが、ネットワーク内のすべての人が自分以外のすべての人を自分と対等であるとみなしているわけではないし、ごく少数の人々ではあるが、教区内のほかの（すべてではないが）多くの人々から上の階級に属しているとみられている人もいる。この階級ネットワークは、相互に助け合うとか、自宅に招いてもてなすなど、様々な社会活動を遂行するために利用されている。同じ階級内の紐帯や地位が非対等だと認知している人間間の紐帯は、ほかにも様々な目的のために使われており、たとえば漁業関連の働き口を見つける際にも利用

される。

IV

　永続性のある集団が行うのか、社会的紐帯のネットワークによって連結された人々が一時的に集まって行うのかにかかわらず、協同的な活動にはある程度のリーダーシップと合意形成が必要である。ブレムネスの社会生活において、リーダーシップや合意形成がどのようなメカニズムによって達成されているのかをつぎに考察してみよう。その性質上、ネットワークには代表者がいない。本稿ではネットワークという用語をそのような意味で使ってきたのだが、ネットワークには中心もなければ境界もない。ネットワークは組織体ではない。むしろ、多くの個人が相互に間接的にしか調整し合えないような何らかの活動を遂行する際に使われる社会関係のシステムだと言った方がよいだろう。これまで見てきたように、ブレムネスでは階級間の差異がほとんどない。しかしこの社会においても、社会階級というシステムによって営まれるのがふつうであるような社会活動は、階級間の多様性の幅がずっと大きい社会の場合と同じやり方で実行される。人々は、社会的地位がほぼ対等であるという規準に基づいて、友人を夕食に招いたり、伝道裁縫活動班や狩猟旅行に誘ったりする。これこそ間違いなく階級的な行動であると私は考える。友人と知人のネットワークは、男たちが就業機会を探す場合にはいくぶん異なった使われ方をする。新入り(fish)がまさしく釣り上げられ、細分化された様々な作業活動が相互に緊密な連携を取れるように編成される。漁の間は、男たちはもはや対等ではない。彼らは一連の命令系統へと組織化され、機能別に分業体制が組まれる。仕事の流れから技術的な必要性が生じれば、明確な役割関係で結ばれた固定的な集団を組織することもある。ひとたび海に出れば、船を動かすのは船長であり、ボートを動かすのは艇長である。命令を下すのは彼らであって、部下たちはそれに従うしかない。同じように、漁船エンジン工場は、生産という目的のために、取締役、管理職、親方、労働者から成るヒエラルヒーを組織している。同じ漁船に乗船したり、工場の同じ部署に配属されたりした男たちの集団は、次第に仕事以外での交流関係を育むようになり、それが永続化すると、生産活動そのものに影響を与えるようになるだけでなく、階級ネットワークの配置状況に変

化をもたらす。ホーマンズ（Homans）の用語を使えば、はっきりとヒエラルヒー的に組織された外部システムが存在すると同時に、内部システムの方は友人や知人によるネットワークで構成されている、ということになる[5]。

　産業世界の企業という組織化された場を離れてみれば、迅速に決定を下したり、責任を明確に区分したりする必要は少なくなる。即断による命令よりも、合意形成の方がはるかに高い価値を有するようになる。つまり、決定は何らかの集合行為としてなされなければならないのである。たとえば、学校の教師たちが宴会の席で鮭を食べるか鱈を食べるかを決める場合、電力供給協同組合が自宅の電気メーターを勝手に調整した組合員に対して何らかの措置を取るべきかどうかを決める場合、あるいは船に乗り組んでいる漁師たちが映画を観るために上陸すべきか、それともお祈りのために上陸すべきかを決める場合などがそれにあたる。こうした決定は重要ではあるが、技術的によい結果が得られるという意味で重要なのではなくて、社会のメンバー間の対面的な関係に影響するという意味で重要なのである。したがって、海に網を投げ込めと命令する決断に至るプロセスよりも、教会で祝宴をするという決定に至るまでのプロセスのほうが複雑であるのも当然のことである。その点は、地域社会の教会であれ、ヒエラルヒー的な組織である工場に所属する教会であれ、同じことである。

　しかし、西洋社会ではよくあることだが、非産業部門の活動に関わるブレムネスのフォーマルな団体のほとんどが、書類上の建前では、トップの独断で迅速な決断を下すのに適したヒエラルヒー構造になっている。一方ブレムネスには、この地域社会の長、つまりこの島の首長と呼びうるような人物が存在しないのも確かである。しかし、ブレムネスをリーダーのいない社会と言うわけにもいかない。これは、いわば民主主義と呼ばれるものであり、そこにはフォーマルな社会生活のほとんどあらゆる事例において見られる共通した組織化のパターンが存在する。各団体にはそれぞれ委員会というものが置かれている。その委員は年次総会の選挙で選出され、たいていは１年間、ときにはそれ以上にわたって執行権を行使する。この委員会の規模が充分に大きい場合には、委員会は全委員の４分の１から成る執行部（executive council）を選挙で選び、権限のほとんどをそれに委任する。執行部および委員会は、メンバーから会計と書記をひとりずつ選挙で選出する。委員会と執行部の委員長は、同一人物が兼

ねることが多い。また、委員長代理と何人かの代理メンバーというものが置かれていて、それらは主要メンバーが不在の場合にのみ機能する。細かい点では多様性があるが、この共通パターンは、スポーツクラブ、伝道会、生産者組合、そして地方自治体そのものにも見られるものである。

　これらすべての団体は、意志決定に至る手続きとしてまったく同じ方式を採用している。すなわち、定足数を満たしているという前提のもとで、出席して投票した人の過半数の得票を得るという単純な方法である。実際には、可能な限り投票は避けられるため、会合での決定はその大多数が満場一致である。こうした傾向は、伝道会の会合（少なくともその教区執行部の会合）においてもっとも顕著である。教区執行部でさえ、調整不能な意見の分裂が生じてしまったときには、まず予備投票によってどの立場が最大多数の支持を得ているかを探り、その後に全会一致の承認を確認するための投票が行われ、その結果のみが議事録に残される、というかたちで対立が隠蔽されることもある。にもかかわらず、これら様々な団体のメンバーの間には、意見の相違が存在し続けることも事実である。それではなぜ、全会一致による決定がこれほど重視されているのだろうか。どうやらこれは、かなり広い範囲に応用可能な一般原理に関わる問題であると考えられる。一緒に暮らしたり働いたりするもの同士には、利害の対立が生じることが避けられないが、これまで通り社会関係を維持することにも共通の利益を感じるのがふつうである。各個人は社会的に承認されたやり方でいろいろな目標を達成しなければならないが、同時に各個人がコミュニティの利益だけを考えて行動しているという幻想も可能な限り維持しなければならない。つまり集団は、類似した他の集団に対してだけではなく、その集団自身にとっても、可能な限り統合されているように見えなければならないのである。投票は、意志決定のひとつの方法ではあるが、利害の対立を白日の下に晒してしまう方法である。そして、対立する利害には様々な立場があるにもかかわらず、〔ギリシャ神話の〕プロクルーステース流に強引に「賛成」と「反対」という二つの範疇に分けてしまう方法でもある。単純な社会では、あるいは近代社会でも小集団のなかでは、投票はめったに行われないのもこうした事情からである。ある集合体のメンバーになるということは、その集団の行為に対する集合的な責任を分担し、その集団の意志決定への関与を受け入れることを意

味している。ブレムネスの地域団体は、その大部分が保守的な環境で活動を行っている対面的な関係に基づく集団である。新しいテクノロジーの導入を担っている生産者組合でさえ、長年にわたって近隣関係や血縁・姻縁関係でつながっている男たちで構成されている。彼らは、島民の対外的な地位向上に努力することはあっても、島内の既存の社会関係パターンを変えるようなことはしない。このような状況においては、投票という手続きはふさわしくない。

さらに、投票では投票者それぞれの決定に関わる重みが固定されており、たいていの投票制度ではすべての人が平等な投票権を持つことになっている。一方、議論の末に満場一致で結論に達するような場合には、全員が自分の影響力をメンバー全体の意見に預けてしまうことになる。個々のメンバーは、自分の意見がすでに誰か別の人が述べた見解と同じであるかのような言い方をして、ためらいがちに慎重な話しぶりになる。そして、ほかのみんなの意見に賛成だと言うことによって、幅広いメンバーからの支持を得ようとする。集団内部に修復不可能な分裂を残さずに最終決定にたどり着くまでの複雑な過程を完全に分析することは、私の能力を超えている。このような過程が生じるのは、ノルウェー文化が明確に平等性を強調していることの当然の帰結と言える面もあるだろう。しかし、私たちの目的にとって重要なことは、このような過程が起こるような社会的文脈（social contexts）もあれば、起こらないような文脈もある、という点にある。

ほとんど必ずと言っていいほど無記名投票が行われるような文脈がひとつある。それは委員会の新メンバーや役員を選出するときであり、その場合には用紙が配布され、各自がそこに自分が選んだ人の名前を書き、それを折りたたんで投票する。すなわち、公開討論の対象にされない唯一の議題は、コミュニティのメンバーのなかで高く評価されるのは誰かという問題なのである。これには二つ理由があるだろう。第1に、委員会メンバーの選出というのは、団体の構造が崩れないように、何よりも速やかな決定が必要とされる状況のひとつだからである。第2に、全般的に友好的な外見を保ってきた友人関係を脅威にさらすことなく、その友人の長所と短所を本人の面前で議論するなどということは、不可能ではないとしても困難なことだからである。実は、ノルウェーの地域的委員会における選挙のほとんどは任期切れメンバーの再選であり、ときに

は特別小委員会に委託して内々に候補者のリストを作成させているので投票は単なる形式的行為になってしまうこともある。このようにして、コミュニティの統一を脅かすような対抗関係は公にされずにすんでいる。しかしながらブレムネスでは、名誉以上に激職である委員職に誰が就くべきかについて自由な議論が行われることもめずらしくない。

　教区議会（parish council）というものは、互いにお世辞を述べ合うだけの会ではありえないし、つねに実行が求められているという点で、この島のほかの団体と異なっている。変化の速度は遅いとしても、社会のなかで変化しているのはこの地方自治体の部分なのである。教会の屋根が雨漏りすると言われれば修理しなければならないし、人口が増加すれば学校の教室を増設しなければならない。教区議会は、税金の徴収および徴収したお金の支出に関して、つねに県の行政当局からの圧力に晒されている。伝道会やチェスクラブ、あるいは女性協会などとは違って、教区議会はそのプロジェクトのための歳入のかなりの部分を国家から得ているし、上位の管轄局が会計を監査し、予算を承認し、通達文書を矢のように送ってくる。教区議会側はもっと落ち着いた行動をとりたいと思っているのかもしれないが、コミュニティのレベルではまだ決着がついていない問題、つまり多様な意見をまとめきれていない問題に関して、絶えず何らかのかたちの決定を下すようにと強いられている。そのため、ときどき投票を実施せざるをえないのである。よく使われるテクニックあるいはトリック（と言う人もいる）は、区長が全会一致の承認を取りつける際に使っているもので、たとえば多数意見の得票数を着席したままの人の数で、少数意見の得票数を立った人の数で記録するというものがある。その問題に対する意見を決めかねて迷っている人は即座に立ち上がることはできないはずだからである。同様に、教区議会のメンバーは、忠誠心の葛藤が生じるような案件については投票させられることをできるだけ回避しようとする。血縁・姻縁関係の紐帯のために自分の意見は歪められているので、この問題に関しては公正な立場で議論することはできないと主張するのである。あるときに私が観察した事例では、意見の対立がとくに激しい案件が議題に上ると、3人のメンバーが次々と手短に発言したのだが、そのいずれもが自分はこの問題の当事者とつながりがあるから議論に参加できないと述べた。そこに区長が口を挟んで、おそらくこの会議

のメンバー全員が多かれ少なかれこの件の当事者のいずれかに何らかのかたちでつながりがあるが、それにもかかわらず何らかの決定を下さなければならないと指摘したのであった。教区議会以外の団体では、これほどまでに困惑するような状況に陥ることはまずない。しかしこうした組織は、国家行政機構がその運営を背後から強力に後押しすることもないので、水面下の深刻な意見対立が表面化したら分裂の危機に陥るかもしれない。

　ブレムネスのフォーマル団体は、ヒエラルヒー型の組織であるにもかかわらず権威主義的ではない。保守的な環境にある社会関係構造は、あらゆる決定に際して表面上意見が一致するよう努めることによって維持されている。一方、教区議会は、決定の迅速さが重要であり、より頻繁に投票が行われる。保守的な環境には置かれておらず、迅速な決定を必要としている漁船エンジン工場や漁業関連産業の諸企業は、ヒエラルヒー型の構造を持っており、それが単なる建前上のものではなく実効性を有している。

V

　教区内には部分的なリーダーは数多くいるが、それぞれ何らかの限定された分野に関わっているのであって、私たちが原初的な世界についてよく知っているような、教区全体を網羅するような広範囲のリーダーシップは存在しない。ブレムネスにおける公的な社会生活のこのようなパターンを「委員会による統治」と呼んでもよいかもしれない。フォーマルなレベルで言えば、島内には長々と連鎖する命令系統は存在しない。そのかわりに、所属メンバーが相互に重複し合うおびただしい数の小規模集団が存在し、島内のあらゆる人を相互に連結する親族関係や友人関係の緊密な網の目のなかへと島内全人口が編み込まれている。さらにこの網の目は、西ノルウェー全域のみならず、実に全世界に散らばっている血族や姻族へとつながっている。このようなシステムにおいてリーダーシップを取る位置にあるのは、建前上は様々な団体の委員長に選出された人たちということになる。彼らは、定められた任期にしたがって在任するが、自ら辞職すると決めない限りたいてい再選される。おそらく50団体ほどに上る多種多様なボランタリー団体が存在するほか、委員候補者を教区議会が任命または推薦することになっている常設の委員会が40ほど存在している。これ

らの人々は、すべて公的責任をともなう地位に就いていることになる。さらにもう少し公衆に顔を知られていることが多いのは、区長、教区牧師と牧師補、シェリフ（sheriff）である。ただし、これらの人々のうち誰ひとりとして、教区外の世界に対して教区全体を代表していると言える人物はいない。そして、いずれもが教区内に何らかの部分的な利害関係を持っている。シェリフと教区牧師は、内部の勢力抗争からもっとも距離を置いているとみられるが、その彼らでさえも政治的な関わりを持っている。と言っても、彼らは公務員であり、教区外の上位の管轄局に対して直接の責任を負っている。このふたつの職位に就いていた人が、いずれも最近の国会議員選挙に立候補した。ふたりとも、選挙で選ばれた教区議会議員であり、様々な教区議会委員会の正規メンバーであると同時に、職務上ほかの委員会のメンバーも兼任している。それよりさらに地域政治に深く関わっているのは、区長や常設委員会の委員長たちである。

　限定的な意味ではなく、この教区全体の統一を象徴する人物、あるいはこの教区と他の社会集団との関係を象徴する人物は事実上存在しない、と言ってよい。多くの単純な社会で見られるような、広く社会全体のシステムと教区とをつなぐうえで鍵になるような位置にいる人物は誰ひとりいない。ただし、区長がこれにもっとも近い立場にある。県議会においては教区の代表者となるし、教区の公共サービスに関わる公益企業の取締役会に理事として招かれることもあるからである。にもかかわらず、教会や司法、さらには伝道会の事案に関しては、区長は教区の代表者ではない。このように単一のリーダーあるいは象徴としての首長がいないのは、たとえばタレンシ族（Tallensi）の小リネージ（a minor lineage）〔共通の祖先を持つ単系出自集団〕が団体的集団（corporate group）であるのと同様の意味では、教区は団体的集団であると言えないからであろう[6]。ブレムネスは一教区であり、市民生活と教会に関わる行政単位であり、ノルウェー王国の一部である。しかし、市民生活や教会に関わる問題に関してさえ、ブレムネス教区はその外部の様々な方面に視線を向けている。教会関連の系列では、ブレムネスはフィンノース教区連合に含まれており、それはまたイトレ・スンホールラン大執事管区に含まれ、さらにまたそれはビョークヴィン監督管区に含まれている。一方、市民行政の面では、ブレムネスはホルダラン県の直接の下位区域を成しており、司法の面では、フィンノース・シ

ェリフ管区に属しており、それがさらにスンホールラン司法管轄区に含まれている。今から150年前には、ノルウェーはまだ事実上デンマークの植民地であり、現在なら直接官僚制支配とでも呼ぶようなシステムによって統治されていた。官僚制機構の様々な部門が基本的には分離独立していて、国全体は目的ごとに異なった地域区分で分割されており、その地域区分の仕方が相互に一致する程度は現在よりも小さかった。19世紀には、地域住民が公共部門に関わる割合が高まり、教会、行政、財政、司法の面での地域区分を整合させるような改変が行われたが、それでも地域区分が完全に一致するには至っていない。実のところ、現在の潮流はそれとは逆方向に向かっていて、たとえば国土防衛軍（the Home Guard）や高圧送電線網のような新しい組織システムは、既存の地域区分系列と交差して横断的に作られる傾向にある。ブレムネス教区は、これら様々な組織のうちの一部にとっては地域単位のひとつとなっているが、外婚制や内婚制の単位となっているわけではない。経済活動の単位にもなっていないし、ほぼあらゆる観点から見て、独自の文化を有しているとも言えない。では、社会的な中心はどこかと言えば、やはり教区教会にアプローチするのがもっとも近道だろう。なぜなら、そこはもっとも多くの人々が集い、人々の共有する信条が確認され、社会生活に生じた変化が人々に周知される場所だからである。しかし、今では教会はかつてのように幅広い層から頼りにされる機関ではなくなってしまい、その影響圏も相当に縮小してしまった。たとえばロンドン郊外ほどは社会的専門化（social specialization）の過程が進んでいないかもしれないが、それでもブレムネスはもはや単純な社会だとは言えなくなっている。人々が活動を展開している組織のシステムは、それぞれ相互に一致しているわけではない。隣人、親族、職場の同僚、所属団体の仲間は、それぞれ重なり合わない異なった人たちになってきている。

　一般論としては、社会的ネットワークの網目は次第に大きくなりつつあると言えるだろう。にもかかわらず、今でも基本的にブレムネス社会は、友人と敵対者、さらにはリーダーとフォロワーを分かちがたく交じり合せてしまうような、交差する紐帯と集団によって組織化されている。何かひとつの対立軸が支配的になることもない。地域的なシステムは根強く維持されており、産業的なシステムの指揮系統も健在である。しかしそれでもなお、この社会でもっとも

高く価値づけられている社会関係は、ほぼ対等な個人間の交際という変移しやすい中間部分なのである。

VI

これまでのところ、研究対象として切り取られたブレムネスの社会を見てきた。以下では結論に代えて、ブレムネスとそれに類似したほかの社会との関連をごく簡単に考察したい。現実には、ブレムネスはほかから切り離された孤立社会ではないし、ブレムネスと近隣諸教区との関係や、ブレムネスとノルウェー国家との関係をどう理解するかという記述的・分析的な大問題も存在する。しかし、こうした問題をここで扱うつもりはない。私が眼を向けてみたいのは、ブレムネスを、ある特定のタイプの社会の一事例として見るような組織形態学的な問題である。

本稿に描き出されたブレムネス社会の背景にある、何世紀にもわたる発展と停滞の歴史は、つぎのように要約できるだろう。紀元600年から1300年までの間、すなわちヴァイキング時代とそれ以降、ノルウェー国家は、現在のノルウェー全土とアイスランド、およびスウェーデンの一部を含む範囲にまで拡大し、さらに遥か遠くスコットランドやアイルランド、マン島、グリーンランドにも植民地を持っていた。1300年以降、ノルウェー国家は、デンマーク、スウェーデンおよびハンザ同盟の圧力の下で衰退し、黒死病の流行によって深刻な打撃を受けた。1380年に、王室同士の婚姻によってデンマークと連合することになったノルウェーは、事実上デンマークの植民地という地位にまで凋落し、農民たちの大部分は最低レベルの経済状況で暮らしていた。行政機関は、おもにデンマーク人によって動かされていた。書類作成にはデンマーク語のみが使用され、商工業の発展はデンマークに後れをとっていた。18世紀になると、ノルウェーの官僚制機関は、デンマークとは異なるノルウェー文化の発展に関心を示すようになり、ノルウェーの大学が必要であると叫ばれるようになった。デンマークとノルウェーとの間には、経済的利害の相違がかなり大きくなっていたが、ナポレオン戦争がもたらした社会状況の変転ゆえにそれはさらに拡大した。そして、英国が港湾を封鎖したことによって、デンマークとの連絡は断ち切られ、ノルウェー政府が打ち立てられた。そして1814年には、アメリカ合衆国憲

法とフランス革命の理念に強い影響を受けた憲法が作成された。しかしながら、ノルウェーは独立を手に入れることができず、二重君主制によってスウェーデンと連合することになった。100年近くにわたる政治的な闘争ののち、スウェーデンとの連合は、1905年に流血を見ることなく解消された。

　ヴァイキング時代には、すべての自由人が司法と立法の権限をもつ地域集会(local assembly)に参加していたが、その後の時代には、様々な地域の代表者によって構成される、上位の集会も開かれるようになった。しかし12世紀には、そうした集会は力を失い、地域の問題を治める権限は王が任命した者に委譲されることになった。デンマークの支配下においては、政府は官僚制的性格を強め、兵力の供給源にもなっていた農民たちが、地主階級やデンマーク語を操る官僚からの要求に抵抗するために頼りにできるのは総督くらいであった。18世紀には、多くの土地が農民の手に戻ったが、一般の人々は依然として選挙権を与えられていなかった。1814年に制定された憲法が下地となって、広く選挙権が認められるようになり、裕福な農民のなかには国会議員に選出されるものもいた。しかしながら、地方自治体のシステムに選挙制度が導入されたのは、1837年になってからであった。初めて選出された村落の区長たちは、その多くが聖職者、シェリフ、判事などの官僚であったが、徐々に農場主や農民が選出されるようになった。デンマーク統治時代にはあくまで建前上あらゆる人に門戸を開いていただけの官僚制機構に、今や農民階層出身者が参入するようになったのである。同時に、地域社会の指導者としての官僚の地位は低下し、それに代わって高く評価される新しい職種が登場した。なかでも学校の教師は、おもに農民階層出身者で構成されているのに準専門職の地位を獲得したおそらく最初の職業集団だろう。

　デンマーク統治時代には、交易は都市の市民が辺地に出かけるというかたちで行われていた。しかし、19世紀末までに、村に滞在中の都市中産階級市民層の子どもと農民層との間で異階級間の結婚がかなり行われた結果、農民のなかには自ら小規模の交易所を開設するものも現れた。都市部では投資する資本が不足していたため、僻地の小規模な事業は、都会の住民ではなく、むしろ裕福な農民の手によって開業されることが多かったのである。同時に、ブレムネスが位置するノルウェー西部の沿岸地方の経済にも変化が起こった。太古の昔か

ら、自国市場向けと輸出向けに漁獲が行われていたが、海路と陸路による流通が向上すると、漁獲物の交易が拡大した。いろいろな障害があったにもかかわらず、次第に多くの資本が漁船や漁網に投資されるようになると、長年の間に漁獲量が上昇した。19世紀末頃までは、この沿岸の世帯主のほとんどは農民であると同時に漁師でもあったが、商業用漁業の発展にともなって、主たる稼業という点で言えば漁師と農民とが分化するようになってきた。19世紀には、都市の商人が所有する魚の塩漬工場や小さな漁船組み立て場が辺境地にいくつか設立されたことがあったし、樽作りは家内工業として盛んになっていたが、辺地にある製造業の大企業が、漁業中心の地方経済に重要な位置を占めるようになったのはつい最近のことである。今ではいくつもの缶詰製造工場が沿岸一帯に散在し、電力の利用がますます容易になってくると、さらに製造業が発展しそうな勢いである。ブレムネスは、漁船用エンジン工場があるため、他の近隣諸教区に比べて工業化の程度が進んでいるし、工業化された時期も早い。

　このように、150年前の村落部の各教区には、官僚がひとりかふたり在住しており、彼らは他の人々よりも生活水準がはるかに高い暮らしをし、別の言語を話し、とりたてて地域集団に参加することもなく、ポストからポストへと渡り歩いていたのである。官僚のすぐ下の地位にあったのは、少数の交易商人であった。彼らはたいてい都市の市民ではあったが、官僚たちに比べると地域内の紐帯が多く、移動性も少なかった。それ以外の住民はみな農民であり、そのうちもっとも上層にあったのが農民層の約半数を占める自由保有権保有者である。そのつぎの地位にあったのは土地賃借権保有者で、デンマーク語を話す地主あるいは富裕な市民が所有する農地を耕作していることが多かった。さらにその下にあったのは、小屋住み農夫や労働小作人たちで、彼らはわずかな借地を使わせてもらうかわりに、1年のうちの非常に多くの労働日数を自由保有権保有者のために提供しなくてはならなかった。最後に、社会の底辺にあったのが、無産労働者、窮乏者、浮浪者たちであった。このシステムのなかの農民層は、村落地域人口の非常に大きな部分を占めていたにもかかわらず、公的な問題に対する発言権はほとんどなく、職種や文化の点で未分化の状態に置かれながら、土地の相続権に基づいていくつかの等級に分割されていたのである。やがてこの社会システムは終焉を迎え、ノルウェーは選挙に基づく地方自治体政

府を備えた半独立国家となった。おもにそれは、国際政治の結果であり、官僚内部や都市部での社会運動の結果であった。言い換えればそれは、村落社会に対して外部から社会的な力（social forces）が加えられたことによる結果であった。にもかかわらず、一世代か二世代のちには、農民たちの内部から指導者が輩出するようになり、かつて農民たちの間にあった等級システムは崩壊した。そして、地方官僚の地位は失墜し、村落地域の経済は多様性に富んだものになっていった。

　このような一連の出来事は、植民地支配の終焉からの必然的帰結というわけではまったくないが、デンマークとの連合が壊れたことが引き金となってノルウェー国内の一連の流れが生み出され、それがブレムネスにも波及したことは明らかである。同じような出来事は、ことによるとほかの元植民地でも起こっているのではないだろうか。20世紀の社会における激動のひとつは、19世紀以前に西欧の列強が築き上げた世界的な諸帝国の一部が崩壊したことにあり、それ以前に衰退したさらに古い帝国は今でも数多く存在している。しかし、政治的独立が地方に及ぼした影響の問題には、つねに正当な注意が払われてきたとは言えない。国家の独立が達成されると、はじめのうちは中央や都市部に起こっている変化に関心が向けられがちなのも当然であろう。武装勢力による反乱や長期にわたる政治闘争の結果として植民地政権が追い出されてしまうと、解放を目指す闘いは、過去の植民地支配階級を引き継ぐ新しいエリート層の形成過程という様相を帯びる。南アフリカやインドネシアでは、おそらくこのようなことが起こったのではないだろうか。広大な国では、新しいエリート層の形成がもたらす社会的な影響は、辺境部よりも都市部や中央政府において大きい。一般的には、植民地政府エリートは都市部や軍隊の宿営地に密集する傾向があり、村落部ではその全域にまばらに散在しているにすぎない。したがって、植民地政権が出ていっても、初めのうちは村落の生活にあまり影響が及ぶことはないだろう。解放によって、役員会議室や政府のオフィスには新たなメンバーが入ることになったのだが、その新顔たちは相も変わらず汗水流して畑仕事をしている人たちでもあった。植民地政府の終焉は、必然的に新生国家の政治構造の中枢部に変化を引き起こさざるをえないが、村落部への影響のほとんどは、たとえばホワイト地区の役人が配置換えになってブラック地区の役人と入れ替

わったという程度のものだった。村落社会の視点に立って言えば、国家の政治的独立に対応して生じた変化は、依然として自らのシステムの外部に生じたものであった。

　過去の時代においては、植民地政権の撤退は、植民地領土全体の社会システムから見ても外部の出来事であった。この後者のタイプの撤退の例としてはローマ帝国による英国の支配が挙げられるが、この場合、撤退を引き起こした決定的な要因は英国の外部にあったのである。しかし、植民地支配が衰退した原因がいかに村落部から遠く離れたところにあろうとも、村落の社会システム自体が遅かれ早かれ変化することになりやすいと、一般論としては言えるだろう。たとえばイスラエルがそうであったように、ときとして村落地域での変化が政治的な独立より先に起きることもある。そして幸運にも、このイスラエルの事例に限っては、村落部の社会状況の変化についての社会学的情報の方が、中央に関するそれ以上に豊富にある。にもかかわらず、たいていの場合は、発展途上の元植民地における村落部は都市部や中央諸機関に比べて遅れており、村の生活パターンや家族状況に変化が生じるとしても、その変化はだいぶ後になってゆっくりと進行する、と言えるのではないだろうか。

　要するに、何らかの理由によって国家が自らを統治しなければならなくなった場合、村落地帯への影響は、わずかであるか、遅れてやってくるか、あるいはまったくないかのいずれかである。ここでは、なぜブレムネス社会がこのような発展を遂げてきたのかを完全に論じきることはできなかった。しかしながら、国家が独立を達成することはこの社会の発展にとって重要な要因のうちのひとつにすぎないこと、そしてブレムネス以外の村落地域においても同様の出来事がどのような帰結をもたらすかを研究できるはずであることだけは、ここで強調しておきたい。

　統治政権のエリート層が撤退することによって生じた真空状態が、ひとつの社会過程を導くと言えるのかもしれない。すでにブレムネスについて見てきたように、兼業農民が次第に頭角を現して、自治体政府の機構および組織的な社会生活において鍵となる位置に就くようになった過程がそれである。産業化は、これとはまったく別の社会過程である。それは、植民地や元植民地、あるいは何世紀にもわたって植民地化を経験していない国など、実に多様な形態の政治

制度において生起し、現在も進行している独自の過程である。過去にどのような社会システムを持っていようとも、これらすべてのタイプの国に関して、産業化が進展すると何らかの形態の階級社会が発達することをデータは示唆している。あるいはむしろ、産業化が出現させる社会は、社会階級関連の用語を使えば、精確にとはいかなくても少なくともその一部を説明できるような社会である、と言うべきかもしれない。産業化の過程はブレムネスでも起こったわけだが、すでに述べたように、何らかの階級システムに向かうような人々のグループ分けを引き起こしているのは、おもにこの産業化であると言えそうである。産業化の初期段階にある社会や新興エリート層が形成されつつある社会など、ほかの社会から得られた比較可能な証拠データがあれば、このふたつの社会過程がいかにして互いの影響を強め合うのか、あるいは弱め合うのかという点をさらに明らかにすることができるだろう。

【注】
1　この論文の草稿は、1953年10月3日にオックスフォードで行われた社会人類学会大会で発表された。そこでの議論に参加いただいた方々およびエリー・デヴォンズ教授のコメントや批判に感謝したい。
2　私はマンチェスター大学のサイモン特別調査研究員として1952年から53年にかけてこの研究を行った。寛大な助成をいただいたマンチェスター大学ならびに研究奨励金を授与していただいたケンブリッジ大学のセント・ジョンズ・カレッジから多くの恩恵を受けた。この調査研究は、ブレムネスの多くの方々の誠意ある協力がなければ成し遂げられなかった。心より感謝している。
3　以前は、M. フォーテス（Fortes）の著書名『親族関係の網の目（*The Web of Kinship*）』から拝借して網の目（web）という用語をつかっていた。しかし、私が目指しているのは多次元的な概念のイメージであるのに、網の目と言うと、蜘蛛の巣の網の目ように、二次元的なものを思い浮かべる人が多いようである。これでは、系図学者が何世紀にもわたって継承している系図を描く昔ながらのやり方を一般化した程度にすぎない。こうした昔ながらの方法に最近改良が加えられた例を挙げると、W. E. アームストロング（Armstrong）の『ロッセル島（*Rossel Island*）』（1928）37頁に出てくる部族的な「シークエンス（sequences）」、J. L. モレノ（Moreno）の『生き残るのは誰か（*Who Shall Survive?*）』（1934）238-247頁で触れられている「心理学的地理（psychological geography）」、そして E. D. チャプル（Chapple）と C. S. クーン（Coon）の『人類学原理（*Principles of Anthropology*）』（1942）284頁にある「セット（sets）」の概念などがある。

4　A. Davis, B. B. Gardner, and M. R. Gardner, *Deep South* (1941)。論理学的観点からの階級概念の批判的検討としては、Llewelyn Gross "The use of class concepts in sociological research", *American Journal of Sociology*, (1948-9), pp. 409-21 参照。
5　G. C. Homans, *The Human Group* (1951), pp. 273ff.［ジョージ・ホーマンズ（馬場明男・早川浩一訳）『ヒューマン・グループ』誠信書房 1983.］
6　M. Fortes, *The Dynamics of Clanship among the Tallensi* (1945), p. 99.

◆著者紹介・文献解題

ジョン・バーンズ（John A. Barnes）

　1918年英国生まれのジョン・バーンズは、ケンブリッジ大学で修士号を、オックスフォード大学で博士号を取得した社会人類学者であり、社会学者でもある。オーストラリア国立大学、ケンブリッジ大学など多数の大学に在職した。若きバーンズが1952年から翌年にかけて西ノルウェーに滞在し、このフィールドワークを行ったのは、マンチェスター大学のサイモン特別調査研究員としてであった。

　1950年代のマンチェスター大学は、英国・社会人類学におけるネットワーク分析発展の中心地となった（Freeman, 2004: 103-105）。ラドクリフ=ブラウン（A. R. Radcliffe-Brown）の構造主義的思考を受け継いだグラックマン（M. Gluckman）が1949年にこの大学に社会人類学・社会学科を創設して学科長となり、富豪で慈善家のサイモン卿から基金を得ると、パーソンズ（T. Parsons）やホーマンズ（G. Homans）のような米国の大物社会学者を含む多くの研究者を招聘してセミナーや講義を開催した。このセミナーの参加者のなかには、当時ロンドン大学（LSE）にいたバーンズやボット（本書2章）、そしてミッチェル（J. C. Mitchell）など、後にネットワーク分析に貢献した立役者たちがいた。彼らは後年ネットワーク分析のマンチェスター学派と呼ばれるようになるが、グラックマンはその「ネットワークの源泉点」（Mitchell［1969］の冒頭にあるグラックマンへの献辞）であった。そして、この研究者ネットワーク内の交流から創発した成果のひとつが、もうひとりの指導者ミッチェルが編纂した論文集（Mitchell, 1969 = 1983）である。

　そこに収められた論文でバーンズは、ネットワークの諸概念を整理し、いくつもの研究事例を使いながら政治的過程について論じている（Barnes, 1969 = 1983）。しかし、それらの基になるネットワーク概念の原初的アイディアは、本論文の西ノルウェーのブレムネスでのフィールドワークのなかから導き出されたものである。それま

で比喩的な意味でのみ扱われてきた「ネットワーク」という概念を明確に定義づけ、教区内の社会構造、社会階級、政治過程を記述し、分析する道具として初めて使用したのがバーンズのこの論文であり、マンチェスター学派の研究成果のなかでも記念碑的な位置を占めている（次章のボットも、注4でバーンズのネットワーク概念定義を引用している）。

　論文発表の33年後に、すでに古典となっていたこの論文の成立過程を振り返ったバーンズは次のように述べる。「彼ら〔西ノルウェーの人々〕の社会的世界には、フォーマルな組織が豊富に存在します。しかし、何らかの決定を行うときにはほとんど誰もが個人的なつきあいのある相手に相談しているようでした。そして、そのような相談相手とは、所属組織の境界線を越えて結ばれた関係であることが多かったのです。このような関係の配置状況を、私は『ネットワーク』という言葉で捉えようとし、それを階級システムの説明に適用しようとしました。」さらに続けて彼は言う。「イギリスのマンチェスターに戻ると、この調査について書いた最初の論文で私はこのネットワークという用語を使いました。それから、ロンドン・スクール・オブ・エコノミクス〔ロンドン大学〕に移ると、エリザベス・ボットが夫婦に関する研究のなかで同じような関係パターンに取り組んでいることを知りました。当時は、彼女の知見も私の知見もあまり注目されませんでした。」しかしながら、ミッチェルなどの影響力もあって、ネットワーク概念を使った研究が続々と登場するようになると、バーンズとボットの著作が再評価され、広く読まれるようになったのだと言う（Barnes, 1987）。

　ボットも別のところで、そのような経緯をほぼ同じように回顧している（Bott, 1971: 316）。バーンズとボットは、同時期にそれぞれのフィールドで、それぞれ独自に、集団や組織という従来の概念では捉えられない関係構造を発見し、それと格闘していた。「ネットワーク」という共通の名前が与えられると、その視点はマンチェスターを中心とする研究者のネットワークのなかで成長し、精緻化され、さらには国境を越えて後の研究に影響を及ぼしていくことになる。

しかし、この論文のおもしろさは、ネットワーク概念の適用という点に留まるものではない。例えば、後にバーンズ自身も強調しているように、この島に見られた独自の意思決定のプロセス、すなわち人々の先頭に立つリーダーシップではなく、「背後からのリーダーシップ」と呼ばれる政治パターンは注目に値する（Barnes, 1990: 67）。このような潜在的なリーダーのあり方は、ブレムネスの様々な組織・集団に遍在するとされた「委員会」方式の自治とともに、日本の町内会などに特徴的な政治文化を彷彿とさせるところがある。バーンズ自身は、1970年代後半以降、知識社会学や社会科学の専門性などの社会学的テーマへと関心を移し、ネットワーク分析あるいはノルウェーの政治や階級の研究からは距離を置いてしまった（彼の40年にわたるキャリアについては論文集［Barnes, 1990］を参照）。しかし、この古典的論文は、バーンズが次世代に残した宿題を含めて、新しい着想を得るために様々な角度から読み直される価値をもっている。

（野沢慎司）

【参考文献】

Barnes, J. A. (1969). "Networks and Political Processes." In Mitchell, J. C. (Ed.). *Social Networks in Urban Situations: Analyses of Personal Relationships in Central African Towns* (Pp. 51-76). Manchester University Press.［バーンズ、J. A.「ネットワークと政治過程」ミッチェル、J. C.（編）（三雲正博ほか訳）(1983)『社会的ネットワーク――アフリカにおける都市の人類学』国文社43-73.］

Barnes, J. A. (1987). Citation Classic Commentary. *Current Contents* (Social & Behavioral Sciences and Arts & Humanities), 9 (23): 18.

Barnes, J. A. (1990). *Models and Interpretations: Selected Essays*. Cambridge University Press.

Bott, Elizabeth. (1971). *Family and Social Network* (2nd ed.). Free Press.

Freeman, Linton. (2004). *The Development of Social Network Analysis: A Study in the Sociology of Science*. Empirical Press.

Mitchell, J. C. (Ed.). (1969). *Social Networks in Urban Situations: Analyses of Personal Relationships in Central African Towns*. Manchester University Press.［ミッチェル, J. C.（編）（三雲正博ほか訳）(1983)『社会的ネットワーク——アフリカにおける都市の人類学』国文社.］

第2章　都市の家族
——夫婦役割と社会的ネットワーク[1]

エリザベス・ボット
（野沢慎司訳）

Bott, Elizabeth. (1955). "Urban Families: Conjugal Roles and Social Networks." *Human Relations*, 8: 345-384.

　この論文で私は、ロンドンの20組の家族を集中的に調査研究した結果の一部を報告したい[2]。この研究は、社会学的・心理学的な家族理解を前進させる仮説構築を目的とした探索的研究であり、無作為抽出された代表性のある家族サンプルに基づいて事実を記述する研究ではない。この種の調査は、理想的には二つの段階に分けるべきだろう。第1段階は、社会システムとしての家族ひとつひとつの内部に作用する様々な要因間の相互連関を研究して仮説構築を目指す探索的段階である。第2段階は、これらの仮説を大規模なサンプルで検証するために設計された大量調査を行う段階である。しかしこの研究は、使用できる時間と資源を考慮して、第1段階のみに限定することにした。

　この論文では、ひとつの問題だけを扱うことになる。夫婦役割遂行のあり方は夫婦によって多様であることがわかったのだが、これをどう解釈するかという問題である。この点での多様性はかなり大きかった。一方の極には、できるだけ多くの仕事を、夫妻のそれぞれが別々に、相手に頼らずに行おうとする家族があった。家庭のなかには厳密な分業体制があって、妻は妻のやるべきことをし、夫は夫のやるべきことをしていた。夫は決まった額の生活費を妻に渡しており、妻は夫の収入がいくらであるのか、夫が残りのお金をどのように使っているのか、ほとんど知らなかった。休日には、夫は友人とサッカー観戦に出かけ、妻は親類の家を訪れたり、近所の人と映画を観に行ったりしていた。このような夫妻は、親類の冠婚葬祭を例外とすれば、余暇の時間を一緒に過ごすことはほとんどない。彼らはこの点、自分たちがなんら特異であるとは思って

いない。むしろ、自分たちの交際圏（social circle）内では、自らの行動はごくふつうであると感じていた。この対極には、夫と妻ができるだけ多くの活動を共有し、できるだけ多くの時間を一緒に過ごしていた家族があった。彼らは、夫と妻は平等であるべきだという点を強調していた。大事なことは何でも夫婦ふたりで決定すべきであり、家庭内のこまごまとしたことでさえもお互いに助け合うべきだというのだ。このような規範は、実際に実行に移されていた。彼らの分業体制においては、多くの仕事が一緒に行われたり、交替で行われたりしていた。夫は料理をすることも多く、ときには洗濯やアイロンがけをしていた。妻も庭仕事をするし、住居の補修をすることも多かった。余暇は一緒に過ごすことが多く、政治・音楽・文学や友人交際に関する夫妻の関心が似通っていた。このような夫婦は、交替で家事をやっている点で世間一般より少し進んでいるとは感じていたが、1番目の夫婦と同様に、自分たちの行動はつきあいのある人々の範囲内ではごくふつうであると感じていた。

　この両極間の違いを要約すれば、1番目の家族では夫と妻の間は役割関係においてかなり分離していたのに対して、2番目の家族では夫婦役割関係は可能な限り合同的であったと言えるだろう。この両極の間には、程度が様々な家族が存在していた。この夫婦役割分離度における差異という点こそが、この論文の中心テーマである。

　・・・・・・・・・・・
　合同的な夫婦役割関係（joint conjugal role-relationship）とは、夫と妻が多くの活動を一緒に行い、仕事と関心の分離が最小限に抑えられている関係である。そのような場合には、夫婦が家族内の事柄を一緒に計画するだけでなく、家庭内の仕事を交替で行ったり、余暇の時間を一緒に過ごしたりすることが多い。・・・・・・・・・分離的な夫婦役割関係（segregated conjugal role-relationship）とは、夫と妻のやるべき仕事が明確に分化しており、それぞれ別々の関心や活動が相当数あるような関係である。そのような場合、夫と妻は男の仕事と女の仕事が明確に定義づけられた分業関係にある。そして、夫婦は当然それぞれ異なった余暇の楽しみをもつものだと考える。夫には家庭外に友人づきあいがあるし、妻には妻の友だちがいる。しかしながら、こうしたことは程度の違いにすぎないことは強調しておかなければならない。どの家族もある程度は夫婦間で分業を行わなければならないし、どの家族も合同的な活動を何かしら持たざるをえない

のである。

　調査の早い段階から、夫婦役割における分離度の違いは、家族が置かれている社会的環境のなかで作用する力と何らかの関連があるのではないかと思われた。そうした諸々の影響力を探究する試みとして、まずは社会階級の視点から分離の程度を説明しようとした。しかし、それはうまくいかなかった。妻との役割関係がもっとも分離的な夫はマニュアル労働職であり、妻との間にもっとも合同的な役割関係をもっていた夫は専門職であった。しかし、労働者階級でもあまり分離的ではない家族が数家族あったし、分離度がかなり高い専門職家族も数家族あった。また、分離の程度を家族が居住している地域（local area）と関連づけて考えることも試みた。というのも、分離度が非常に高い家族は人口の転出入率が低い同質的な地域に居住しており、一方合同的な役割関係が支配的な家族は人口の転出入率が高く異質性の高い地域に居住していることがデータから示唆されていたからである。しかしながら、またしてもいくつもの例外が存在した。さらに、夫婦役割の分離と階級的位置や居住地域類型との相関をみるという試みは、より重要な問題をはらんでもいた。この調査は、統計的な相関をきちんと算出できるような設計になっていないのである。そうするためにはまったく別の調査方法をとる必要があった。私たちの目的は、ひとつの社会システムとしての家族ひとつひとつの内部に作用している様々な社会的・心理的要因の相互連関を研究することであった。単純な統計的相関を見つけたとしても、ある要因が別の要因にどのような影響を与えているのかを明らかにしたことにはならない。階級的位置の指標や居住地域類型の指標が実際どのようにして家族内部の役割構造に効果を及ぼすのかを明確に説明することは不可能だろう。

　したがって、家族の社会環境全般からいくつかの要因を選び出して、夫婦役割の分離との相関を検討してみても、意味のある解釈を生み出すとは思えなかった。そこで私は、社会階級や近隣の住民構成をしばらく脇へ置いて、家族にとっての直接的環境、つまりこれらの家族がその外部にもっている友人・隣人・親類やクラブ・商店・職場などとの実際の関係に注目することにした。すると、このようなアプローチは有益であることが明らかになった。

　第1に、すべての家族がもっている外部との社会関係は、ひとつの組織化さ

れた集団（organized　group）³をなしているのではなく、ネ・ッ・ト・ワ・ー・ク・（network）という形態をとっているように見えた。組織化された集団のなかでは、個人は、共通の目的、相互依存的な諸役割、独自の下位文化（subculture）をもった大きな全体社会を構成する要素となっている。それに対してネットワークという形態においては、構成要素となる個人のすべてではなく、その一部のみが相互に社会関係をもっている。例えば、Xという家族が何人かの友人・隣人・親類との関係を維持しており、それらの人々はAさん・Bさん・Cさん・Dさん・Eさん・Fさん……Nさんと表されるとすると、これら家族外の人々のすべてではなく一部のみが互いに知り合いであることがわかる。これらの人々は、上に定義したような意味での組織化された集団をなしてはいない。BさんはAさんとCさんを知っているがそれ以外の人をひとりも知らないかもしれない。DさんはFさんを知ってはいるが、Aさん・Bさん・Cさん・Eさんのいずれをも知らないかもしれない。さらに、これらの人々はすべて、X家の人々と知り合い関係にない、独自の友人・隣人・親類をもっていることだろう。ネットワークのなかでは、家族外部の構成要素がひとつの大きな全体社会をなしているわけではない。つまり、構成要素は共通の境界線によって縁取られているのではない⁴。

　第2に、調査の対象となった家族はいずれも集団ではなくネットワークのなかに包含されていたが、そのネットワークの結・合・度・（connectedness）には多様性がみられた。私は、結合度という用語によって、ある家族の知り合いである人たち同士が、その家族とは独立に、相互に知り合いであり、接触をもっている程度を意味している。構成単位の間に関係がほとんど存在しないようなネットワークを指示する場合に分・散・し・た・ネットワーク（dispersed network）という用語を使い、そのような関係が数多くみられるネットワークを指示する場合に高・度・に・結・合・し・た・ネットワーク（highly connected network）という用語を使う⁵。両者の違いは、非常に図式的にではあるが、図2-1に示してある。図中の家族はどちらも五つの外部単位を含むネットワークをもっているが、X家のネットワークはY家のネットワークよりも結合が多い。X家のネットワークに含まれる人々の間には9本の関係が存在するが、Y家のネットワークに含まれる人々の間には3本の関係しか存在していない。X家のネットワークは高度に結合し

図2-1 二つの家族のネットワークの図式的な比較

X家：高度に結合したネットワーク　　Y家：分散したネットワーク

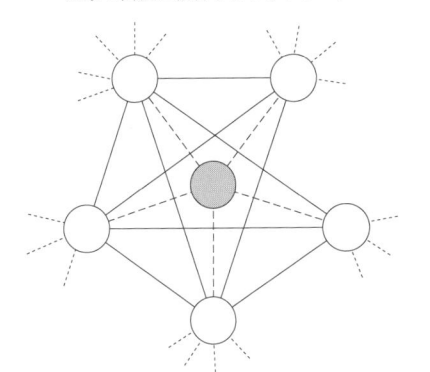

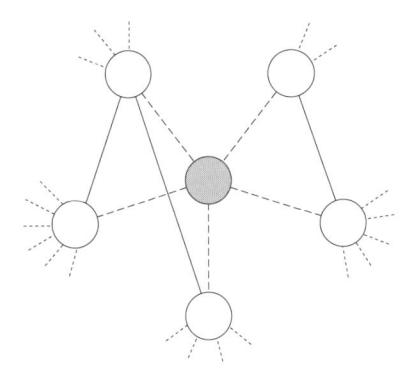

黒丸は家族を、白丸はその家族のネットワークの構成単位を表している。点線は家族と外部単位との関係を表しており、実線はネットワークのメンバー同士が相互にもっている関係を表している。白丸から外に拡がる細かい点線は、家族のネットワークに含まれるメンバーそれぞれがその家族のネットワークには含まれないほかの人々との関係を維持していることを示している。このような表示の仕方は、もちろんきわめて図式的なものであり、現実の家族は五つよりもはるかに多くの外部単位とのつながりからなるネットワークをもっているだろう。

ているが、Y家のネットワークは分散的である。

　調査データを詳細に検討してみると、夫婦役割の分離度はネットワークの結合度と関連していることが明らかになった。夫と妻の役割関係が高度に分離的な家族は、高度に結合したネットワークをもっていた。つまり、友人・隣人・親類の多くが相互に知り合いであった。夫妻の間に比較的合同的な役割関係がある家族は、分散したネットワークをもっていた。親類・隣人・友人の間に知り合い関係はほとんどなかったのである。この両極の間には、幅広い多様性がみられた。したがって、私たちのデータに基づいて、次のような仮説を提唱したい。夫と妻の役割関係における分離度は、家族の社会的ネットワークの結合度にともなって直接的に変化する。ネットワークの結合度が高いほど、夫と妻の役割は分離的である。ネットワークが分散的であるほど、夫と妻の役割の分離が少ない。ネットワークの結合度と夫婦役割の分離度との間のこうした関係

については、以下でより詳しく記述し、論じていこう。

　ただし、ネットワークの結合度のみが夫婦役割の分離度に影響する唯一の要因であると主張するつもりはない。夫婦の役割遂行のあり方に影響する変数はほかにもいくつかあるが、なかでも夫と妻のパーソナリティは決定的に重要である。にもかかわらず、この論文のほとんど全体を通じてネットワーク結合度の効果について論じることになるだろう。というのも、家族役割構造に関するこれまでの研究は、この変数の重要性を充分に強調してこなかったと考えるからである。

　そうすると、夫婦役割の分離を理解するには、友人・隣人・親類・諸制度機関などによって構成される家族の直接的環境の効果を検討すればよいと思われてくる。しかしながら、ある家族は高度に結合したネットワークを持っているのに別の家族は分散したネットワークを持っているのはなぜか、という問題が残されている。ネットワークの結合度は、ある程度、家族そのものに依存している。ある家族は、友人・隣人・親類を互いに紹介し合うが、別の家族はそのようなことはしないということなのかもしれない。ある家族は何度も転居したためネットワークが分散しているが、別の家族は同じ場所に住み続けているということなのかもしれない。しかし、このような選択は、一定の限度内に限られており、家族が直接統制できないようないくつもの影響力によって規定されている。まさにこの点で、社会環境全体を問題にする必要が出てくる。経済・職業システム、フォーマルな諸機関の構造、都市の生態環境ほか多くの要因が、ネットワークの結合度に影響を及ぼし、家族がどのような決定をするかに制限を加え、枠を与えている。とくに社会階級と近隣地区の住民構成に関連する要因が、夫婦役割の分離に影響を及ぼしている。しかしながらそれは、唯一の要因ではないし、主要な要因でさえもない。また、そのような影響は、家族の内部構造に対する直接の作用によるものではなく、ネットワークへの効果を経由した間接的な作用によるものである。概念的には、ネットワークは家族と社会環境全体との間に位置している。家族のネットワーク結合度は、一方では環境全体のなかで作用するいくつかの力によって規定されるが、もう一方では家族メンバーのパーソナリティによって、さらには社会からの影響にメンバーがどう反応するかによっても異なってくる。

こうした概念に基づいた分析は、この論文が初めての試みとなる。第Ⅰ部では、夫婦役割の分離をネットワーク結合度と関連づける議論に専念したい。第Ⅱ部では、ネットワークを環境全体と関連づける議論をしてみよう。

　ネットワークの結合度と夫婦役割の分離との直接的な関係についての、私の中心仮説がほかの家族についても妥当するのかどうかはわからない。現段階では、あらゆる家族に関して一般化するつもりはないし、私たちが研究した家族がほかの家族を代表する典型例であるかどうかにもこだわっていない。私が目指しているのは、20家族のひとつひとつを社会システムとみなして、そのなかにみられる夫婦役割分離とネットワーク結合度との関連を比較研究することである。それを試みるなかで、私はひとつの仮説を練り上げてきた。この仮説は、願わくは定量的な用語によってさらに精緻に定義づけられ、より多数の家族を対象にして検証されることになるだろう。そうすれば、より体系的な比較分析が推進されることになるだろう。

第Ⅰ部　夫婦役割分離度とネットワーク結合度

A．データ収集の方法[6]

　この論文は、主として夫と妻の役割関係に対して外部の社会環境が与える影響を論じるものであるが、この調査全体は、社会学と心理学の両方の観点から家族を研究する目的で設計されている。したがって、調査の対象となる集団が自然な生息地において動いている様子を可能な限り全体的に研究する社会人類学者のフィールドワーク法と、臨床的な面接によって個人を研究する事例研究法とを組み合わせた調査技法を採用している。統計的な手続きは使用していない。

　調査対象となった家族は、個人あるいは家族の問題に関して何らかの援助を必要として私たちのところへやってきた家族ではないという意味で「ふつうの（ordinary）」家族であり、自分たちの問題には何とか自分たちで対処していくことができる家族であった。実のところ、彼らがこちらに来たのではなく、私たちの方が彼らを見つけ出したのである。比較という作業を単純化するために、

まずは幼い子どものいる家族だけを選び出した。したがって、夫婦役割の分離とネットワーク形成に関する議論は、この発達段階にある家族に限定されたものにならざるをえない。考慮に入れなければならない変数をさらに限定するために、プロテスタント系およびおもにプロテスタント系である英国人家族のみを選出した。20家族のすべてがロンドンあるいは大ロンドン（Greater London）内に居住していたが、その住所はこの範囲全体に散らばっており、彼らが組織化された集団をなしているようなこともなかった。それゆえ対象家族は、結婚生活の発達段階においても、国民文化的・宗教的な背景においても、互いに似通っていたわけであるが、職業や社会・経済的地位の点ではかなり多様であった。夫たちの税引き後の純収入は325ポンドから1,500ポンドまでの範囲に分散していた。

　調査対象にふさわしい家族に出会うために大変な苦労をしたが、そうした家族を見つけようと奮闘努力したおかげで、家族というものが他の社会集団とどのような関係を持っているのかについて多くのことを知ることができた。最終的に20の家族には、医院・病院・学校・地区政党事務所など様々なサービス機関の職員の紹介によって接触したか、あるいは接触した家族の友人の紹介によって接触することになった。紹介がもっともうまくいったのは夫と妻の双方が紹介者をよく知っていて信頼関係ができている場合であり、もっとも満足度が高かったのは家族の友人からの紹介という接触方法であった。

　対象候補の家族に対して仲介者が調査について話し、調査スタッフのひとりが説明のための面接を行うことを了承してもらったあとで、フィールドワーカーのひとりがその家族の自宅を訪問し、この調査が何に関するものであり、対象家族にどのように関わってもらうことになるかを説明した。フィールドワーカーは、調査の背景、インタビューの内容とそれにかかる時間についても説明した。また、その家族がどの時点で参加を取り止めてもかまわないこと、調査データは専門家として慎重に取り扱うこと、夫婦が誰であるかわかってしまう可能性のある部外秘資料を出版に使いたい場合は事前にその夫婦に相談することを明示した。調査の結果として夫婦に経済的負担が生じるようなことがあれば、すべてこちらが支払うことも約束した。1回目のインタビューは説明のための予備的インタビューであることを入念に説明したにもかかわらず、この面

接にまで進んだ夫婦のほとんどは、事前に仲介者から聞いた内容などに基づいて調査に参加することをフィールドワーカーに会うまえに決めていた。協力を依頼したが結局参加しないことになった夫婦については、きちんとした情報をつかんでいない。

　調査への参加に同意した家族が見つかると、フィールドワーカーがその家族の自宅を夕刻に何度か訪問して、夫婦一緒の合同インタビューを行った。また、少なくとも一度は週末の昼間に訪問して、子どもたちに会い、家族全員が一緒にいるところを観察した。最少で8回、最多で19回、平均すると13回の家庭インタビューを行った。毎回のインタビューは、30分ほどのくだけたおしゃべりに始まって、その後、特定の話題に焦点をあてた話し合いに移るが、その間はメモをとりながら進めた。取り上げた話題の項目は、①親族関係や家族の歴史、結婚までの個人史、②結婚から第一子出生までの家族の初期段階、③インタビュー時点における家族生活の状況（1日・1週間・1年間単位の出来事、および家族外部との社会関係、すなわち学校・教会・医院の医者などのサービス機関やボランティア団体・レクリエーション施設との関係および友人・隣人・親類などインフォーマルな関係などについて）、④夫婦間の分業はどうなっているか（全体的な将来計画を考える、家族を経済的に支える、家事を行う、子どもの世話をするという点に関して）である。そして最後に、⑤家族生活や社会階級やお金・家計の管理の問題および政治・社会・宗教など社会一般の問題に対する価値観やイデオロギーについて質問した。これらの話題項目は、一般的なガイドとして使用され、話題を取り上げる順番や質問の形式はフィールドワーカーの裁量に任されていた。たいていの場合、フィールドワーカーがひとつの話題を取り上げると、対象の夫婦が自分たちで話を展開し、ときどきフィールドワーカーが追加の質問をはさむというかたちになった。話が予定した話題から離れてしまうことも多かったが、話題からの脱線を制限することはほとんどしなかった。夫と妻がお互いに対して、またフィールドワーカーに対して取る行動はすべて重要なデータと考えたからである。

　家庭でのインタビューが終了すると、フィールドワーカーは、初回面接で簡単に言及されていた調査の第2段階についての説明をおこなった。これは、臨床的調査の部分にあたるもので、夫妻にタビストック人間関係研究所でインタ

ビューを受けてもらった。20家族のうち15家族が臨床インタビューを受けに来てくれた。このインタビューの最初の部分は、夫婦とフィールドワーカーと精神分析家が一緒に顔を合わせる短時間の面接であり、それに続いてタビストック医院から来てもらった2人の心理学者によって課題統覚検査〔TAT〕が夫婦別々に実施された。その後、折を見て、再度精神分析家による臨床的インタビューを行うために、夫婦別々に2、3度来訪してもらった。話題にした項目は、健康状態、人間的発達と親きょうだいや友人との関係、性的発達、夫婦間の人間関係、子どもが個人あるいは家族全体に与える影響、である。ここでも、話題項目は一般的なガイドとしてのみ使われた。対象者は、自分の考えや感情をできるかぎり自由に表現できる状況に置かれた。

　臨床インタビューが終了すると、社会学的フィールドワーカーが最後の家庭訪問を行って調査は完了となる。しかしながら、補足的な訪問を行うことも多かった。というのは、得られた情報間の齟齬を確認する必要があったし、また出版に先立って調査資料に関して対象家族と調整する必要があったからである。対象家族はみな自分たちについての本が書かれることを知っていたし、そのほとんどがそれを読んでみたいと思っていた。私たちは、二つの家族についての詳細な社会学的および心理学的な分析を本にして出版しようと考えていた。調査資料は、その家族が誰なのかがわからないように手が加えられていたが、非常に詳細で多岐にわたる説明を行う場合には、当の夫婦がそれと気づかないほど完璧に内容を修正することは不可能であった。なぜなら、匿名性を守るために変更せざるをえない部分の多くは、分析にどうしても必要な部分だったからである。そこで私たちは、分析資料についてその二つの家族と話し合うことにした。このような話し合いの過程はかなりの心理的動揺をもたらすものである。しかし、この二つの家族は、事前の相談もなく自分たちの暴露話が印刷物になっているのを突然発見することになるよりは、その方がはるかに受け入れやすいことだと考えてくれた。私たちは、自分たち自身について行われた社会学的・心理学的分析を受け入れる過程というのも当然ながら苦痛だろうと考えていたし、彼らが分析内容を受け入れるうえで何らかの助力が必要だと感じるならば援助する責任があるとも考えていた。私たちは、対象家族に心理療法を押しつけるようなことはせず、比較的容易にこうしたストレスに耐えられると思

われる家族を選ぶという方法を採った。分析資料を対象家族と一緒に調整することは、分析そのものにとっても重要なことであった。夫婦が語ってくれた事実に対する私たちの解釈を示し、それに対するその夫婦の反応を見ることで、私たちの分析を評価し、修正することができたからである。

20家族に対するインタビューに加えて、様々な人々とくに家族生活について相当な知識をもっている医者から、家族全般に関する話を聞いた。コミュニティ・センターや地域婦人会など、様々な組織化された集団ともディスカッションを持った。これらの集団はインタビューの対象となった家族とはなんら直接のつながりはないし、ほとんどの場合そのメンバーは調査対象の夫妻に比べてかなり年配の人々（たいていは女性）であった。したがって、これらのディスカッションは調査対象家族の分析に直接関わるものではないが、家族生活の規範に関する有益な情報を提供していただいた。グループ・ディスカッションという公的な状況、しかも1回限りの会合という設定においては、人は自分の実際の行動についてよりもはるかに規範について語りたがるようである。

B．データの特性

夫婦役割分離度とネットワーク結合度の二つの次元の両極によって家族を分類すれば、論理的には四つのパターンを導くことができる。1．高度に結合したネットワークをもつ分離的な夫婦役割関係、2．分散したネットワークをもつ分離的な夫婦役割関係、3．高度に結合したネットワークをもつ合同的な夫婦役割関係、4．分散したネットワークをもつ合同的な夫婦役割関係の四つである。経験的データ上は、第2と第3の二つのパターンは見られなかった。つまり、分散したネットワークをもつ高度に分離した夫婦役割関係の家族は存在しなかった。同様に、高度に結合したネットワークをもつ合同的な夫婦役割関係の家族もなかった。

調査対象となった家族のうち、6家族が第1および第4のパターンに類別された。高度に結合したネットワークが高度に分離的な夫婦役割関係と結びついている第1のパターンにあてはまる家族がひとつあった。分散したネットワークが合同的な夫婦役割関係と結びついている第4のパターンにあてはまる家族

は5家族であった。これら6家族は、調査対象家族全体のなかでも極端なケースである。夫婦役割の分離度とネットワークの結合度のいずれにおいても中間的な家族が9家族あった。さらに、ネットワーク形成と夫婦役割関係の両方に関して移行期にあると思われる家族が5家族あった。

　したがって、20の家族は、高度に分離的な夫婦役割関係から非常に合同的な夫婦役割関係に至るまでの第1の連続体上と高度に結合したネットワークから分散したネットワークに至る第2の連続体上のいくつかのポイントに集中する傾向があった。それでも、家族のタイプ分けは単純明快には行かず、分け方はやや恣意的にならざるをえないところもある。しかし記述の便宜上、対象家族を四つのグループに分けることにしよう。1．高度に結合したネットワークと結びついた高度に分離的な夫婦役割関係の家族、2．分散したネットワークと結びついた合同的な夫婦役割関係の家族、3．中間的な夫婦役割分離度とネットワークの結合度の家族、4．移行期にある家族である。出現可能性があるのはこれら4パターンのみであると主張するつもりはない。今後の調査研究によって別のパターンが明らかにされるかもしれない。以下に続く議論では、この分類そのものにではなく、夫婦役割分離の程度がネットワーク結合の程度の影響を受けて変化するという事実に関心を向けていくことにしたい。そして、このような関連が作動するメカニズムを明らかにしていきたい。

1．高度に結合したネットワークと結びついた 高度に分離的な夫婦役割関係の家族

　調査対象家族のなかには、このタイプの家族は1家族しかなかった[7]。便宜上、この夫婦をN氏とN夫人と呼ぼう。インタビュー開始時点において、彼らは結婚して4年になり、2人の幼い子どもがあった。以下の論述において、私は彼らの実際の行動を記述していこうと思う。なお、彼らの行動が彼らの規範から外れている場合には、どのような点でそうなのかを指摘することにしたい[8]。

外部との社会関係

　N氏は、自宅からほど近いイーストエンド（East End）地区で工場の半熟練マニュアル労働職に就いている。彼は、この地域のほかの男たちの多くも、同じ職場で働いているか、その近くの似たような工場や作業場で同じような仕事をしている、と言っていた。N夫人は、働いてはいなかったが、そのことを珍しいことだと感じていた。近所の女性のほとんどが、そして親類の女性の多くが仕事をしていたからである。彼女は働くことを道徳的にいけないことだと思っているわけではないが、仕事をしたいと思ったことはないし、子どもたちと一緒に家にいる方が好きなのだと語っていた。N氏は、妻が家庭に留まることは妻自身にとっても子どもたちにとっても一番よいことだと思うと言い、さらに加えて、妻が働きに出なければならないとするとちょっと男の面子がつぶれたように感じるとも言っていた。

　N夫妻は、地元の病院と産科・小児科医院のサービスを利用していた。子どもは、地元の小学校に通わせるつもりであった。また、彼らは地元の住宅局とも接触があった。新しいアパートを探していたからである。こうした様々なサービス機関は、特別に相互につながりがあるものとは感じられていないが、すべて外からやって来た組織体であり、地域生活の一部とは感じられていないという点では共通している。N夫人はそうした組織体、とりわけ病院と医者をちょっと怖がっていた。あるとき、赤ちゃん連れの彼女が、同伴のフィールドワーカー以外に誰もいない病院の一室で診察を待っていた際、囁くように言った。「うちの夫は、［国家医療制度によって、医療サービスに対して］自分たちがお金を払っているんだから利用した方がいいって言うんだけど、私はここに来るのが嫌なの。病院やお医者さんが嫌いなのよ。」

　N夫妻にとって、地域（local area）は社会的な意味でまさにコミュニティ（community）であった。すなわち、自己のアイデンティティの場であり、自分たち独自の生活様式の場なのであった。彼らは自慢げに自分たちの地域について語り、ほかの地域と比べてそのすばらしさを強調していた。「悪い評判もあるね。俺たちのような人間はがさつだといわれたりもする。でも、ここが最高の場所だと思うよ。皆、気さくだし……イーストエンドに比べたらウェストエンド（West End）には生活というものが全然ないね。あいつらはシャンパン

を飲むけど、俺たちはビールだ。上品ぶってたら、ここじゃ浮いちゃうよ。」
彼らは、当然ほかの住民も同じように地域に対する誇りと忠誠心を持っているものと思い込んでいる。N夫妻は、親類や友人のほとんどがそうであるように、いずれもこの地域で育った。この地域の外へ出かけることは、とくにN夫人にとっては、まるで外国への冒険旅行のようなものであり、地域外の人とインフォーマルな社会関係を取り結ぶことはほとんどない。物理的な距離は、あたかも社会的接触を阻む越えがたき障壁であるかのように感じられていた。

物理的には、この地域は理想的な居住地というにはほど遠い場所であった。家屋は旧式で不便であり、密集していた。N夫妻は、ロンドンを出て新しい団地の近代的な集合住宅に移るか、それとも友人や親類がいる昔なじみのこの地域の狭苦しい一角に留まりつづけるか、という難しい選択に直面していた。彼らは、同じようなジレンマに直面している若い夫婦をほかに何組も知っていた。地元のコミュニティ・センターでのグループ・ディスカッションおよびコミュニティ研究所（Institute of Community Studies）の調査からは、多くの地域住民がこのことを重要な社会的・個人的問題と考えていることが示唆されている（文献9）。

N夫妻は、彼らの近隣の人たちは自分たちと社会的に類似した人々であると感じていた。すなわち、同じような職業に就き、同じような生い立ちを持ち、同じような人生観を持っている、と考えていたのである[9]。N夫妻は、多くの親類や隣人同様この地域で育ったので、地域内に知り合いの数が相当に多かった。そして、その知人の多くが互いに知り合いであった。言い換えれば、彼らの社会的ネットワークは高度に結合していた。実際、社会的役割の重複もかなり多かった。それらの人々は、友人・近隣・親類・同僚といった三つか四つの別々のカテゴリーに収まる人々ではなくて、ひとりの人間がこうした役割のうち二つか三つ、ときには四つに同時にあてはまることも多かった。

N夫妻は、自分たちとつきあいのあるほかの夫たちと同様に、N氏が家庭の外でほかの男たちと一緒に気晴らしをするのは当たり前だと思っていた。彼の場合はサッカーであったが、もっとも一般的な気晴らしは、近所のパブに行って飲むことであると考えられていた。多くの夫たちは、週に1晩か2晩、友人とパブで過ごしていた。そのなかにはたいてい古くからの友だちが含まれてお

り、子ども時代の遊び仲間か、さもなければ職場の同僚である。N氏は、子ども時代の友だちのうちひとりかふたりとは今でも関係が続いていた。また、職場の同僚の何人かとは、一緒にサッカーをプレーしたり、観戦したりしていた。そして、彼の友人のうち数人は互いに知り合いであると言っていた。N夫人は、これらの男性たちを多少は知っていたが、夫がやっていることに一緒に加わるつもりはなかった。彼女は、これらの男たちのうち2、3人の妻たちとは、会えば会釈する程度の知り合い関係にあり、買い物に出かけたときに会ったりすれば話しかけることもあった。

一方N夫人は、夫が関わりを持とうと思わないような、自分独自の関係を別に持っていた。彼女は近所に住む多くの女性を知っていたし、それらの近隣の女性たちも互いに知り合いであった。ただし彼女は、近隣の親しい関係もその女性が引っ越してしまえば当然つきあいが終わるものと考えていた。近所の人たち同士は、階段の踊り場・街路・商店などの場所で顔を合わせており、ときにはアパートや家のなかで一緒にお茶を飲むこともあった。話題になるのは、自分のことやほかの隣人たちのことである。近所に住む女性同士は、信用していたのに裏切られたとか、子どもの喧嘩でどの子を叱るかを間違っていたとか、借りたものを返さないとか、悪いうわさを耳にしたとか、何かしらの理由でしょっちゅうお互いを非難し合っていた。そのような状況ではプライバシーを保つことはほとんど不可能である。話し相手がいることや、ちょっとした助け合いができることの恩恵を得たいのなら、地域の基準に同調しなければならないし、うわさ話に巻き込まれることにも耐えなければならない。実際のところ、うわさ話の対象にされるということは、一緒にうわさ話をする相手になるのと同様、近隣ネットワークに包摂されつつある証でもある。近所の人と関係を持つことを拒絶すれば、変な人だと思われ、次第に孤立することになるだろう。うわさ話がないところには仲間はいない、ということである。

親類の家を訪れたり、日曜にときどき子ども連れで出かけたりすることを除けば、N夫妻は余暇の時間を夫婦一緒の楽しみのために過ごすということはほとんどなかった。親類の誰かに子どもを見ていてもらうことが可能であるにもかかわらず、一緒に外出することはめったになかったのである。とくに、夫婦一緒に自宅に友人を招くということはまったくなかった。N氏が友人を家に連

れてきて、N夫人がお茶を出してその友人とちょっと話すということはたまにあった。また、近所の女性が夕方ものを借りに来るということもよくあったが、N氏が家にいる場合には長居をすることはない。いずれにしても、N夫妻の双方が別の夫妻を家に招待して一夕をともに過ごすというかたちで、夫婦一緒に計画して誰かをもてなすようなことはなかった。夫婦一緒のもてなしがあるとすれば、それは友人に対してではなく、親類に対してであった。N夫妻は自分たちの暮らし向きはかなりよい方だと考えていたので、夫婦単位のもてなしがないのは貧しさのせいだというのは説明にならない。彼らには、余分なお金があるから友人を招待しようという考えはまったく思い浮かばないようだった。N夫妻は、そんなお金があるなら、家具を買うか、子どものために何か新しいものを買ってやるべきであると、あるいは結婚式、葬式、洗礼式など、親類の大きな集まりのために使うべきであると感じていたのである[10]。

　親類（relatives）の間では、とくに女性による相互訪問や相互扶助が頻繁に行われていた。N夫妻は、調査対象となったほかのどの家族よりも、はるかに多くの活発な社会関係を親類と取り結んでいた。そして、彼らの親類たちは、N夫妻との接触に加えて、それとは別に、相互に非常に多くの接触を持っていた。つまり、この親族ネットワークは高度に結合していた。近隣や友人のネットワークに比べて、はるかに高度に結合していたのである。女性は男性よりも親類との接触維持に活発に関わっており、その結果、妻のネットワークの方が夫のネットワークよりも高度に結合していた。夫たちは妻たちほどには親族とのつきあいに関わりをもたないものとみられているが、N氏は単独で、あるいはN夫人と一緒に、自分の母親を訪問することがときどきあった。ほかにも夫と妻が一緒に参加することが望ましいと考えられている活動がある。結婚式・葬式・洗礼式のように親類の多数が顔をそろえる場では、夫と妻がそろって出席することが重要であると考えられていた。N夫妻とのインタビューでは、最近経験したり、近々予定されたりしている結婚式・新成人の誕生パーティー・洗礼式などのことが、終始話題の中心を占めていた。

　グループ・ディスカッションでは、N夫妻と同じ地区に住み、同じような家族生活と親族ネットワークを営んでいる男性が自らの状況を要約して次のように言っていた。「男には友だちがあり、女には親類があるんだ」と。彼は非常

に簡潔に、すでに述べたような役割の重複状況を表現してくれている。N夫人にとっては、「友だち（friend）」という独立のカテゴリーは存在していなかった。友だちと言えば、近所の人か親類のいずれかであったからである。彼女も、若い頃にはそのときどきに女の友だちがいたのだが、彼女らも結婚し、子どもができてしまったので、今ではあまり会わなくなってしまったと言っていた。彼女はその友人たちを「友だち」ではなく、必ず「女の友だち（girl friends）」と表現していた。N氏もN夫人も、「友だち」という語を男性だけを指す言葉であるかのように使っていたのだ。それに対して、「近所の人（neighbour）」という語は、女性だけを指しているように思われた。私がN氏に対して、近所の人たちとは頻繁に会うかどうかを尋ねたとき、彼はちょっと面食らっていたようだった。

　後のグループ・ディスカッションでは、先ほどと同じ男性が、「女には友だちはいない。でも、お母さんがいる」と述べていた。N夫人の場合も、自分の母親との関係は非常に親密であった。彼女の母親は、同じ地域内の近いところに住んでいて、N夫人は子どもを連れて毎日のように母親に会いに行っていた。また、N夫人と母親と母親の姉妹は、N夫人の母方の祖母を訪問していた。これらの女性たちとその子どもたちは、全体として、家事や育児を助け合い、困ったときには相互扶助を提供しあう重要な集団を形成していた[11]。言い方を変えれば、親類のネットワークのなかで、祖母とその娘たちとさらにその娘たちが中核をなしていたわけである。この女性たち相互の関係は、充分に濃密で特別なものとなっており、すでに述べたような意味（38頁）で「組織化された集団」をなしていると言える。調査対象となったほかの家族であれば妻が夫に期待するような家事の手伝いや情緒的なサポートの一部を、N夫人の親類の女性たちが提供していた。N夫人は、自分の母親に対して非常に強い情緒的愛着を感じていた。母と娘の仲が悪いというのは不自然なことであり、まったく悲劇的なことだと思っているようだった。ほかの調査対象家族のなかには、自分の母親の性格を評するときに冷淡な感じのする客観的な表現をしていた女性が何人もいたのだが、それを聞いたら彼女は強いショックを受けたに違いない。しかしながら、母親との親密な関係は、援助源であるばかりでなく、潜在的な不和の源泉にもなりえる。夫と母親の仲がうまくいかなくなったら、年若い妻は、

どちらの側に立つべきかという葛藤で心が引き裂かれたように感じることになりやすい。N夫人は、自分の夫と母親は互いに気に入っているので、自分は非常に恵まれていると考えていた。

　要するに、N氏とN夫人の外部との関係はかなり分離していたということになる。言わば、N夫人は彼女自身のネットワークを、N氏は彼自身のネットワークを持っていた。夫婦一緒に関わる外部との関係数は、比較的少ない。しかし同時に、夫と妻のネットワーク間には多くの連結（links）が存在した。N夫人の近所の友だちの何人かは、その夫たちがN氏の同僚でもあった。また、N夫人の親類の何人かも、N氏と同じ職場で働いていた。要するに、N夫妻が結婚する以前から、N夫人の家族はN氏の家族を知っていたのである。言い換えれば、N氏とN夫人のネットワークを組み合わせてできた夫婦のネットワークの結合度は、後述するほかの家族に比べると高かった。しかし、N夫妻の全体ネットワークは、夫のネットワークと妻のネットワークとに明確に分割されていた。さらに言えば、妻のネットワークは、夫のネットワークよりも高度に結合されていた。彼女が接触を持っている親類や近所の人たちの多くは、彼女とは別に相互に会っていた。一方、N氏の同僚とサッカー仲間と幼なじみとの間には、独自の相互連結はほとんどなかった。

夫婦役割分離度

　これまでの論述から、N氏とN夫人の外部関係にはかなりの分離が存在していることが明らかになったが、家庭内部の仕事を遂行するやり方においても同様の分離がみられる。彼らは、夫婦の間には明瞭な分業の線引きがあるべきだということ、そして自分たちとつきあいのある夫婦は誰でも同じようなやり方で家庭のやりくりをするということを当然のこととみなしていた。グループ・ディスカッションで、ある男性は、「カーテンが引かれてあって人から見られないなら、妻の手伝いをしてもかまわないと言う男はたくさんいると思うよ」と言っていた。N夫妻は、大きなことについて決めるときは夫婦一緒にと考えていたが、日常的な家庭運営においては、彼には彼の仕事があり、彼女には彼女の仕事があると考えていた。お金の管理をしているのは彼の方で、週に5ポンドの生活費を彼女に手渡していた。N夫人は、夫がいくら稼いでいるのかを

知らなかったし、妻の側がそれを知りたいと思ったり、知る必要があると考えたりするとは思いも及ばないようだった。N夫妻は、たいていの妻は生活費として5ポンドくらいを手渡されていると言ってはいたが、N夫人にとっては、食費・家賃・光熱費・水道料などの諸経費、クリスマスのための5シリングの貯金などのすべての経費をまかなうのは非常に難しいことであった。N夫人はお金が足りなくなると夫にそう伝えるのだが、そうすると彼は次の朝出かける前に1、2ポンドを置き時計の下に置いていってくれた。彼女は、夫がお金に関してとても気前がよいと思っており、家計のことで夫婦喧嘩をせずにすんでいる自分は特に恵まれていると感じていた。

　N夫人は家事と育児のほとんどについて責任を負っていたが、N氏も家庭内の修理をしたり、週末に子どもの相手をする手伝いをしたりしていた。N夫人は、もし自分が病気になったら彼が家事のいくつかをやってくれるだろうと期待していたが、彼女の母親か姉妹あるいは従姉妹のひとりが手伝いに来てくれるだろうからたいていはそれも必要ない。これらの親類の女性たちは、すでに日常的にいろいろと家事や育児の手助けをしてくれている人々であった。

夫婦の役割関係に対する態度

　N夫妻は、男には男の関心事があり、女には女の関心事があるのだから、ふたりが無理なく楽しめるような共通の余暇活動がほとんどないのも当たり前だと考えていた。彼らの考え方では、よき夫とは、気前よく生活費を出し、金のかかる個人的な道楽で浪費したりせず、妻が病気のときは家事を手伝い、子どもにも関心を示すものであるという。一方、よき妻とは、家庭のよき管理者であり、愛情あふれる母親であり、近所の人との間に大きな問題を起こすことなく、自分の親類や夫の親類とうまくやっていける女性である。そして、よき夫婦関係とは仲よく分業することであると言っていたが、N夫妻は、夫婦一緒の活動をすることや共通の興味・関心を持つことが重要であると主張することはほとんどなかった。N夫妻が性的関係に対してどのような考え方を持っていたかについては、明確なことは言えない。研究所での臨床インタビューには来なかったからである。N氏のいないときにN夫人がそうしたことに言及した内容から判断すると、彼女にとって肉体的なセクシュアリティとは、家庭内の睦ま

じい人間関係の表出というよりも、そのような関係に割り込んでくる邪魔ものと感じられているようであった。あたかも、セクシュアリティというものは基本的に暴力的で破壊的なものであると感じられているかのようであった。臨床ワーカーおよびほかの調査ワーカーの知見からは、N夫妻に似たような家族では、幸せな結婚生活にとって肉体的なセクシュアリティが重要であるという考え方はほとんど見られないことが示唆されている（文献7）。

2．分散したネットワークと結びついた合同的な夫婦役割関係の家族

　調査対象家族全体のうち、5家族がこのタイプであった。夫たちはいずれも専門職あるいは準専門職に就いていた。そのうちの2人は、自分の父親の職業に比べると職業的に上昇移動していた。しかし、この5家族はすべて外部と関係の安定したパターンを築き上げていた。つまり、新しい関係を作った場合でも、それ以前からの基本パターンは変わらず維持し続けていたのである。それと同様に、すべての家族は家庭内の仕事の面でもかなり安定した分業体制を作り上げていた。

外部との社会関係

　夫たちの職業は、居住地域とはほとんど何の関連もないような性質のものであった。夫たちは5人とも居住地域からかなり距離の離れた場所で働いていた。ただし、そのうち2人は自宅で別な仕事もしていた。しかし、いずれにしても、職業が地域に根ざしたものであるという感覚はまったくない。

　妻が働くべきかどうかという問題は、これらの家族にとってはきわめて大きな論争点だと考えられている。経済的によほど裕福でもないかぎり（そしてこの5家族とも特別に裕福というわけではなかったのだが）、ダブル・インカムという考えには夫妻ともに賛成していた。増えた収入のうちの多くを子どもの保育料にあてなくてはならないとしても、共働きを歓迎していたのである。しかし、お金だけが問題なのではなかった。女性たちは、仕事そのものが目的で働きたいと考えてもいた。そうしたいのであれば、女性も夫に負けないくらい本気で職業キャリアを追求すべきだし、そうでなければ何かの自分独自の関心や技能

を追求すべきであると考えられていた。その一方で、幼い子どもは母親が世話をする必要があり、理想的には、一番下の子どもが小学校に入る年齢までは仕事を中断すべきだとも考えられていた。しかし、簡単に中断できて、また数年後に再就職できるような職業キャリアというものはめったにない。妻のうちの2人は、職業を継続することでこの問題に決着をつけていた。彼女らは、子どもたちに細心の（お金のかかる）保育が施されるように手配していた。妻のひとりは、自宅で働いていた。もうひとりの妻は、一番下の子どもが保育園に行くようになるのを待って自分が特に関心を持ってやっていたことを再開する計画を立てていたし、5番目の妻はすでにそれを実行に移していた。

　これらの夫妻は、学校・一般医・病院、そして場合によっては地元の産院や小児科医院との接触を持っていた。その多くは、事務弁護士や保険外交員などの専門職の人々からのサービスを必要に応じて利用していた。彼らは、一番目のタイプの家族とは異なり、専門サービス機関に対して、よその世界からやってきた異物と感じるようなことはなかった。居住地域の外でしか見つからないようなサービスを利用することも苦にならなかったし、たいていはサービス機関についての知識が豊富で、安い料金で効率よく利用することが上手だった。医者を怖れるということもない。サービス機関を利用することに関しても、夫と妻の間に厳密な分業は見られなかった。妻が子ども向けの機関とのやりとりを担当することがふつうであり、夫は法律や金融に関する機関との関わりを担当するが、どちらも必要があれば相手の担当を代行することができた。

　これらの夫妻は、近隣に友人をつくるという考えを持ちあわせていなかった。たいていは、夫も妻も、結婚以前も以後も、かなりの回数の転居を経験しており、生まれ育った近隣地区に住み続けている人はひとりもいなかった。4家族は、現在住んでいる地域には自分たち家族と社会的に類似した家族が少ないと感じていた。5番目の家族は郊外に住んでいたが、その地域には互いに社会的に類似した居住者が多いものの、自分たち自身とはかなり異なる人々であると、夫婦ともに感じていた。どのケースにおいても、夫妻は如才なく振る舞ってはいたものの、近所の人たちとは一定の距離を置いていた。近所の人が本物の友だちになるためには、その家族と社会的に類似しているだけではなく、いろいろなものに対する好みや趣味、関心などが共通していなければならないよう

あった。そのような関係を確立するには時間をかけて探りを入れ、テストすることが必要だが、隣人をテストすることは危険であると感じているようだった。そのような試みは、自分は気が進まないのに相手からはいろいろと好意的な配慮を受けるというわずらわしさに巻き込まれるリスクを冒すことにもなるからである。近隣地区が社会的に異質な住民で構成されている場合にはなおさらだが、近所の人々の多くもおそらく同じように感じていたであろうから、短期間に親密な社会関係が成立しなかったからといって別に驚くにはあたらない。これらの家族は近所の人々との交流が少なかったので、1番目のタイプの家族に比べると、うわさ話や地域規範への同調に悩むことがはるかに少なかった。実際このような状況では、何らかの地域固有の規範があると言うことさえ難しい。N夫妻の居住地域を特徴づけていたような、幼い頃からの個人的つきあいを通して地域に共有された態度や価値観が築かれるというようなことは、ここではまったく見あたらなかった。

　子どもたちは、親たちほど選別的ではないようだった。親から制限されなければ、子どもたちは路上にいる誰とでも一緒に遊ぶ。このことが、親たちの一部にかなりの不安をもたらしていた。地域の異質性が非常に高いと感じている親の場合には、とりわけそのような傾向があった。ほかの親たちは、異なる社会階級の子どもと混じり合うことはよいことだという考え方をしていた。いずれにせよ、そのような接触が悪い効果をもたらすとしても、自分たち親の影響と子どもが身につける教育とによって悪影響を取り除くことができるはずだと、すべての親が考えていた。

　これらの家族にとっては、住みたいと思うような気に入った住宅と地域を見つけることが非常に難しかった。彼らは、あまり高くない庭付き住宅を、ロンドン中心部に持ちたいと考えていた。そうすれば、友人に会うにも、劇場・コンサート・美術館などに行くにも近くて便利だ。さらに理想を言えば、低料金で信頼できる掃除婦兼ベビーシッターが近所に住んでいればありがたいし、経済的に可能なら自宅に住み込んでもらいたいと考えていた。この目標に近い線を実現できていたのは1家族だけであった。ほかの家族は、お金が足りないし、ぴったりの住宅も見つからないために、いろいろと妥協せざるをえない現実に甘んじていた。

これらの家族にとっては、外部との関係のなかでも、友人というタイプの関係がもっとも重要なものになっていた。各家族の友人同士は必ずしも相互に知り合いではなかった。つまり、家族の友人たちのうちの多くが、その家族と接触するのとは別のところで、相互に親しい関係を持っているということはあまりなかった。要するに、友人ネットワークが概して分散的であった（あまり結合していなかった）。夫も妻も長年の間に様々な社会的文脈（social contexts）でいろいろな友人関係を築いていることがふつうであった。学校で、職業上の研修で、兵役で、いろいろな職場で、そしてまれにではあるが近所に住んでいたからという理由で、友人関係が作られていた。彼らの友人はロンドン全体に散らばっていたし、ときにはイギリス全体に散在していた。友人ネットワークが非常に分散していため、当該家族に対する友人たちからの社会統制（social control）というものも分散的でばらばらなものであった。夫妻は、友人たちが自分たちのことをどのように思っているのかという点に非常に敏感であった。しかし、その友人同士は相互に接触することがほとんどないために、友人たちが全体として統一されたパブリック・オピニオンを形成するようなことはありそうもなかった。夫婦は、友人からの様々なアドバイスを聞いた上で、結局どうすべきなのかは自分たちで決断するほかはないのだった。1番目のタイプの家族に比べるとうわさに悩まされることは少なかったが、同時にうわさ話に参加することよって支えられているということもなかった。彼らの友人たちは、一致団結した援軍などではなかったのである。

　とくにN夫妻と対照的なのは、夫妻の友人のほとんどすべてが夫婦合同の友人だという点であった。夫も妻も家族単位の友人を持つのがよいと感じており、もしその友人が結婚しているのであれば、そこに関わる4人のパートナー全員がお互いを気に入ることを期待していた。とくに非常に古くからの友人のような場合、例外もやむをえず受け入れてはいたが、友人関係について意見が大きく食い違うことは夫妻ともに耐え難いと思われていた。夫婦関係と同様に友人関係も、関心の共有や趣味の合致を前提とするものであった。もちろん、友人によって一致する関心や趣味の専門領域は異なることがあり、例えば、ある友人夫婦はゴルフ仲間であり、別の友人夫婦はパブでの飲み友だちであるという具合である。また別の夫婦はオールラウンドの友人であることもあり、このよ

うな友人がもっとも親密な友人になっていた。

　夫婦一緒に友人をもてなすというのが夫妻の主要な楽しみである。お金に余裕がなくて夕食やパーティーに招待することができない場合でも、夫婦一緒に夕食後のコーヒーか紅茶だけでもと友人を招いていた。夫たちだけが部屋の片隅に集まり、妻たちは別の片隅に集まるというようなことはいかにも垢抜けないとみなされ、誰もがほかの全員と話ができなければいけないと考えられていた。この夫妻たちは、それができる程度には関心が共通していた。多くは高学歴であり、一般的な話題について共通の背景知識を持っていたが、たとえ学歴が高くない場合でも、社会一般の話題について話そうと努めるのがふつうであった。

　これらの夫婦も、子どもができた後は友人宅を訪問するのが次第に難しくなっていた。彼らの友人はかなり離れたところに住んでいることが多く、その友人たちも幼い子どもに拘束されているために、お互いの訪問をうまくアレンジすることはますます難しくなる。そのような訪問を可能にするために、かなりのお金や時間や手間をかけていた。これらの家族にとって友人が第一義的な重要性を持つものであることは明らかであった。

　友人の訪問以外にも、外国料理のレストランでの食事・演劇・映画・コンサートに行くなど、夫婦一緒のレクリエーションが行われていることが多い。ただし、子どもが生まれた後は、家庭外での夫婦のレクリエーションは明らかに減少し、家庭内でできることを選ぶようになっていた。夫婦だけで外出することは、ベビーシッターやら何やらを事前に準備するという煩わしさをともなう特別な機会となっていた。

　この5家族は、N夫妻に比べると親類との接触がはるかに少なかった。彼らの親類は、自分たちの住んでいる同じ地域に集中しているということはなく、ほとんどの場合全国に散らばっており、互いに密接なつきあいがあるわけでもなかった。親類が分散したネットワークをなしていた。親たちとは親しい関係を保つべきだと感じているようであり、いくつかのケースでは、子どもが生まれたことによって親との関係が強まっていた。自分が親になることによって、成人している子どもとその親、とりわけ妻とその母親との間にあった、ある種の緊張関係が解消に向かうようであった。子どもができることでそのような緊

張関係が悪化することもありえるが、この5家族はいずれもそのようなことにはなっていなかった。親との接触が増えることによる実用的な利点も当然ある。親たちはたいてい自分の孫たちが大好きだから、愛情にあふれた頼りがいのあるベビーシッターになってくれる。近くに住んでいてそんな役目を担ってもらえるなら、親の助力は大変ありがたいものとなる。

　分散したネットワークを持つ家族でも、親族関係の維持・管理には男性よりも女性が関わることが多いのがふつうだが、N夫人のように母娘関係がとくに重要であると強調されることはなかった。忠誠心の葛藤もあまりない。もし自分の親と配偶者との間に対立が生じたら、第一に配偶者の側に立つべきだと考えていた。金銭的な利害のような特別な利害関係が親類の間で発生していない限りは、夫妻の親夫婦以外の親類に対してとくに強い義務を感じてはいなかった。きょうだいに対してでさえ、社会的義務を負っているという感覚がほとんどないことも珍しくなかった。これらの家族は、N夫妻に比較すると親類からの社会統制を受けることがはるかに少なかった。ひとつには親類と顔を合わせることが少ないからであり、もうひとつには親族ネットワークが分散的であるためにそのなかの多様なメンバーが同じような意見や価値観を共有することが少ないからである。

　要約すれば、これらの家族のネットワークは、N夫妻のネットワークに比べて結合度が低いということになる。彼らの友人たちの多くは、互いに面識がなかった。友人たちが親類の知り合いであることもめったにない。相互に接触を保っていたのは親類のなかのごく一部だけであった。そして、夫婦は近所の人たちともほとんどつきあいがなかった。さらに言えば、妻のネットワークと夫のネットワークがきっちりと分離しているということもなかった。少数の旧友や何人かの同僚などの例外はあるが、夫妻は夫婦合同の外部関係を維持していたのである。

夫婦役割分離度

　これまで記述してきたように、このタイプの家族は、家族外の関係における分離がもっとも小さかった。そして、家事と育児を合同的なやり方でこなしていくという点においても、やはり同じような傾向が見られた。子どもができた

後はとくにそうであるが、効率的に家庭をやりくりするには何らかの分業が必要になると考えられていた。つまり、おもな稼ぎ手としての夫の役割と乳幼児の母親としての妻の役割が基本的に分化せざるをえないというのである。しかし、それ以外の点に関する限り、そのような分業が存在するのは、男女という性別に根ざした違いというよりも、便宜上の問題だと考えられていた。分業といっても柔軟性があり、仕事を互いに手伝ったり、交替したりということがかなりある。夫たちも子育てに非常に積極的に関わることが期待されていた。お金の管理に関することも、夫婦が一緒に関わり、大事なことを決めるときにはすべて夫婦間で相談することが期待されていた。

　N夫人ならば親類の女性たちから得ることができる援助の多くを、夫たちが提供するものと期待されていた。分散したネットワークを持つこれらの家族の妻たちは、家事と育児にかかる大量の仕事をこなしてはいたが、N夫人と比べると、そのような仕事にはあまり時間をかけるつもりはないようだった。親類が手を貸してくれることもあるが、それはたまにあることにすぎない。親類は距離の離れたところに住んでいることが多く、継続的な手助けを提供することは困難だったからである。一方、4家族が掃除婦を雇っており、1家族は保母を雇っていた。経済的に可能であったなら、どの家族もさらに多くの家事支援業者を利用していたことであろう。子どもをかわいいと思っているにもかかわらず、5組の夫婦はいずれも、子どもが大きくなって手がかからなくなることを心待ちにしていた。将来について想像を巡らしてもらったところ、子どもが結婚した後までも子どもを援助し続けることはしないだろうと言っていた。

　N夫人など、高度に結合したネットワークを持つ妻たちの場合には、家事や子育ての負担は妻の人生全体にわたってむらなく配分される傾向にある。自分の少女時代には母親を手伝って下のきょうだいの面倒を見る。自分に子どもが生まれたら自分の母親やほかの親類の女性たちが手助けしてくれる。そして自分が祖母になったら自分の娘たちの手伝いをすることになる。

夫婦の役割関係に対する態度

　分散したネットワークを持つ家族の間では、心理的・気質的な面で男性と女性に何らかの差異があるのかどうかがしばしば議論の種になった。N夫妻が男

女間の違いを単に当たり前のこととみなしていたのとは違って、それを自明視することはなかった。いくつかのケースでは、共通の関心と男女間の対等性が強調されるあまり、社会的・気質的に男女間に差が存在する可能性さえあってはならないものとして否定されている感じがした（男女が対等であるという議論が、相補う対極としての男女はそれぞれ独自性を持っているので対等だという考え方と混同されることもあったが、この考えを一貫して主張するのはどうやら難しそうであった）。また別のケースでは、男女間の気質的な差異に着目しすぎた結果、その夫婦が自分たちの生活様式の基盤だと信じてきた夫婦一緒の活動や共通の関心はすべて偽物だったのではないか、という極論に至ってしまったこともある。同一の夫婦が、あるときには男女間の差異はほとんどないという議論をし、また別の機会にはそれは非常に大きいという議論をしていることもありそうなことであった。男女の違いに関する議論は、非常にまじめな雰囲気になることもあれば、機知に富んだ冗談混じりの話になることもあった。しかし、どうでもいいような話に終わることはなかった。つまり、それは彼らにとって重要な問題であったのだ。なぜそのような議論をするのかと言えば、一方では男女平等という道徳観による合同的関係が必要であると考えられ、もう一方では男女間に分業が生じざるをえず、男女差を認識してもいるという矛盾によって淀んだ空気の入れ換えをしているのだと解釈できるかもしれない。そんな議論の締めくくりに、ある夫は次のように言っていた。「結局のところ、『違っていること万歳』ですね。違いがなければ僕らはみんな自分がどこにいるのかさえわからなくなってしまうでしょうからね。」

　よい結婚生活というのは、夫と妻が関心を一致させる部分と相補い合いながらも違っている部分とを自分たち独自のやり方で組み合わせて、夫妻間に高度な融和的関係を成立させることであると考えられていた。夫婦関係は、それ以外の家族外部のどの関係よりも重要なものであるべきである。夫婦関係はプライベートなものでなければならず、誰かに秘密を漏らしたり、人前で配偶者の悪口を言って恥をかかせたりすることは、ひどい侮辱であると考えていた。また、このタイプの夫婦は、セックスの面で関係がうまく行っていることが、幸福な結婚生活にとってきわめて重要だと考えていた。あたかも、性的な関係がうまく行っていることは合同的な夫婦関係がすべてうまく行っていることの証

であり、性的な関係に不満があるなら夫婦関係全体が失敗している印であるかのようであった。いくつかのケースにおいては、この夫妻はセックスを楽しむことを道徳的な義務であると感じているのではないか、という印象さえ受けた。そのような感じ方は、N夫妻からは言葉にされることも、ほのめかされることもなかったものであった。

　このタイプの家族の妻たちは、自分が置かれている立場の難しさに悩んでいるように思われた。彼女らは、子どもを持つことを望んでいたのだし、5家族すべてのケースにおいて母親役割から大きな満足を得てもいた。しかし同時に彼女らは、子どもに縛られていると感じており、子育てにつきものの面倒な仕事の繰り返しから逃れられないことにうんざりしていた。人によって程度は異なるが、ほとんどの妻たちが孤独感、倦怠感、疲労感を訴えていた。「気の利いた話し方ができないのですけど許してくださいね。私はいつも一日中子どもに話しかけてばかりいるものですから」というような言い方をする妻は珍しくない。これらの女性たちは、自分は子どもの世話係や家政婦以上の何者かであると感じさせてくれるような職業上のキャリアや自分独自の関心事を追求したいと思っていた。彼女らは、夫と一緒にもっといろいろなことを楽しみたい、もっと友だちとも交流したいと思っていた。こうした不満はとくに夫に対する不満というわけではない。実際、たいていの場合彼女たちは、夫は少しでもよい方向にもっていくように最大限の努力をしてくれていると言っていた。彼女たちの不満は、自分たちが直面している社会状況に対して、また矛盾するふたつの欲求を同時に満たすことの困難さに対して向けられたものであった。妻たちのひとりが次のように言ってその点を要約してくれた。「社会は既婚女性に対して冷たいんです。よくわからないけど、何もかもがうまくいかないんです。」

　このような家族も、自分たちに類似した同質的な人々が住む地域に移住すれば問題が解決すると思われるかもしれない。確かに、そうすれば妻は近所に友だちができて、孤独や倦怠をさほど感じなくなるかもしれない。しかしながら、客観的な基準からいってどれほど同質的な地域であろうとも、これらの家族がこの地域内には友だちになれそうな人が大勢いると考えるなどとはとても思えない。彼らは、過去に何度も転居を経験し、多様な人々と接触してきているの

で、友人選択の基準が非常に厳しくなっているからである。さらに言えば、近所の人が自分たちのプライバシーに首を突っ込んでくることに対して非常に根深い嫌悪感を抱いてもいる。そのような感覚は、自分の子どもたちが近所の子どもたちと一緒に遊ぶようになると弱まってくるが、それでも決して完全に消え去ることはない。

3．中間的な夫婦役割分離度とネットワーク結合度の家族

　調査対象のなかには、このタイプが9家族含まれていた。職業の面ではかなり多様な家族を含んでいる。夫たちのうち4人は、上述した2番目のタイプの家族の職業に類似した専門職や準専門職に就いていた。この4家族は、2番目の家族群と職業上は似ているが、夫婦役割分離度は異なる。この事実に着目したからこそ、私は夫婦の役割分離度は職業階層だけでは説明できないという結論を導いたのである。残りの夫たち5人のうち、1人は事務職、3人は一般的な基準で言えばN氏と同じようなマニュアル労働職であり、1人はインタビュー終了後に高度な熟練マニュアル労働職から事務的な仕事に転職した。

　この9家族の間にも、夫婦役割分離度の点でかなりの多様性が見られた。なかには先述のN夫妻に並ぶほど分離度が高い家族もあれば、2番目の家族群に近似した、相対的に合同的な役割関係を持つ家族もあった。9家族の間に見られる夫婦役割関係における分離度の多様性は、職業階層における順位にきっちり対応しているわけではなかった。夫の職業をもっとも合同的な夫婦からもっとも分離的な夫婦へという順番で並べてみると、マニュアル労働職・専門職・専門職・事務職・専門職・マニュアル労働職・専門職・マニュアル労働職・マニュアル労働職という順序になる。それに比べると、役割分離度の順位は、ネットワーク結合度の程度に、より密接に対応していた。もっとも分散したネットワークを持つ家族は、もっとも合同的な役割関係を持っていた。そして、もっとも結合度の高いネットワークを持つ家族は夫婦の役割分離がもっとも大きかった。もっとも分散したネットワークを持つ家族は、居住地移動を繰り返したために、互いに知り合いではないような多くの人々との関係を築き上げた家族であった。

論述を簡略化するために、これら9家族を一括して扱うことにする。しかし、そのなかには程度が様々な家族が含まれており、ネットワーク結合度と夫婦役割分離度はどちらも連続体をなしている。したがって、分割された複数の類型に各家族を割り振る作業は、ある程度恣意的なものにならざるをえなかったことを記憶にとどめておいていただきたい。

外部との社会関係

データからは、これらの家族のネットワーク結合度が中間的であった理由が二つ示唆されている。第1に、ほとんどの人は、ネットワークの結合度がN夫妻よりは低いが2番目の家族群よりは高いような家族のなかで育った。さらにこれらの家族は、ひとつの例外を除けば、2番目のタイプの家族ほどには結婚の前と後に居住地の移動を経験していなかったので、友人同士が知り合いであることも比較的多かった。この家族のうちの何ケースかは、子どもの頃から続いている関係をかなり維持しており、とくに分散したネットワークを持つ家族に典型的であると述べたような、近隣軽視かつ友人・同僚重視のパターンを作り上げるようなことはなかった。

第2に、これらの家族は、近隣の住民の多くが自分たちと社会的に類似しているような地域に住んでいると感じていた。4ケースは、「郊外」地区であり、5ケースは、居住者の職業は様々であるが一般的な職業階層で言えば相互類似性の高い混住的な労働者階級地区であった。5家族は、パートナーのどちらかあるいは両方が子どものときから住んでいた地域あるいはその近くの地域に住んでいた。残り4ケースのうちの2ケースは、居住地域が夫妻の生育した地域に似ていた。現在の居住地域がパートナーのうちのどちらかが育った地域とはかなり異なっているケースが2ケースあったが、夫婦は新しい環境に順応していた。

夫と妻が、生まれ育った地域に住んでいる場合には、結婚前に形成した関係の一部を維持することができていた。これは、N夫妻に関しても言えることであった。中間的な程度の家族がN夫妻と異なる点は、おもに職業上の理由で、場合によっては受けた教育のために、近所の人々以外の人々との関係を形成することになったことである。近所にも友人が何人もいるが、友人のすべてが隣

人というわけではない。結婚後にパートナーのどちらかあるいは両方が現在の地域に移住してきた家族のケースでさえ、夫も妻も近所の少なくとも何人かとは親しげな関係を作ることができていた。ほとんどの場合夫婦は、このような関係にある近隣の相手を自分たちと社会的に類似していると見ていた。また、夫も妻も、近隣のなかに、自分独自の、分離した関係を形成することもできていた。とりわけ妻たちの多くは、昼間の手の空いたときにかなり長い時間を近所の女性たちと一緒に過ごしていた。夫妻は地域内のいろいろなクラブに参加してもいたが、これらのほとんどは男女別の団体であった。（ボランタリー・アソシエーションというものは、住民の社会的地位が近似しているがお互いが知り合いではないような地域でもっとも盛んになるようだ。一緒に活動することが、お互いをよりよく知る機会になるわけである。）

　これら中間的な家族が居住する地域では、近隣住民同士の多くに知り合い関係があった。それは、N夫妻の居住地域に関して述べたような、長年同じ地域に住み続けていることから生じる気心の知れた遠慮のない関係ではないものの、ネットワークが非常に分散した家族に典型的であると述べたような、距離を置いたよそよそしい関係でもない。中間的な家族は、結合度が中程度の近隣ネットワークを持っており、近所の人たちの意見に対する夫妻の受けとめ方も中間的であった。つまり、2番目のタイプの家族よりは影響を受けやすかったが、N夫妻よりはプライバシーを維持することができていたのである。

　夫と妻は、相互に分離的に近所の人たちとの関係を取り結ぶことがあったが、関わる4人のパートナー全員がお互いを気に入れば、隣人との間に夫婦単位の合同的な関係を取り結ぶこともあった。そしてたいていは、地域外に住む何人かの友人との関係も維持されていた。これらの友人たちとは、夫婦一緒に訪問し合う状況を作ろうとしていることが多かった。しかし、この友人たちが近所の人たちと親しくなるということはまずなかったので、ネットワークはかなり分散した状態に保たれていた。

　親類との関係は、2番目の家族について記述したのとほぼ同様であった。しかし、親類が自分たちと同じ地域に住んでいる場合には、訪問や援助の交換がかなり多かった。さらに、複数の親類が相互に近接して住んでいる場合には、親族ネットワークは結合度がかなり高くなっていた。

したがって、これらの家族のネットワークは、N夫妻ほどには高度に結合していないが、2番目の家族群よりは高度に結合している、と言えるだろう。役割の重複も見られた。近所に住む人が友人であることもあり、親類が隣人かつ友人であることもあった。このような重複はN夫妻の場合ほど徹底したものではないが、2番目の家族群ほどには友人・隣人・親類というカテゴリー分化が厳密ではなかった。夫と妻のネットワークは、N夫妻ほど分離的ではないが、2番目の家族群よりは分離的であった。

夫婦役割分離度

このように、家族外部との関係に関しては、夫と妻は、とくに親類および友人との関係に関して合同的な関係を持っており、同時にとくに隣人との関係や地域のクラブ参加に関しては分離的な関係を持っていることがわかった。

家事や育児の遂行にあたっては、ある程度明確に線引きされた分業が行われていた。2番目の家族群よりははっきりと分かれているが、N夫妻の場合よりは柔軟な分業体制である。夫も手伝いはするが、近所の人や（近くに住んでいる場合）親類からの手助けに期待するところが2番目の家族群よりも大きかった。

夫婦の役割関係に対する態度

程度にばらつきがあるが、幸せな結婚生活には興味・関心の共有と合同的活動が重要であるという考え方をかなり強調していた。概して言えば、夫婦の合同的関係と関心共有が重視されればされるほど、夫婦の性的関係が重視される傾向がある。分散したネットワークを持つ家族の場合と同様、中間的な家族も、夫婦間のプライバシーは守られる必要があり、夫婦関係はどのような外部関係よりも尊重されなければならない点を強調していた。しかし、男女間に社会的・気質的な差異があることを受け入れ、夫と妻の分離的な活動を容認する傾向は、より大きかった。家事や子ども以外に個人的に関心があることをやってみたいと思っている妻たちは多かったが、夜間講座に出席したり地域のクラブに参加したりするなど、家事や育児に支障をきたさずにできる活動を見つけていた。さらに、ほとんどの場合、妻たち自身に類似した人が近隣の女性たちの

なかに少なくとも何人かはいたので、比較的簡単にそのなかから友だちを作ることもでき、昼間話をする相手もできていた。孤独であるとか、うんざりしているとかという不満感を訴えることは、きわめて分散したネットワークを持つ家族の妻たちほど多くはなかった。

4．移行期にある家族

　状況は様々であるが、ネットワークがあるタイプから別のタイプへと移行しつつある家族が5家族あった。この5家族は、二つの異なる移行局面にあることがわかった。（a）ある地域から別の地域へ転居するかどうかの決定過程にある家族（これはネットワークの再編成をもたらすことになる決定である）、および（b）ある程度「社交の減退（de-socialized）」を経験した家族（文献2）、つまり外部との関係のパターンをすっかり変化させたが、まだ新しい状況には馴染んでいない家族である。移行過程を経験した家族はほかにもあったが、すでにある程度安定していて、分散したネットワークあるいは中間的なネットワークの家族に典型的なパターンに落ち着きつつあった。

(a) 転居の決定過程にある家族

　このような家族は2家族あった。どちらの家族も、比較的結合度の高いネットワークを持っていたが、社会移動を経験したため、新しい社会的地位にふさわしいと思われる郊外地域に移り住もうと計画していた。どちらのケースにおいても、そうすることは、親類や隣人との古い社会的紐帯を切り捨て、新しい紐帯を築き上げることを意味していた。一方の夫婦は、古いネットワークにあまりに強く縛られているのでそこから離脱するのは困難だと感じている様子だった。この夫婦は、住宅に大金をはたいたせいで現在の生活水準を下げるようなことにはなりたくないとも言っていた。もう一方の家族は、インタビューが完了した後に転居したが、その後再度短時間の訪問を行った際の印象では、次第に中間的なタイプのネットワークと夫婦役割分離度を作り上げていきそうに思われた。

(b) 社交の減退を経験した家族

　このタイプは3家族あった。この3組の夫妻は、いずれもN夫妻と同様に高度に結合したネットワークのなかで育ったが、みな生まれ育った地域を抜け出して、自分のネットワークの人々からも離脱していた。そのような家族にとって、地域から出て行くことは、大きな変化への一歩を踏み出すことを意味している。この点、中間的なタイプの家族は自分と社会的類似性の高い人々の住む地域に移り住むために転居してもあまり動揺することがないのだと仮定すると、両者は非常に対照的である。

　ひとつの家族は、大きな職業移動を経験していた。この家族が転居したのは、夫の職業上の必要からであって、獲得した地位にふさわしい近隣地区を求めて移動したというわけではなかった。彼らは比較的孤立した生活を送っていた。友人はほとんどいないし、近隣との接触も皆無に近い。親類は遠く離れて住んでいるものがほとんどで、つきあいも最小限であった。彼らは、直接の環境があまりに変化してしまったので、どうしたらいいのかわからなくなっているようでもあった。この夫婦は、それぞれいくつか分離した関心をもってはいたが、合同的な役割関係と関心の共有が夫婦関係のもっとも重要な基盤であると考えていた。

　ほかの二つの家族は、労働者階級であり、職業移動も経験していなかった。この二つの家族は、夫婦役割分離の分析において概念的にきわめて重要である。なぜなら、彼らは職業階層や様々な文化的特徴においてはN夫妻に類似していたにもかかわらず、夫婦役割関係はより合同的であったからである。彼らがN夫妻と異なるのは、ネットワークが相対的に分散しているという点である。

　この2家族は、昔から住んでいた近隣地区には適当な住居が見つからないというので別の地域に転居したのだった。彼らは最新の居住環境を備えた集合住宅を望んでいたということもあったが、両親はすでに亡くなっていて、親類の多くも転出してしまったので、以前の地域と自分たちとをつなぐ絆はあらかた失われてしまったと感じてもいた。どちらの家族も、住民のほとんどがお互いに他人同士であるような土地にやってきて、自分たちはよそ者であるという感覚を抱いていたが、当初はその状況にどう対処してよいかわからなかったようだ。しかし、この二つの家族は、新しい状況にまったく同じように対応したわ

けではなかった。どちらの場合も、とくに最初のうちは、夫と妻が、お互いの助けを求め合い、頼り合うようになった。しかし、様々な個人的事情から、1組の夫妻はふたりとも合同的な活動や共通の関心を発展させようと努めるようになったものの、もう1組の夫婦は合同的な夫婦関係という考え方にあまり深入りすることはなかった。

　前者のケースでは、夫も妻も夫婦一緒の友人関係を築こうと努力したが、それまでそのような経験をほとんど積んでいない彼らには難しいことだった。彼らにとって合同的役割関係というものは未知の文化であったし、新しく知り合った人たちも似たような窮状に置かれていたのだから、夫婦の努力に対して外からの応援もなかった。夫は自分が所属するクラブの活動に妻も参加させようとしていたが、そのクラブの仕組みでは、妻の活動は夫の活動とは別々のものになることが多かった。夫は、これまで通り家族のお金の運用は自分だけで行っていたが、家事や育児をいろいろと手伝うようになっていた。後者のケースでは、夫は仕事と友人づきあいで忙しくしており、あちこちの委員会でほかの男たちと長時間一緒に過ごすことが多かった。一方、彼の妻は孤立し、家庭に引きこもるようになっていた。ただし、彼らは家庭内の仕事に関しては以前よりは合同的に取り組むようになっていた。自分の親類の女性たちは遠くに住んでいてあまり助けにはならないのだからもっと手伝ってほしいと、妻が夫を説得したためである。

　しかし、いずれのケースにおいても、子ども時代から蓄積された古いネットワークは何によっても代え難いようで、どちらの夫婦も個人的に大きな不満を抱いていた。夫たちは、以前と同じ仕事を続けており、同僚との関係が生活の連続性を感じさせてくれるので、急激な変化の影響を被る程度は少なかったかもしれない。夫も妻も、自分たちの元気が出ないのは物理的環境に原因があると何度も言い、かつて住んでいた地域は理想的な場所だったと言っては昔を懐かしんでいた。彼らは、人々の人情が厚かったことだけを想い出し、物理的な環境の不便さやうわさ話で不愉快な思いをしたことは忘れてしまっていた。全体としてみると、一方の家族の方がもう一方よりも進行が速いものの、どちらもかつてより合同的な分業体制を発展させている過程にあり、いずれは中間的な形態のネットワーク結合度と夫婦役割分離度に落ち着くことになるのではな

いかと思われた。

　調査対象家族群には、逆方向の変化を経験したケース、すなわち分散したネットワークから結合度の高いネットワークへと変化したケースは含まれていなかった。しかし、私が個人的に知っている家族には、分散したネットワークに慣れていたのに結合度の高いネットワークに組み込まれざるをえなくなった例がいくつかある。そこから示唆されるのは、そのような変化はやはり苦痛に感じられるということである。夫婦のプライバシーは浸食され、夫妻のそれぞれが分離的な活動に参加するようにと期待されるわけだが、それは自分たちには田舎臭いとしか思えないようなことがらである。そのような家族は地域内の交際ネットワークに入ることを拒否することもできたはずだが、ほとんどの場合、夫の職業キャリアのためには入らざるをえないと感じていた。

C．夫婦役割分離度とネットワーク結合度との関連にみられる特質

　ここまでデータを記述してきたので、次に夫婦役割分離とネットワーク結合度との関連がどのようなものであるかをもう少し詳細に検討してみよう。

　結合度の高いネットワークがもっとも発達しやすいのは、夫と妻が、そしてその友人・隣人・親類が、みな同じ地域で生まれ育ち、結婚後もそこに住み続けているような場合である。その場合、夫と妻は、それぞれ高度に結合したネットワークを携えて結婚生活に入るのである。ふたりのネットワークが部分的に重なり合っていることも多いだろう。N夫妻が彼らの家系図を説明してくれた内容から判断すると、よくある夫と妻の出会い方のひとつは、一方の友人であり、かつもう一方の親類であるような人物に紹介されるというものである。

　夫妻のいずれも、それぞれ自分のネットワークに含まれる人々との関係に対して情緒的に相当な投資をしている。それぞれ、ネットワーク内の人々との互酬的な交換に関わっており、物質的・情緒的なサポートのやりとりを行っている。夫も妻も、その人々の意見や価値観には非常に敏感である。というのも、彼らとの関係が親密であるばかりでなく、ネットワーク内の人々同士がお互いに知り合いで、同じ価値観を共有しているので、整合的で矛盾のないインフォーマルな制裁（sanction）を互いに科すことが可能だからである。

結婚した夫と妻の関係は、いわばこれら既存の諸関係の上に追加して上書きされたものである。その夫婦が同じ地域に住み続け、その友人・隣人・親類も近くに住み続け、その夫婦とのみならず彼ら同士も相互に接触を保つのが容易である限り、夫と妻の分離したネットワークは結婚後も存続が可能だ。もちろん何らかの再調整は必要になる。夫が若い頃の友だちと会うのをやめるようになることもあるだろう。とくに、勤め先が別であり、行きつけのパブや所属クラブが違う友だちに関してはそうなりがちである。子どもが生まれると、妻はかつての女の友だちと会うことは少なくなり、自分の母親や女の親類と会うことが多くなりがちである。しかし、こうした再調整を別にすれば、夫も妻も昔からの外部関係を継続することができるし、外部からの社会統制に対して非常に敏感に反応し続ける。外部関係が夫婦間で分離しているにもかかわらず、夫と妻のネットワークが重なり合っているためにパートナーの素行が自然に耳に入ってくる。妻は夫が家の外で友だちと何をしているのかを直接知らない場合でも、つきあっている男たちのひとりが彼の妻や親類の女性にそれを話すことがあるだろう。するとその情報は、直接に、あるいは別の女たちを経由して、ついには当の男性の妻へと伝達されることになる。同様に、妻の側に何らかの後ろめたい行動があった場合も、いずれ夫に知られてしまうことになりやすい。

　結婚後も古い関係が継続するので、夫も妻も個人的なニーズを部分的に家族の外で充足することができる。したがって、ほかのタイプの家族ほどには、夫婦関係に対して情緒的投資をする必要がない。夫妻両方に言えることだが、とくに妻は、家事や育児に関して外部から援助を得ることができる。それゆえ夫婦間の強固な役割分業が可能になっているのだが、それはどちらも外部からの援助を得られることによるものなのだ。言い換えると、外部との関係における分離が、家族内部の活動に対して影響を及ぼしている。

　何度も転居したり、以前からの知り合いとは何のつながりもない相手と新たな関係ができたりすると、ネットワークは分散的になる。夫も妻も、結婚以前に転居を繰り返しているようなら、結婚の時点ですでに分散したネットワークをそれぞれ持ち寄ることになるだろう。夫の友人の多くはお互いに知り合いではないし、妻の友人もお互いに知り合いではない。夫妻は、結婚した後に、古くからの知り合いと顔を合わせることもあるだろうし、新たに知り合いになっ

た人たちとも顔を合わせるだろうが、いずれにしてもこれらの人々は必ずしも互いに知り合いではない。言い方を換えれば、彼らの外部関係は、空間と時間の両面において、相対的に非連続的なのである。このような夫婦にとって連続性があるとするならば、それは外部関係にではなく、まさに夫婦相互の関係にこそあると言える。外部世界に立ち向かっていくときに、彼らはお互いを頼りにする。なぜなら、もっとも強烈に情緒的投資をするのは、連続性のある関係に対してだからである。彼らは夫婦間の融和を求める水準が高いがゆえに、共通の関心、合同的な家庭運営、夫と妻の対等性を重視する。夫と妻は仲よくやっていかなければならず、できるかぎり互いに助け合って家庭内の雑務をこなしていかざるをえない。なぜなら家族の外部には、頼りになる物質的・情緒的援助源が存在しないからである。彼らの友人や親類は物理的に散らばっており、相互の知り合い関係もほとんどないので、確固たるパブリック・オピニオンによって厳格に統制されることがないかわりに、一貫した外部サポートに依存することもできない。夫婦合同で外部との関係を維持することは、外部世界に対して夫婦が共同戦線を張っていることを表明することになり、またお互いに対しては合同的な関係にあることを再確認することになる。家族外部の誰かが夫婦関係に対する深刻な脅威となるようなこともない。夫婦一緒に友人たちとつきあうことで、夫婦相互の関係が脅かされることなく、夫婦双方が家族の外から情緒的満足を得ることができるのである。

　こうした両極の間には、中間的な家族と移行期の家族が存在する。中間的なタイプは、夫も妻も転居をかなり経験しているので、夫婦関係にこそ連続性を求めることになり、夫婦関係に対してもっとも大きな情緒的投資を行う。同時に彼らは、家族外に分離的な関係を作ることもある程度可能であり、必要に応じて家族外の人たちからの援助を頼ることができるので、男と女の仕事をかなり明確に分離した役割分業を作り上げることができる。

　移行期にある家族の事例は、ネットワークがあるタイプから別のタイプへと変化する際にどのような要因が関わってくるかを例示している。結合度の高いネットワークから分散したネットワークへの変化を経験した夫妻は、適切な訓練も心の準備もないままに、かつてより合同的な夫婦関係のなかに突然投げ込まれたように感じる。最終的にどのような結果になるかは家族の考え方次第だ

が、新しい隣人たちが相互にどれくらい関係を築くことになるかによっても結果は違ってくる。中間的な形態のネットワーク結合度に落ち着くというのが、もっともありそうな結末である。同様に、分散したネットワークから結合度の高いネットワークへの変化を経験した家族の場合、当初の反応は、いわばプライバシーを失ったことに対する憤慨のような気持ちであるが、次第に中間的な程度のネットワーク結合度と役割分離度を形成していくようである。

第II部　環境全体との関連からみたネットワーク

　これまで家族とネットワークとの関連を議論してきたので、次にネットワークの形態自体に影響を及ぼす要因をいくつか考察することにしてみよう。まず第1に、都市的な産業化社会におけるあらゆる家族ネットワークに一般的にみられる主要な特徴を検討する。つづいて、都市家族ネットワークの多様性に影響を与えている要因のいくつかを考察したい。

A．都市家族ネットワークの一般的特性に影響を与える要因

　すでに述べたように、すべての調査対象家族は、家族外部の人々および制度的機関との関係を維持している。機関との関係には、職場との関係のほか、学校・教会・病院の医者・診療所の医者・商店などのサービス機関との関係、クラブ・夜間講座・娯楽施設などのボランタリー・アソシエーションとの関係が含まれる。それ以外に、同僚・友人・隣人・親類との間に、よりインフォーマルな関係を維持している。したがって、都市の家族を「孤立した」ものとして描き出すとしたら、それは間違っている。実のところ、都市の家族は、外部関係のネットワークがなければ生存しつづけることさえできないだろう。
　しかし、都市の家族は組織化された集団に包摂されているのではない、というのは正しい。なぜなら、都市家族は、外部との関係をたくさん持っているが、つながりのある機関や人間は、相互につながり合ってひとつの組織化された集団を形成しているわけではないからである。さらに言えば、家族のメンバーひ

とりひとりはいろいろな集団に所属しているが、家族全体として所属しているわけではない。必ずしもそう言い切れないケースもある。例えば、家族のメンバー全員が、同じ教会に通うとか、同じ開業医に診てもらうという状況が生じるような場合である。しかし、そのような場合、外部の機関や人間が統制しているのは家族生活のひとつの側面に限られており、その家族をあらゆる面で「包摂している」とは言い難い。

家族社会学の文献では「コミュニティのなかの家族」という言い方をよく眼にするが、それはコミュニティがひとつの組織化された集団であり、そのなかに家族が包摂されていることを暗に意味している。私たちのデータに照らせば、このような言い方は誤解を招きかねない。もちろん、どの家族も一定の地域に居住してはいる。しかし、凝集的な社会集団を形成しているという意味でコミュニティと呼べるような都市地域は皆無に近い。都市の家族にとっての直接の社会環境は、居住地域全体であると考えずに、地域内部との関係か外部との関係かを問わず、実際に維持されている社会関係のネットワークであると捉えることによってもっともよく理解することができる。

これと対照的なのは、小規模で、相対的に孤立的した「閉鎖的な」地域集団（"closed" local group）の場合である。このタイプのコミュニティは、原始的な社会や産業化した社会の村落地域などでよく見られる。そのような地域集団のなかの家族は、プライバシーというものを知らない。そして誰もがほかの人々全員を知っている。比較的閉鎖的な地域集団のなかでは、高度に結合したネットワークを持つ都市家族が経験していたような状況は、さらにもう一段、厳しさを増したものになる。そうした集団を構成する個々の家族のネットワークはきわめて高度に結合しており、地域集団内部の関係は外部の関係ときわめて明瞭に区別されているので、地域住民は組織化された集団をなしていると言ってなんら差し支えないだろう。家族は、いわばこの集団のカプセルのなかに包み込まれている。どんな行動をとったかはみんなに知られてしまい、うわさ話やパブリック・オピニオンによるインフォーマルな制裁から逃れるすべはない。そして、家族領域外の問題は、所属集団によって支配されている。

小規模で原始的な社会の多くでは、基礎的家族（elementary family）が地域集団のなかだけでなく、団体的な親族集団（corporate kin group）のなかにも

包み込まれている。そのような場合、夫と妻の間にみられる夫婦役割分離は、上述したような高度に結合したネットワークを持つ都市家族よりもさらに際立ったものになる。結婚は、何よりもまず自らの意志で行為する個人間の融合であるなどというものではなく、むしろ親族集団間をつなぐものなのである。

　産業化した都市社会における家族と小規模な原始的・村落的コミュニティにおける家族とで直接的社会環境がこのように異なっているのは、突き詰めれば、経済と社会の全体構造が異なるためであると考えられる。小規模な社会における分業は比較的単純である。それに対して、産業化社会の分業はきわめて複雑である。小規模で、比較的閉じた社会では、家族が必要とするサービスのほとんどは地域集団あるいは親族集団に含まれるほかの家族から提供される。産業化した都市社会では、そうした雑務やサービスは、分別され、様々な専門機関へと割り振られる。小規模で閉鎖的な社会の家族は、少数の多機能集団に所属しているが、都市の家族は、分化し、相互につながりのない、専門的機能を果たす多数の機関とのネットワークのなかに位置づけられている。小規模な閉鎖社会では、地域集団と親族集団が家族と社会全体とを媒介している。一方、産業化した都市社会では、家族と社会全体との間を単独で媒介するような包摂的な集団や機関は存在しない。

　外部関係におけるこのような違いがもたらす結果のひとつは、都市家族の方が自分たちの問題を自分たちで統御する自由度が大きいことである。小規模で閉鎖的な社会では、包摂的な集団が家族に対して大きな統制力を有している。産業化した都市社会では、家族のひとりひとりの健康は病院の医者が診てくれるし、母子の健康であれば産院の医者が診てくれる。子どもを教育してくれるのは学校であり、個人を夫としてではなく被雇用者として面倒をみてくれるのは職場の上司である。そして、家族内の問題をどのように取り扱うべきかに関しては、友人・隣人・親類といった人たちでさえ、互いに意見が一致しないことも少なくない。要するに、家族への社会統制があまりに多くの主体間で分裂しているため、持続的に十全な統率力を保持するものはどこにもない。それゆえ家族は、広い眼で見ればいろいろと限界はあるものの、自分でものごとを決定することができるし、自分の問題を自分で制御することができるのである。

　このような状況を要約すれば、都市の家族は、より閉鎖的なコミュニティの

家族に比べて、より高度に個化している (more highly individuated) と言うことができるかもしれない。こうした状況を表現する場合には、家族は「孤立している (isolated)」という言い方がされることが一般的だが、私はこちらの用語の方が正確だと思う。「個化」という用語で私が意味しているのは、基礎的家族が独自性と一定の自律性を備えた社会集団として切り取られ、ほかから分化させられるということである。もちろん、どのような社会においても、基礎的な家族はある程度個化されているものである。そうでなければ、家族がひとつの集団として明確に存在しているとは言えなくなってしまう。都市家族と閉鎖的な社会の家族との違いは、程度の違いにすぎない。しかしながら、都市家族の間にも個化の程度に差異があるということを忘れてはならない。高度に結合したネットワークを持つ家族は、分散したネットワークを持つ家族に比べて、個化の程度が少ない。

　ひとつには都市家族の個化が、役割遂行の多様性をもたらす。家族は、国家というものを別とすれば、統御的・統制的な集団のカプセルに包み込まれているわけではないので、夫と妻は、広く見れば限界はあるが、自分個人のニーズに応じて自分の役割を演じることができる。広い意味での限界というものは、国家全体の理念的な規範として、その多くが様々な法律のなかに存在し、裁判所によって執行されている。しかし、小規模な社会に比べると、親類や隣人によるインフォーマルな統制の厳格性や一貫性ははるかにゆるく、大きなばらつきが生じることもありえる。

B．都市家族のネットワーク多様性に影響を与える要因

　ネットワークを形づくる直接的な社会環境という点では、どの都市家族も同じような環境に置かれていると思われるかもしれないが、ある都市家族のネットワークと別の家族のネットワークとの間には重要な差異が見られる。すでに第Ⅰ部で明らかにしたように、その差異とは家族のネットワーク結合度の違いである。そうした違いは、インフォーマルな関係、すなわち友人・隣人・親類との関係の領域においてきわめて顕著に見られる。これらの諸関係は、医者・産院・学校など、より専門的でフォーマルな関係に比べて、個人的・情緒的な

重要性がはるかに高く、しかもたいていは当該家族自身が社会的に類似していると感じる相手との関係になっている。

この論文の導入部分で、ネットワーク結合度は、一方では環境全体のなかに働く何らかの影響力の結果生じるものであり、もう一方では家族それ自体によって作られるものであると示唆しておいた。ここで、この命題をさらに詳細に論じておくべきだろう。

産業化社会における高度に発達した分業は、複雑性を生み出すのみならず、多様化の可能性をもたらす。高度に結合したネットワークを発達させるのに適した条件が生じることもあれば、分散したネットワークに適した条件が生じることもある。こうした条件を詳しく検討するには、家族とネットワークの問題から遠く離れて、都市の生態学的環境や産業や職業などの経済構造の研究に踏み込んだ議論をする必要がある。それは明らかにこの論文の守備範囲を超える課題である。しかし、試みに、ネットワークの結合度に影響を及ぼすとみられるいくつかの要因を提示してみたいと思う。

(1) ネットワーク・メンバー間の経済的紐帯

経済的な紐帯は、友人間や隣人間よりも親類間において強力に作用するが、親類間であってもそのような凝集力が働く程度は実に多様である。親族ネットワークの結合度は、複数の親類が同じ企業に資産の所有権を保持している場合や相互に遺産相続が期待されている場合に強められる。

親族ネットワークの結合度は、親類同士で就職口を世話することができる場合にも強化される。ただし、そのような助け合いができるのは一定の職業に限られる。試験など何らかの客観的基準による選抜を要する専門職や準専門職などの職業では、親類が就職の世話をすることはあまりできない。一方、さほど高度な技術を要しない職業やある種のビジネス、とくに自営業の場合には、親類が直接的に助け合う余地はずっと大きい。

ここで重要な点は、職業システムも資産の分配も画一的なものではないということである。家族によって、どのような影響を受けるかは様々に異なる。つまり、家族のネットワーク全般とくに親族ネットワークは経済・職業構造のなかで特別に大きな役割を演じているわけではないが、経済的な要因が家族のネ

ットワークにどのような影響を与えるかという点では大きな多様性が見られるということになる。

(2) 近隣地区のタイプ

　近隣地区のタイプは、それ自体としてというよりも、ネットワークの「地域化（localization）」に影響を与える要因のひとつとして重要である。家族のネットワークが地域化されている場合、つまりネットワーク・メンバーのほとんどが同じ地域に住んでいて互いに接触しやすい場合には、全国に散らばっている場合に比べると、互いに知り合いである可能性が高い。

　家族は、インフォーマル・ネットワークのメンバーは社会的地位の点で自分たちと同じであると思うことがふつうなので、地域住民が相互に社会的に類似しており、（彼らが階級をどう捉えているかは別にして）同じ社会階級に属していると感じているような地域において、地域化したネットワークが発達しやすい。そのような社会的類似性の感覚は、単一の支配的産業や少数の伝統的職種を基盤とした古くからの労働者階級地区でもっとも強いようである。すでに述べたように、高度に結合したネットワークを持つ家族であるN夫妻は、そのような地域のひとつに住んでいた。そこは、少なくともこの前の戦争までは、人口の転出入率が低い地域でもあった。以前は、その地域の人々は、その地域で生まれ育ち、そして死んでいったのである。高度に結合したネットワークが発達しえたのは、その地域が同質的であったばかりでなく、人々が長期に定住したためでもある。今では転出してしまった住民もあるため、この地域に残っている住民のネットワークでさえ以前よりは分散的になってしまった。

　この地域に匹敵するほど同質的で、専門職のうちのどれかひとつの職種の人だけで構成されているような近隣地区はなかった[12]。しかし、職種は違うものの、収入の点で住民の同質性が比較的高い近隣地区は見つかった。住居のタイプとコストが、この種の同質性をもたらす重要な要因のひとつになっているようであった。そのような近隣地区は、郊外にいくつか見られたし、とくに支配的な地場産業を持たない、ある種の混住的な労働者階級地区にも見られた。中間的なネットワークおよび移行期にあるネットワークを持つ家族のほとんどは、そのような地域に住んでいた。また、分散したネットワークを持つ家族のうち

のひとつがそのような地域に住んでいたが、彼らは近所の人たちを相互に社会的類似性が高いが自分たちとは違う人たちであると認知していて、つきあいを避けていた。最後に、住民の職業階層・収入・学歴などの点で極度に異質性の高い地域がいくつか見られたが、非常に分散したネットワークを持つ家族のほとんどはそのような地域に住んでいた。

　非常に複雑な仕方で、近隣の住民構成は職種や社会階級と関連している。すべてのマニュアル労働職が特定地域に集中しているというわけではないが、例えば造船労働者や家具職人がある程度集住している同質的な地域というものはありえる。しかし、専門職の構造的特性から言って、例えば医者や弁護士や公認会計士の集住する同質的地域というものはほとんどありえない。家族に関する私たちのデータを使っても、地域のなかの近隣地区形成に寄与する多くの要因を分析することは到底できない。せいぜい、産業・職業システムは非常に複雑であるため、実に多様な都市近隣地区が生み出されると言える程度である。人口が同質的で安定的な地域もあれば、そうでない地域もある。ネットワーク結合度が近隣の住民構成とどのような関連にあるかを詳しく研究しようと思ったら、複数の近隣地区を体系的に比較するための同質性の基準を精密に設定する必要があるだろう。そうすれば、客観的な基準で測定された同質性の程度やタイプが、地域住民相互の態度とどのように関連しているかを研究することができる。さらに、異なる地域間で、家族のネットワーク形成を比較することもできる。私の推測では、人口の転出入率と異質性が高い地域には高度に結合したネットワークを持つ家族はあまり見られないが、比較的同質的で安定した地域には高度に結合したネットワークを持つ家族と分散したネットワークを持つ家族の両方が見られるだろう。

　しかし、居住地域に関する情報を集めただけでは、ネットワーク結合度を予測することは不可能だろう。ほかにも、職業の種類、夫の職場がどこにあるか、その地域での居住歴、居住地域をどう認知しているかなど、関連してくる要因はあまりにも多い。なかでも、家族が地域住民をどのように認知しているかが重要である。社会的同質性に関する客観的な測度を使っても、家族が隣人たちに対してこのように感じる可能性があるということを大まかに示すことしかできない。さらに、近隣地区は一方的に家族に押しつけられるものではないこと

を忘れてはならない。一定の限界はあるが、家族はどこに住むかを選ぶことができるし、隣人たちは自分たちに類似していると思ったからといって、彼らと仲よくしなければならないというわけでもない。友人の選択には、社会的類似性を感じるかどうかという点以外の基準も関わっている。

(3) 地域外の関係を作る機会

　ネットワークのメンバーが、ほかのメンバーと知り合いでない誰かと新しい関係を作る機会をあまり持っていない場合、そのネットワークは高度に結合したものになりやすい。そのようなわけで、上述した結合度の高いネットワークを持つ家族のケースでは、夫の職場も、夫妻の親類や友人も、すべて居住地域に集中していた。そのような家族に対して、地域外の相手と関係を作ることを妨げるような強い制裁のようなものは何も存在しないが、そのような関係を作らざるをえないような避けがたい状況も存在しない。調査対象となった専門職の家族の場合、高等教育や専門的な職業研修を受けることによって、相互に面識のない同僚や友人との関係を数多く作ることになった。あまりありそうなことではないが、そのような家族が仮に一生同じ地域に暮らし続けたとしても、夫が自分の職業キャリアを継続するならば、彼は家族の近隣ネットワークには含まれない別の人々との関係を作ることになるので、そのネットワークは分散したものになりやすい。

　要するに、ネットワーク結合度は、部分的には夫の職業に依存している。自分の同僚が隣人でもあるような職業形態であれば、彼のネットワークは地域化したものとなり、結合度は高くなりがちである。一方、同僚が隣人ではないような職業形態であれば、彼のネットワークは分散したものとなりやすい。しかし、このようなことは、職業階層に関する情報のみからは予測ができない。専門職のほとんどは、居住地域以外の様々な場所で研修を受けたり、仕事をしたりすることを必要とする。マニュアル労働職にもそのようなことを要する仕事もあれば、場合によってそうなりえる仕事もある。また、そのようなことはまったくないような仕事もある。

⑷　物理的・社会的移動

　ネットワークの結合度は、関係の安定性と継続性によって規定されている。家族あるいはそのネットワークのなかのほかのメンバーたちが物理的・社会的に移動すると、接触が減少し、新たな関係が築かれることになるので、家族のネットワークはより分散的になる。

　調査対象となった家族の間には、それまでの物理的移動が大きいほどネットワークが分散するというはっきりした傾向があった。結婚以前と以後を含めて、夫と妻の双方が住んだことのある地域の数を合計すると、ネットワーク形態別の平均値は以下の通りである。分散したネットワークの家族で19、中間的なネットワークの家族で8.2、移行期にあるネットワークの家族で9.6、そしてもっとも結合度の高いネットワークを持つN夫妻では2であった（すべてのケースにおいて、兵役経験をひとつの「地域」としてカウントした）。

　多くの要因が物理的移動に影響を及ぼしている。ここでも関連する要因のひとつとなっているのは職業システムである。職業のなかには、社会的・物理的移動を許容したり促進したりしてネットワークを分散させるものもあるが、逆に居住地や関係の安定性を促すものもある。社会移動は、物理的な移動をともなうことが多い。調査対象家族のうち、7家族が職業移動を経験しており、3家族が新たに獲得した地位にふさわしい地域への転居を経験したばかりであるか、あるいは計画中であった。ほかの4家族も転居していたが、地位に関わることがおもな理由ではなかった。概して言えば、社会移動の激しい家族はネットワーク結合度が低くなるが、それは物理的に移動するからというだけでなく、古い社会的紐帯を切り捨て、新たな関係を形成しやすいからでもある。調査対象のうち移動型の家族を見ると、このような関係の再編成はそのほとんどが独身青年期あるいは結婚初期に行われており、おもに友人と遠距離の親類が絡んでいる。どれほど激しい移動を経験している家族であっても、夫妻は自分たちの親との接触を維持しなければならないという義務感を抱いていた。職業的・社会的成功は、親たちにとっても夫妻自身にとっても肯定的に捉えられていることがふつうであった。

　職業は、社会移動が起こらない場合でも物理的移動に影響を及ぼすことがある。調査対象家族のうち多くの専門職の夫婦が、地域間あるいはときに都市間

の頻繁な移動を経験していたが、彼らは夫の職業上の都合を転居決定の際にもっとも考慮に入れた要因だとみなしていた。このことは、社会移動の大きい家族ばかりでなく、社会移動がなかった家族にも同じようにあてはまった。マニュアル労働職や事務職の人たちは、夫の職業キャリア上の必要性を主要な転居理由に挙げることは少なかったし、そのような家族のなかで非常に頻繁な移動を経験していたのは1家族だけであった。職業と物理的・社会的移動との関連が複雑であることは明らかである。職業システムが一律でないという事実は重要である。そのなかには物理的・社会的移動の面で大きな多様性が起こりうる。それゆえネットワーク結合度の面でも大きな多様性が生じうるのである。

　しかし、転居するかどうかの決定は、職業上の配慮ばかりではなく、現在の住宅に不満があるかどうか、一戸建あるいは集合住宅のタイプや住居費の問題、その家族が子どもにとってのよい環境をどのように考えているか、親類・隣人・友人との関係がこれまで住んでいた地域でどうだったか、およびこれから住む地域でどうなりそうかという要因など様々な要因に依存していることは疑いない。そのなかには重視すべき点とそうでもない点とがあるだろうが、いざ転居の決定をする際には、こうした様々な点すべてを秤にかけて勘案しなければならない。ときには考慮すべき点のすべてが同じ結論を指し示すこともあるが、たいていの場合は、どの要因を重視すべきかを比較考量することになる。しかし、どのような理由によってであれ、ひとたび転居してしまえば、家族のネットワークは以前よりも分散する。その家族自身が引っ越さなくても、友人や親類が転出すれば、やはりネットワークは分散的になる。

　このように、ネットワーク結合度は、非常に複合的に組み合わされた様々な経済的・社会的な力に規定されている。小規模で、比較的閉鎖的な社会における相対的に同質的な環境とは違って、都市家族の全体環境はきわめて複雑で多様なものになっている。多くの影響力が家族のネットワークに作用しているので、家族は複数のコースのうちから一連の活動を選択できる許容範囲が広くなり、実に多様なあり方が可能になっている。

(5)　個人による決定と選択

　家族のネットワーク結合度は、外部からの社会的な影響力ばかりではなく、

家族そのものによっても規定されている。家族のメンバーは環境全体が及ぼす影響を制御することはできないが、こうした影響力のもとで多様化したコースのなかから好みの活動を選択することができる。環境全体が用意した多様性が選択を可能にしているわけだが、実際の決定を下すのは家族自身だ。決定は状況要因によって枠づけられるが、同時に家族メンバーのパーソナリティによって規定され、また家族メンバーが状況要因にどのような反応を示すかによって規定される。

　夫と妻が個人的な決定と選択を繰り返しているうちに、そう意図しているわけでもないのに、いつのまにかネットワークの結合度に影響を与えていることもあるかもしれない。自分たちのネットワークの結合度を変化させてしまうことは、さらに夫婦の役割分離にも影響を及ぼす。したがって、高度に結合したネットワークを持つある家族が住み慣れた地域を出て新しい住宅団地に移り住んだ場合、彼らのネットワークは急激に分散したネットワークへと変化するだろうし、少なくともしばらくの間は相互に合同的な夫婦関係を作り上げるだろう。また、分散したネットワークを持つ専門職の家族が夫の職業キャリアのために大学町に移住したとすると、たとえそうしたいと思っていなくても、彼らのネットワークは結合度が多少高くなるだろう。分散したネットワークを持つ家族が、ほかに買えそうな住宅が見つからずに遠く離れた郊外に引っ越すような場合には、夫婦が極度の孤立状態に陥ることもある。友人たちからは引き離され、近隣関係も簡単には作れずに、夫婦の相互依存が通常よりも多くなる。

　調査対象となった家族のなかには、様々な個人的事情からインフォーマルなネットワークというものをほとんどもたない夫婦が数組あった。2組の夫婦は、自発的な孤立状態あるいは準孤立状態で暮らしていた。彼らは、サービス機関との接触は維持しており、親類に義理があって訪問することはたまにあるが、それですべてであった。また、2番目の家族群のなかには、かなり多くの親類関係があり、この家族群にしては近隣関係も多いものの、やはり様々な個人的事情から友人がほとんどいない夫婦があった。彼らもインフォーマル・ネットワークを持っているのだから、それは確かに分散したネットワークということになるが、ネットワークに含まれるメンバーは通常よりもはるかに少なかった。中間的な家族のうちのひとつは、そう望めばN夫妻と同じくらい高度に結合し

たネットワークを持つことも可能であったが、様々な個人的理由から、つきあい関係を減らし、家庭中心の価値観と合同的な役割関係を採用するようになっていた。このタイプから多少逸脱した家族は、自分たちが規範としてこうあるべきだと考える状態と自分たちの行動が完全に合致していないことをはっきり意識していた。ただし、このような家族は、規範として期待している以上のことが実現されているのではない限り、自分たちが規範から逸脱していることを話題にしたがらなかった。

　したがって、個人のパーソナリティ特性は、間接的に夫婦役割分離に影響を及ぼす。なぜなら、それは家族のネットワーク形態を規定するような選択決定に影響を与える要因だからである。しかし、意識的なものと無意識的なものを含めて、個人のニーズや態度も夫婦役割の遂行に直接的に影響する。したがって、似たようなネットワークを持っている二つの家族が、夫婦役割分離度の点では少し差があることもありえる。すでに述べた二つの移行期家族（68-69頁）は、ほぼ同じような状況で生活していたのだが、一方のケースでは夫妻とも可能なかぎり合同的な夫婦関係を作り上げようとしていたのに対して、もう一方のケースではそうではなかった。パーソナリティ要因は、家族役割（のみならずすべての役割）の遂行に必ず関わってくる要因であるが、ニーズ要因が独立した要因として突出してくるのは、夫妻の個人的ニーズと、夫妻が置かれている社会状況と、夫妻のネットワーク・メンバーが抱く期待とが、うまく一致していないような場合だけである。

社会階級、ネットワーク結合度、夫婦役割分離度

　状況が複雑なのだから、階級上の位置と夫婦役割の分離度との間に単純な相関が見いだされなかったからといって驚くにはあたらない。階級的位置のある側面が夫婦役割分離に直接影響することもないとは言えないが、より直接的に役割分離度と関連しているのは、階級的地位そのものではなく、ネットワーク結合度であると私は考えている。例えば、夫と妻がともに高い教育を受けている場合、夫婦は似たような関心や好みを共有していることが多いので、合同的な関係を遂行しやすくなるだろう。もちろん学校の教員が子どもたちに対して合同的な夫婦関係を教え込もうと画策しているわけではない。にもかかわらず、

高等教育は、前世代から次世代へと合同的関係にふさわしい倫理観を伝達したり、両親が分離的な夫婦関係にあった社会移動経験者たちにそれを教育したりするための主要な手段になっていると言ってよい。しかしながら、そのような教育だけで合同的な夫婦関係を生み出すことができるとは思えない。教育が功を奏するのは、ほかの要因とうまく組み合わされた場合だからである。

　しかし、概して言えば、階級（という複雑な概念の定義が何であれ）に関連する要因は、家族のネットワーク結合度への効果を通して間接的に夫婦役割に影響を与えている。経験的な研究成果を要約すれば、高度に結合したネットワークを持つ家族は労働者階級であることが多い、ということになる。ただし、労働者階級の家族がすべて高度に結合したネットワークを持つことになるわけではない。

　いくつもの要因がすべて組み合わされて高度に結合したネットワークを生み出すような状況に置かれているのは、労働者階級だけである。そのような要因とは、同一地域内における同種あるいは類似の職種の集中、同一地域内における職住近接、人口転出入率の低さと関係の継続性、就職に際して親類や友人が相互援助する余地の存在、物理的移動の必要性の低さ、社会移動の機会の乏しさといったものである。

　それとは対照的に、専門職の人々が置かれている構造的状況においては、このような影響力のパターンが出現することはまずない。特定の専門職が集住するような同質的地域はきわめてまれであり、職場と住居は異なる地域にあることがふつうであり、専門的な職業教育によって自分の家族や学校時代の友人や隣人とは面識のない人たちとの関係が作られるようになり、友人や親類の口利きではなく身につけた技術や教育によって就職することがほとんどであり、専門職のキャリアの多くは物理的な移動が要求される。上流階級的な地位に関連する要因のうち唯一ネットワークの結合度を高めると思われるものは、親族による同一企業の株式保有である。ただし、これも専門職の人々の間での現象というよりは、むしろ富裕な商工企業経営者の一族にみられるものである。

　しかし、マニュアル労働職に就いている男性はすべて自動的に結合度の高いネットワークを持つことになるわけではない。すべてのマニュアル労働職が地域的に集中しているわけではないので、そのような男性が異質性の高い地域に

住んでいることもありえる。彼の住居と職場は離れた場所にあるかもしれない。彼は地域から地域へと転居を繰り返しているかもしれない。同じように、彼の友人や親類も、転居をしたり、彼の知らない人たちと新たな関係を作ったりしているかもしれない。高度なネットワーク結合度は、マニュアル労働職に関連した状況でみられるかもしれないが、そのような関連は必然的・不可避的なものではない。

　要するに、ネットワーク結合度を、夫の職業や階級的地位という単独の規定要因の結果であるという説明することはできない。ネットワーク結合度は、職業・経済システムによって生み出される多様な力の複合的な作用に規定されている。それには、ネットワーク・メンバー間の経済的紐帯、地域の類型、新しい社会接触を作る機会、物理的・社会的な移動など様々なものが含まれる。しかし、これらの多様な力は、つねに同じ方向に作用するとは限らず、家族によって影響の受け方が異なる可能性がある。

　最後に、ネットワークの結合度がどうなるかは、状況要因を調べるだけでは予測できない。それは、家族が直面し、選択を迫られている状況に対して、その家族のひとりひとりがどのような反応をするかにかかってもいる。

　これほど複雑な状況においては、夫婦の役割分離度を単一の要因によって説明しようとしても得るものはほとんどない。この問題にアプローチしているうちに、もっとも有用なのは場の理論（field theory）に基づく概念モデルであることが明らかになってきた。すなわち、「行動とは、状況のなかに置かれた人間（この場合は家族）の関数なのである」。夫婦役割の遂行とは、社会的ネットワークのなかに置かれた家族の関数なのである。さらに社会的ネットワークの形態は、家族のメンバーに規定されていると同時に、社会環境全体のなかに働く様々な影響力の複合的作用によっても規定されている。

要　　約

　1．この調査で研究された20家族の夫婦役割関係には、どの家族をとってみても分離的な要素と合同的な要素の両方が含まれていた。しかし、家族間には程度の違いがみられた。いくつかの夫婦では、夫婦役割関係における分離度が

大きかった。そのような家族では、夫と妻のやるべき仕事が明確に分化していて、別々の関心や活動の数も多かった。その対極には、夫妻間の役割関係をできるかぎり合同的なかたちにしている夫婦があった。そのような家族の夫婦は、夫妻間の仕事や関心の分化は最小限にし、多くの活動を一緒に行うことを期待していた。この両極の間には、程度の様々な多様な家族がみられた。

 2．都市家族の直接的な社会環境は、組織化された集団ではなくてネットワークによって構成されている。ネットワークとは、その構成要素となっている外部単位が、すべてではなく部分的に、相互に関係を維持しているような社会的布置状況のことである。家族外部の構成単位は、全体的としてひとつの大きな社会構成体をなしているわけではない。構成単位がすべて1本の境界線に取り囲まれているわけではないのである。

 都市家族の直接的な環境となっているネットワークの形態は、社会全体にみられる分業の複雑さによってもたらされたものである。比較的閉鎖的なコミュニティにおける家族であれば、多くの機能を持つ少数の集団に所属していることだろう。しかし、都市の家族は、相互につながりのない、専門的機能を果たす多数の機関との関係ネットワークのなかに存在している。都市の家族は孤立しているのではなく、閉鎖的なコミュニティの家族に比べると、高度に個化しているのである。都市家族は、国家全体を別とすれば、外部の支配的な集団に包み込まれているようなことはなく、相対的に高度のプライバシーや自律性を持っており、自分たちの問題を自分たちで統御しやすい状況に置かれている。

 3．都市家族のネットワークは、結合度という点で多様である。結合度とは、家族が関係を維持している人々同士が相互に関係を持っている程度のことを指している。ネットワーク結合度が多様であることは、友人・隣人・親類などとのインフォーマルな関係においてとくにはっきりと表れている。

 このようなネットワーク結合度の違いは、夫婦役割分離度の違いと関連している。夫と妻の役割関係における分離度は、家族の社会的ネットワークの結合度にともなって直接的に変化する。四つの家族群について記述し、それぞれのネットワーク結合度と夫婦役割分離度との間の関連を論じた。

 4．概念的には、ネットワークは、家族と社会環境全体との間に位置づけられる。ネットワーク結合度の多様性は、どのような単一の要因によっても説明

することはできない。そのような多様性が出現しえるのは、経済・職業などの制度的システムが複雑化・多様化していることによって複合的な力が生じ、家族に対して様々な仕方で影響を及ぼし、家族による選択の余地が大きくなったためである。家族のネットワーク結合度は、一方で環境全体のなかに働く諸力の複合によって規定されているが、もう一方では家族それ自身およびそうした諸力への家族の反応によって規定されている。家族のネットワーク結合度に絡んでいると思われる状況要因にはどのようなものがあるか、いくつか論じてきた。そうした要因とは、ネットワーク・メンバーが相互に経済的紐帯によって拘束されている程度、近隣地区のタイプ、同じ地域に住み続けていても新たな関係を作れるような機会、物理的・社会的移動の機会などである。

【注】

1　この論文の初稿は、1954年6月にケルンで行われたユネスコ・セミナー「変動する社会秩序のなかの家族問題」で口頭発表された。その後の改訂稿が、1954年10月にロンドン大学で、1954年11月にマンチェスター大学で口頭発表された。この三つのセミナーの参加者、とりわけ何人かの友人や同僚たちから、熱心で建設的なご批判をいただいたことに感謝したい。また「ふつうの家族の研究」という題名の初期稿が、ケルンにあるユネスコ社会科学研究所が出版する家族調査国際セミナーの調査論文集に掲載の予定である。

2　この調査は、家族福祉協会とタビストック人間関係研究所の両者から合同助成を受けており、3年間にわたってナフィールド財団から研究資金を得ている。調査チームの中核メンバーは、A. T. M.ウィルソン博士（精神分析医学）、I.メンズィー女史（精神分析家）、J. H.ロップ博士（社会学）および筆者（社会人類学）である。ウィルソン博士は、このプロジェクトを統括し、臨床的インタビューを実施した。メンズィー女史は、ウィルソン博士の心理学的な資料分析の補助をし、多くの家庭訪問インタビューを統括した。ロップ博士と筆者は、家庭訪問とインタビューによる社会学的なフィールドワークを実施した。タビストック医院のH.フィリプソン氏とJ.ボアハム氏は、課題統覚検査〔TAT〕の運用と解釈を行った。

3　社会学や人類学の文献においては、「集団（group）」という用語は、少なくとも2通りの意味で使用されている。第1の意味においては、メンバーがなんらかの意味で似ているような人々の集合を指して使われる非常に幅広い語義をもつ用語である。この定義には、凝集性の高い社会的単位ばかりではなく、カテゴリー、論理上の階級（logical classes）、集合体（aggregates）などが含まれる。第2の使用法は、はるかに限定的なものである。この意味においては、構成単位同士が明確な相互依存的な社会関係をもっており、カテゴリー、論理上の階級、集合体は含めない。混乱を避ける

ために、第1の意味と区別して第2の意味でこの語を使う必要が生じた場合には、私は「組織化された集団」という用語を使うことにする。

4 「ネットワーク（network）」という用語は、例えばラドクリフ=ブラウン（Radcliffe-Brown）が社会構造を「社会関係の複雑なネットワーク」（文献4）と定義づけたように、非常に茫漠とした比喩的な意味で使用されることがふつうである。モレノ（Moreno）は、定義してはいないが、本論文で使っているのとほぼ同じ意味でこの用語を使用している（文献3）。正確で限定的な語義を付与するために、私はジョン・バーンズ（John Barnes）による次のような最近の用法に従うことにする。すなわち、「いわば個々人は一定数の他者と接触を保っていて、その人たちの一部は相互に直接の接触があるが、相互に接触のない人々同士も含まれている。……私はこの種の社会的な場のことをネットワークと呼ぶのが便利だと考えている。私の頭に浮かぶのは、一組の点のうち一部が相互に線で結ばれているというイメージである。このイメージのなかの点は人あるいは集団を表しており、線はどの人とどの人が相互作用しているかを示している」（文献1、43頁〔本書7頁〕）。

5 バーンズは、ネットワーク結合度という意味で「網目（mesh）」という用語を使っている。網目の細かいネットワークにおいては、Xさんのネットワークに含まれる個人の多くが、Xさんとは独立に、相互に知り合いであり接触がある。網目の大きなネットワークにおいては、Xさんのネットワーク内の諸個人は、Xさんとの関係を抜きにして相互に知り合いで接触があるということがほとんどない（文献1、44頁〔本書8頁〕）。

6 フィールド技法に関する説明は、J. H.ロッブ（Robb）（文献5）を参照。

7 すでに述べたように、この論文においては、調査対象家族が典型的な家族であるかどうかにあまりこだわっていない。しかし、高度に結合したネットワークと顕著に分離的な夫婦役割関係をもつ家族はけっして珍しくはなく、古くから労働者階級の居住地とみなされている地域に多いという点は興味深い。そのような家族に関しての追加的データは、グループ・ディスカッションによって収集されている。マイケル・ヤング（Michael Young）（文献8と9）とJ. H.ロッブ（文献6）も参照。古くからの労働者階級地区に住むことに絡む要因、さらにそうした要因がネットワーク結合度に与える影響については、本論文の第II部で議論することになる。

8 規範に関わる問題は、後続論文で論じることにしたい。私は、「規範（norm）」という用語を、家族のメンバーが彼らのつきあいのある人たちの間ではそうするに決まっているし、そうするのがふつう（typical）であると感じるような行動項目という意味で使用している。理念的な規範とは人々が当然従うと感じられるようにあらかじめ規定された行動規則のことであり、期待の規範とは典型的でありふつうであると感じられる行動のことである。私見では、規範はほかの人々と関わる経験を通して、また読書やラジオ聴取などを通して内面化されるが、同時に家族メンバーによって構築されるものでもある。家族メンバーは、一定の限度内でではあるが、自分たち自身の必要にあわせて、受容された規範を再解釈し、再整序化するのである。したがって、同じような社会環境にある家族は概して同じような規範をもちやすいにもかかわらず、家族によって規範はかなり多様である。

9　この論文のなかでは、とくに断りがない限り、「社会的に類似している（socially similar）」という表現は、夫妻が自分たちと同じ社会階級に属すると感じている人々に対して使用する。

10　夫婦単位で友人をもてなすというパターンが存在しないために、N夫妻に対しては夫婦一緒のインタビューという手法が不適切だと思われる点があった。N夫人は、私とふたりだけの場面、あるいはそれにほかの女性たちが加わっているような場面では、夫婦一緒のときよりもはるかにリラックスして自由に話していた。夫婦関係が悪いというわけではない。事実彼女は、自分たち夫婦は非常にうまくいっているし、夫がとても寛容で思いやりのある人なので自分は恵まれていると言っていた。しかし、にもかかわらず、彼女は夫が同席していると自由にしゃべれないと感じていたし、夫の方もおそらくは同じように感じていた。夫婦合同インタビューを実施するにはこのような問題があったので、N夫人には女性のフィールドワーカーが、N氏には男性のフィールドワーカーが、別々にインタビューすることも考えた。しかし、それにも二つの問題があった。第1に、比較の作業を単純にするために、すべての家族に対して同じ手法を使いたかった。そして第2に、家庭でのインタビューも臨床インタビューも、夫妻別々に行うことによって、夫妻それぞれが相手はどんなことをしゃべったのだろうかと過度の疑念や不安を抱くようになるという問題があった。

11　マイケル・ヤング（文献8）も参照のこと。

12　おそらく大学町というものが、単一の専門職による同質的地域にもっとも近似しているのではないだろうか。こうした地域におけるネットワークと夫婦役割を研究してみるとおもしろいだろう。そのような状況では、ある種の要因が高度なネットワーク結合度を促進していると同時に、別の要因がそれを阻害していると思われるからである。地域の同質性は、住民自身もそう認知しているならば、高度なネットワーク結合度を促進することになる。また大学には性差別的な社会構造があるので、それが男性同士の結合度を増大させ、さらにそれが夫婦間の分離度を強化する傾向があるかもしれない。しかし、ほとんどの専門職男性は教育期間および初期の職業研修期間に居住地移動を繰り返し、居住地域外の人々と仕事上の接触があるので、それによってネットワーク結合度が低減されるだろう。後述するように、ネットワーク・メンバー全員が一定地域での居住歴が長いことも重要な要因である。大学町の人口転出入率は比較的高いようで、夫婦とも同一の大学町に生まれ育ち、一生そこに住み続けるという家族はほとんどいないと思われる。このように長期間継続する居住が見られないことは、高度な結合度を生じにくくするだろう。

【文献】

1　Barnes, J. A. "Class and Committees in a Norwegian Island Parish." *Hum. Relat.*, 1954, Vol. VII, No. I, pp. 39-58. バーンズ, J. A.（野沢慎司・立山徳子訳）「ノルウェーの一島内教区における階級と委員会」（本書1章）.

2　Curle, Adam, and Trist, E. L. "Transitional Communities and Social Reconnection." *Hum. Relat.*, 1947, Vol. I, pp. 42-68, and pp. 240-88.

3　Moreno, J. L. *Who Shall Survive*? Washington: Nervous and Mental Disease

Publishing Co., 1934, pp. 256-65.
4 Radcliffe-Brown, A. R. "On Social Structure." *J. Roy. Anthrop. Inst.*, 1940, Vol. 70, pp. 1-12.
5 Robb, J. H. "Experiences with Ordinary Families." *Brit. J. Med. Psychol.*, 1953, Vol. XXVI, pp. 215-21.
6 Robb, J. H. *Working-Class Anti-Semite*. London: Tavistock Publications Ltd., 1955.
7 Slater, E., and Woodside, M. *Patterns of Marriage*. London: Cassell and Co. Ltd. 1951.
8 Young, M. "Kinship and Family in East London." *Man*, 1954, Vol. LIV, Article No. 210, pp. 137-9.
9 Young, M. "The Planners and the Planned—The Family." *J. Tn. Plann. Inst.*, 1954, Vol. XL, No. 6.

◆著者紹介・文献解題

エリザベス・ボット（Elizabeth Bott）

　1924年にカナダのトロントに生まれたエリザベス・ボットは、トロント大学で心理学（学士）を、シカゴ大学大学院で人類学（修士）を修めた。その後渡英してタビストック人間関係研究所で都市家族の共同研究に携わることになった彼女は、その研究成果によってロンドン大学から社会人類学の博士号を取得した。そしてその学位論文は『家族と社会的ネットワーク』（Bott, 1957）として出版された。この革新的な著作は、今では家族研究とネットワーク研究の両分野における古典となった。そのⅢ章とⅣ章の原型となったのが本書収録の論文である。

　家族社会学界では、当時パーソンズ流の「孤立した核家族」を前提とした家族内関係の研究が常識となっていたが、ボットは綿密なフィールドワークによる鮮やかな分析を提示して家族研究者たちの目から鱗を落とした。夫婦関係は孤立した世帯内で形成されるのではなく、それを取り巻く親族や友人のネットワークから影響を受け、変化することを発見したのである。「ボットの研究が実に長期に意義を保ち続けるのは、おそらく、家族の社会的環境を無視してその内部構造だけを扱う研究が増殖するのを阻止したからである」（Harris, 1969: 175 =1977: 269）。

　一方、ネットワーク分析の世界では、単なる比喩的概念ではなく、分析道具として「ネットワーク」概念を使った研究の開拓者であり、「社会的ネットワーク分析の母」（Freeman and Wellman, 1995: 15）と仰がれる。とりわけ、「ネットワーク密度（network density）」という構造概念を初めて駆使した研究という意味で重要である（この概念は、ボットの著作では「ネットワークの結合度」と呼ばれている）。ほぼ同時期にバーンズもネットワーク概念を使って地域構造を分析していた（本書1章）。しかし、密度の高いネットワークのメンバーは「規範についての見解が一致しやすく、規範に同調するよう一

貫してインフォーマルな圧力を互いにかけあう」（Bott, 1957: 60）という社会過程を明確に捉えていた点でボットは一歩先んじていた。パーソナル・ネットワークに照準し、その構造を「高度に結合した」ネットワーク対「分散した」ネットワークという対概念で捉えた点でも、ウェルマン（5章）やバート（7章）など後続のネットワーク論に与えた影響は大きい（この対概念は、Bott［1957］では、「緊密な編み目（close-knit）」対「ゆるやかな編み目（loose-knit）」という用語に置き換えられた）。

　本論文で初めて提示されたいわゆる「ボット仮説」は、多くの研究者の関心を惹きつけ、いくつもの追試調査研究が行われた。しかし、結局この仮説自体は検証されたとも反証されたとも言い難い。『家族と社会的ネットワーク』の第2版に書き加えられた「再検討」という章でボットは、後続研究を詳細にレビューし、自らの研究を再検討している。そこで彼女自身も認めているように、ネットワークの単位（焦点）を家族（夫婦）ではなく夫と妻という個人にし、両者のネットワークの分離と重なりに着目すべきであったことなど、ボットおよびその追試研究の方法論にはいくつかの問題点が含まれていた（Bott, 1971: 290-292）。しかし、その仮説の証明という点だけに眼を奪われなければ、ボットが提示した理論的視角は今もなお有効である（ボットの研究とその後続研究の意義と問題点については、藤崎［1981］，目黒［1988］，野沢［1999］，Milardo and Allan［2000］などを参照）。本論文の前半部を成すデータ分析は深い洞察に溢れており、後半は骨太の家族変動論・社会変動論になっていて、今読んでも知的刺激に満ちている。まるで最近の日本社会を論じているのではないかと見まごう部分も少なくない。実際、現代日本の家族とネットワークの研究に理論的指針を与えている（野沢, 1995）。

　1964年に精神分析医になったボットは、結婚後の「スピリウス」という名前で今なお精神分析の臨床・研究の世界で活躍している（Spillius, 1997 = 2004 など邦訳もある）が、1970年代初頭以降、人類学的研究は行っていない。人類学の世界に彗星のように現れ、そして去っていった彼女は、なぜネットワークの効果を発見しえたのか。長い間霧に包まれていたその経緯について、最近の論稿でボット自

身が詳述している（Spillius, 2005）。家族とネットワークを結びつけるアイディアは突然の閃きだったと言う。「大量の苦しい作業の末に、絶望的になって何か理解の方法があるはずだと机に向かってデータを睨んでいると、ついにどこからともなくある考えが私の頭に浮かんできた。アルキメデス的感覚だった。声に出さずに誰にともなく話しかけたことを憶えている。『あなたが誰だかわからないし、どうやってそれを考えついたのか知らないけど、どうもありがとう！』と。ささやかではあるが本物のリンクを発見したように感じたのだ」（Spillius, 2005: 661）。

　しかしこの閃きにはもちろん背景がある。同じ論稿でボットは、トロント大学とシカゴ大学大学院の学生時代の学友であり当時恋人であった社会学者のゴッフマン（E. Goffman）からの影響を認めている（Y.ヴァンカン著の伝記『アーヴィング・ゴッフマン』［せりか書房，1999年］にも若き日のリズ・ボットが登場する）。とくに当時ゴッフマンが心酔していたデュルケーム（E. Durkheim）の著作から決定的な影響を受けた（Spillius, 2005: 661）。一方、ボットから直接・間接の影響を受け、以降のネットワーク分析の発展に大きく貢献したフリーマンとウェルマン（Freeman and Wellman, 1995）は独自の考察を展開している。彼らは、ボットの母親がトロント大学児童研究所で子どもの遊び相手のマトリックスを分析し、ネットワーク分析の先駆的な報告書（1928年）を書いた人物だったという歴史的事実を発掘し、同大学初代心理学科長でカナダ心理学会初代会長だった父親とあわせて両親が醸し出した知的環境からの影響を指摘する。「ネットワーク」の発見は、彼女を取り巻くネットワークの長期的・複合的効果の帰結であったと言うべきだろう。そしてその効果は、人類学的視点を持ち続けた精神分析家としてのその後の仕事にも深く及んでいることは間違いない（Spillius, 2005）。

（野沢慎司）

【参考文献】

Bott, Elizabeth. (1971 [1957]). *Family and Social Network* (2nd ed.). Free Press.

Freeman, Linton and Wellman, Barry. (1995). "A Note on the Ancestral Toronto Home of Social Network Analysis." *Connections*, 18 (2): 15-19.

藤崎宏子 (1981)「仮説検証型実証研究の再検討——Bott仮説の追試研究を事例として」『社会学論考』2: 45-70.

Harris, Christopher C. (1969). *The Family,* Allen & Unwin.［ハリス, C. C.（正岡寛司・藤見純子訳）(1977)『家族動態の理論』未来社.］

目黒依子 (1988)「家族と社会的ネットワーク」正岡寛司・望月嵩（編）『現代家族論』有斐閣, 191-218.

Milardo, Robert M. and Allan, Graham. (2000). "Social Networks and Marital Relationships." In Milardo, R. M. and Duck, S. (Eds.). *Families as Relationships* (Pp. 117-133). John Wiley & Sons.

野沢慎司 (1995)「パーソナル・ネットワークのなかの夫婦関係——家族・コミュニティ問題の都市間比較分析」松本康（編）『増殖するネットワーク』勁草書房, 175-233.

野沢慎司 (1999)「家族研究と社会的ネットワーク論」野々山久也・渡辺秀樹（編）『家族社会学入門——家族研究の理論と技法』文化書房博文社, 162-191.

Spillius, Elizabeth Bott. (1997). "Varieties of Envious Experience." In Schafer, R. (Ed.). *The Contemporary Kleinians of London* (Pp. 143-170). International Universities Press.［スピリウス, E. B. (2004)「さまざまな羨望の経験」シェーファー, R.（編）（福本修訳）『現代クライン派の展開』誠信書房, 97-122.］

Spillius, Elizabeth Bott. (2005). "Anthropology and Psychoanalysis: A Personal Concordance." *The Sociological Review*, 53 (4): 658-671.

第3章　小さな世界問題

スタンレー・ミルグラム
（野沢慎司・大岡栄美訳）

Milgram, Stanley. (1967). "The Small-World Problem." *Psychology Today*, I: 61-67.

　ピオリア市〔米国イリノイ州の都市〕からやって来たフレッド・ジョーンズは、チュニス〔アフリカ、チュニジアの首都〕の街路に面したカフェの椅子に腰をおろし、タバコを吸いたくなって、隣のテーブルの男にマッチの火を貸してくれないかと尋ねる。それがきっかけとなって会話が弾み始めると、見ず知らずのその男は、イギリス人であり、ビン用の可動式キャップを製造する工場の操業について研修を受けるために〔米国の〕デトロイトに数ヶ月間滞在していたことがあるとわかる。「こんなことを訊くのは馬鹿げていると思うけど」とジョーンズは言う。「何かの偶然で、ベン・アーケイディアンという男に出逢った、なんてことはなかったでしょうね。私の昔からの友人で、デトロイトでスーパーマーケットのチェーンを経営しているのだけれど……」
　「アーケイディアン、アーケイディアン」とそのイギリス人はつぶやく。「何てことだ。驚いた。間違いなく出逢ったよ！　小柄な奴だが、とても押しの強い男だ。出荷したビンのキャップが欠陥商品だったと言って、えらい剣幕でその工場に怒鳴り込んできたことがあるよ。」
　「冗談ぬきで？」とジョーンズはびっくりして叫ぶ。
　「何とも実に小さな世界じゃないか。」

　遥か遠くからやって来た人と自分との間に共通の知人がいることがわかって驚いた経験は、ほとんど誰もが持っているのではないだろうか。この

ような経験がかなり頻繁に起こるので、英語には、共通の知り合いがいることがわかったまさにその瞬間に口をついて出る決まり文句が用意されている。

そんなときに言う言葉は、「小さな世界だね（it's a small world.）」である。

もっとも簡潔に定式化すれば、小さな世界問題とは、「世界中の人間のなかから2人を取り出したとき、その2人が互いに知り合いである確率はどれくらいか」という問いになる。しかし、もう少し複雑な定式化をするには、次のような事実を考慮に入れなければならない。すなわち、XさんとZさんという2人の人物は、直接の知り合いではないにしても、共通の知り合いがいるかもしれないという点である。つまり、この両者を知っている人が他にいるかもしれないのだ。そうなると、XさんはYさんを知っていて、YさんはZさんを知っているというような知人の連鎖（acquaintance chain）を想定することができる。さらに、Xさんはたったひとつの連結（link）によってZさんにつながっているのではなく、Xさん—aさん—bさん—cさん—dさん……yさん—Zさんという一連の人々の連結によってZさんにつながっているという状況を思い浮かべることもできる。つまり、Xさんはaさんを知っていて、aさんはbさんを知っていて、bさんはcさんを知っていて、……yさんはZさんを知っているというような状況である。

したがって、次のような問いを立てることができる。「世界中の人間のなかからXさんとZさんという2人を取り出したとき、両者を媒介する知人を何人連結すればこの2人がつながるか」という問いである。

小さな世界問題への関心は決して最近のものではないし、また私のような社会心理学者に限られたものでもない。歴史家、政治学者、コミュニケーションの専門家などが、この問題への関心を共有している。都市計画に携わるジェーン・ジェコブス（Jane Jacobs）は、子どもの遊びに関連づけて、知人の連鎖を描き出している。

　　　小さな町からニューヨークへ移ってきたばかりの頃、私と妹は「メッセ

ージ」という名のゲームをして遊んだものだった。自分たちを包み込む繭から抜け出した私たちは、足を踏み入れた広大で荒々しいこの世界を、たどたどしいやり方ではあるが、何とか把握しようとしていたのだと思う。それはどんな遊びかというと、まずまったく似ても似つかない2人の人間を思い浮かべる。たとえば、1人はソロモン諸島の首狩族の男、もう1人はイリノイ州ロックアイランドに住む靴の修理人である。そして、あるメッセージを一方がもう一方の相手に口伝えで届けなければならないという状況を設定する。次に私たちは、それぞれ頭のなかで知恵を巡らし、メッセージが次々と伝達されていくことが可能な、できるだけもっともらしい人物の連鎖を考え出すのである。メッセージを伝達する人物の連鎖が最短だった者が勝ちとなる。首狩族の男はまず自分の村の酋長に伝言するだろう。次にその酋長は干したココナッツを買い付けに来た貿易商人に伝言する。その商人は通りかかったオーストラリアの警備隊員に話すだろう。その隊員は休暇を取ってメルボルンに帰省する予定の隊員に伝言を託す、といった具合である。伝言の連鎖のもう一方の端に位置する靴の修理人は、彼の教区の牧師からメッセージを受け取ることになる。その牧師は市長から伝言を聞いたのであり、市長は州の上院議員から聞いた。そして、その議員は州知事から聞いた、という具合である。しかし、しばらくすると私たちは、初めにどのような人物を思いついたとしても、ほとんどつねに関連づけられるようなひと揃いの身近な人物を繰り返し使うようになってしまった。

　問題の要点は、この遊びのおもしろさにあるのではなく、社会のなかの、ある種の数学的な構造がここで議論の対象にされているという事実にある。この意味での構造は、はっきり認知されていない場合もあるが、歴史学や社会学などの学問領域における様々な議論のなかにたびたび登場する。例えば、歴史学の重鎮であるヘンリー・ピーレン（Henri Pirenne）とジョージ・デュービー（George Duby）は、中世の暗黒時代には、西欧の都市間のコミュニケーションが衰退したと主張している。諸都市は孤立し、要するに互いに接触することがなくなった。そして個人間の知人ネットワークは抑制された。コミュニティが

次第に孤立したこと、そして自分の居住地域の外部にいる人々との接触がめったになかった点に、社会の分断状態が表れているというのだ。

　小さな世界問題に対しては、大まかに言えば二つの基本的見解がある。ひとつには、世界のなかに存在する２人の人間は、たとえどんなに離れていようとも、媒介する知人をたどれば相互に連結することが可能であり、しかも媒介する連結数はかなり小さいだろうと考える立場がある。この見解は、知人が無限に交差し合っている状態を想定しており、それゆえに一連の人々の連結をたどっていくことによってひとつの社会集団から別の集団へと移動することが可能になると考える。

　第２の見解は、様々な集団の間には越えがたい溝があると見る。それゆえに、世界のどこかにいる２人の人間を取り出してみると、その２人がどこまでいってもつながらないことがある、と考えるのである。なぜなら、人々は一定の範囲の知人を持っているが、それぞれの知人の範囲は必ずしも交差するとは限らないからである。ある情報が一群の知人間に浸透することはあっても、それが別の一群へは決して飛び火しないことがある。このような考え方に立てば、世界は相互に孤立した知人の群れから成っていると見ることができる。

潜在する構造

　科学的な問題を詳細に研究する前に、まずその問題の抽象的な特質を図に描いてみると役立つことがある。つまり、現象の中心をなす特性を理解するということは、その現象に関するモデルを構築することなのである。アメリカ合衆国の国民全体を、多数の点によって図示してみよう。ひとつひとつの点は人を表し、二つの点の間を結ぶ線は２人の人間が知り合いであることを示している（図3-1と図3-2を参照）。各人は何人かの直接の知り合いを持っており、その知人をａ、ｂ、ｃ、……ｎという文字で表す。そして、その知人たちもそれぞれ自分自身の知人を持っているので、さらに別の点に接続している。ある点から外に延びる線の数が何本になるかは、ある人の交際範囲がどれくらい広いかに依存している。全体の構造は、２億個の点が相互に複雑に結合した複合的なネットワークの形態を取る（図3-3を参照）。この考え方を使って小さな世界問題を言い換えれば、次のようになるだろう。「これらの点と線から成る宇宙のな

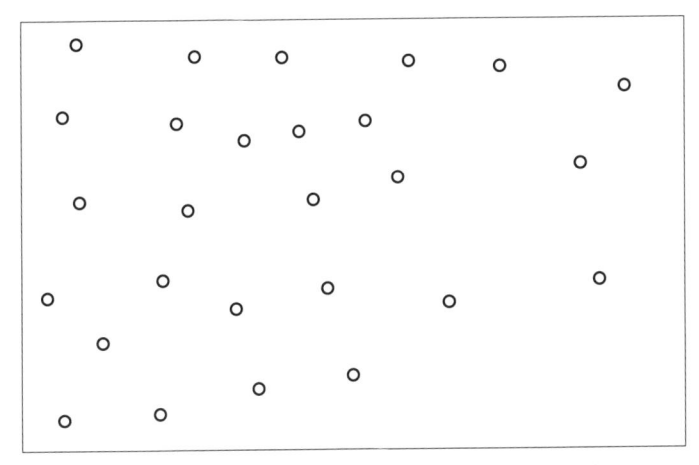

図3-1　小さな世界における人々のランダムな分散

〔以下の図 3-1〜3-8 は、原論文では凝ったデザインによるイラストとして描かれているが、ここでは原論文を書き直した論文（Milgram, 1969）などを参考に単純化した図を掲載し、通し番号を付けて本文との対応関係を示した。ただし、図の説明文は原論文に従っている。〕

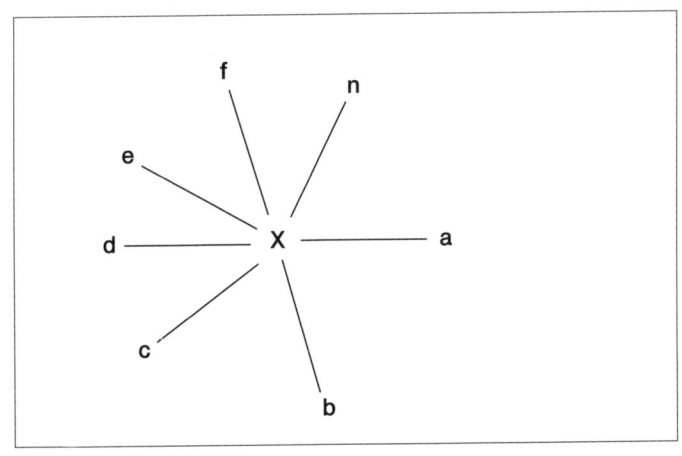

図3-2　各人の直接の知り合いが a から n で示されている。

第3章　小さな世界問題

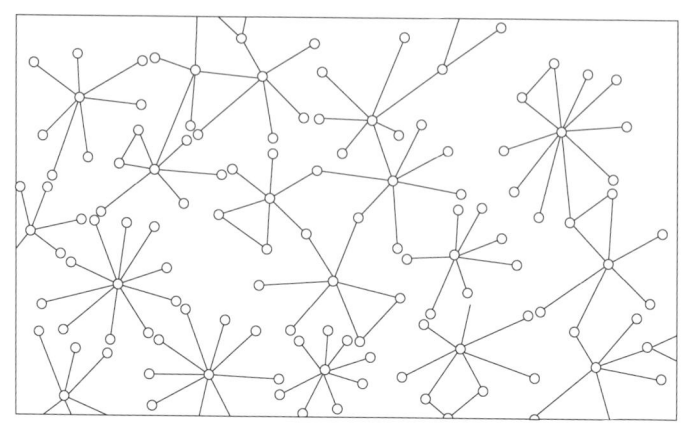

図3-3　相互に複雑につながりながら、ネットワークは拡がっている。

かから二つの点を無作為に抽出した場合、この2点が最短の道筋によってつながるためには最低いくつの媒介点を通らなければならないか」という問題である。

M.I.T.での研究

　小さな世界問題の研究に取り組む方法はいくつもあり、私自身が取ったアプローチについてはすぐ後で示すつもりである。まずは、マサチューセッツ工科大学〔M.I.T.〕の研究グループがイシエル・ドゥ・ソーラ・プール（Ithiel de Sola Pool）の指導のもとに行った重要な研究成果について考察してみよう。プールは、IBMのマンフレッド・コーチェン（Manfred Kochen）と共同で研究をしているうちに、小さな世界の理論モデルを構築してみようと思い立ったのだが、そのモデルは上に図示した点と線に基づく考え方に酷似していた。しかし、純粋に絵画的な私のモデルとは異なり、プールとコーチェンは、自分たちの考えを厳密な数学的用語へと翻訳したのである。

　そのようなモデルを作り上げるには、一定の情報を手に入れることが必要である。第1に、平均的な人間が何人くらいの知人を持っているのかを知らなければならない。これは基本的な問いであるにもかかわらず、驚くべきことに、社会科学の文献のなかには信頼に足る解答が見つけられなかった。そこでその

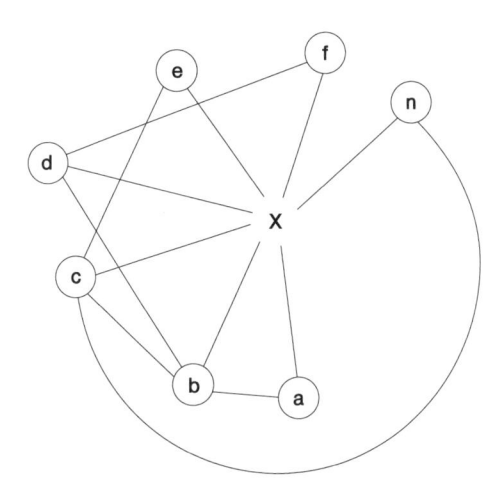

図3-4 集団内部結合があると、Xさんの知人たちは結局みな彼自身の交際範囲内の人々であり、新しい知り合いができることはめったにない。

情報を手に入れるべく、当時M.I.T.の大学院生であったマイケル・グレヴィッチ博士（Michael Gurevitch）がこの任務に着手した。グレヴィッチは、様々な男女に依頼して、100日間に接触した相手をすべて記録してもらった。その結果、これらの人々は平均するとおよそ500人の名前を記録していたことがわかった。そこで、この数字が理論モデルの基礎として使えるだろうということになった。人は誰でも500人の人間を知っていると仮定できるならば、任意の2人の人間が直接の知り合いである確率はどれくらいだろうか。かなり素朴な仮定をいくつか設定すれば、無作為に選ばれた2人のアメリカ人が互いに知り合いである確率はおよそ20万分の1にすぎないことになる。しかし、この2人が共通の知り合いを持っている可能性はどうかと問うならば、その確率は急激に上昇する。驚くべきことに、任意の2人の人間が知人2人の媒介によって連結することができる確率は5分5分の確率よりも高いことになる。少なくとも、プールとコーチェンの理論にしたがえばそうなる。

もちろん、たとえひとりの人間が500人の知人を持っているとしても、そこには多くの内部結合（inbreeding）が起こっていることに、この研究者たちも気づいていた。すなわち、私の友人が持っている500人の友人の多くは、実際

にはもともと私の友人でもあるかもしれないのであり、そうであれば知人の網を拡張することにはあまり貢献していないことになる。この場合、Xさんの知人関係は彼の知人の範囲内に回帰してしまい、新たな知人との接触をもたらすことはない（図3-4を参照）。ひとりやふたりの人間が持つ知人の範囲を調べて、内部結合の量を検討することはさほど面倒な仕事ではない。しかし、知人の連鎖が遠方かつ広範に及ぶ場合には、それはほとんど不可能になる。そこにはあまりにも多くの人間が含まれるので数え上げること自体が不可能である。

したがって、このようなモデルを適用する際に障害となる主要な問題は、社会構造の問題である。貧しい人々は誰でも知人がいるだろうが、おそらくその知人も貧しい人々なのではないだろうか。一方、お金持ちの人々が話をする相手は、たいていの場合やはりお金持ちだろう。社会構造のありようがこの種のモデルに及ぼす影響の程度を査定することはきわめて困難である。アメリカの人口を単純に2億個の点とみなし、それぞれが他の500個の点にランダムにつながっていると単純に仮定できるのだったらこのモデルも充分使えるだろう。しかし、社会構造がどのようなかたちをしているかに思い至れば、このような考えが危うい仮定であることに気づく。なぜなら社会というものは、個人間のランダムな結合（random connections）によって作られているのではなく、複数の社会階級（social classes）やクリーク（cliques）へと断片化されているものだからである。

ハーバード大学でのアプローチ

プールとコーチェンの数学的なモデルは理論的な観点からは興味深いが、より直接的で実験的なアプローチによってこの問題を解決する余地はないだろうかと私は考えた。それが可能であると証明するために、ハーバード大学の社会関係研究室が680ドルを私に与えてくれた。そこで私は、無作為に選ばれた2人の人間を連結する一連の知人のつながりを追跡する実験方法を企画することにした。

ここでは、2人の間のつながりが実際に作られる過程は、AさんからZさんへと向かう一方向的なものであると仮定しよう。Aさんはこの一連の過程を開始する人であるから起点人物（*starting person*）と呼ぶことにし、Zさんは到

達されるべき人なので目標人物（*target person*）と呼ぶことにしよう。したがって、あとは合衆国に暮らす2億人という人口のなかから起点人物となる人物を無作為に選び、さらに目標人物を無作為に選べばよいだけである。

　実験研究は、次のような方法で実施された。まずは暮らしぶりの多様な男女のサンプルを手に入れようと考えた。次に、この人たち全員に、米国のどこかに住んでいる同一の目標人物の名前と住所を教えた。そして、参加者全員に、友人と知人の連鎖だけを使って目標人物を目指してメッセージを送り渡してほしいと依頼した。各人は、自分よりも目標人物を知っていそうな友人・知人ひとりだけにメッセージを転送することができることとした。メッセージは、互いにファースト・ネームで呼び合う程度以上の知人関係にある人たちのみの手を経て転送されることになる。

　まず手始めに起点人物になってくれる人々を集める場所としては、遠隔地の都市がもっともよいのではないかと考えて、最初の実験研究にはカンザス州ウィチタ（Wichita）を、そして第2の実験研究にはネブラスカ州オマハ（Omaha）を選んだ（ケンブリッジからみれば、これらの都市は大平原地帯あたりの「どこか遠いところ」というような漠然とした印象の場所である）。そこで、この二つの市の住民宛に、アメリカ社会における社会的接触研究への協力を依頼する手紙を送付した。第1実験における目標人物は、〔マサチューセッツ州の〕ケンブリッジ（Cambridge）に住んでいて、神学校の学生の妻であった。ジェフリー・トラヴァーズ（Jeffrey Travers）と共同で実施した第2の実験研究の目標人物は、マサチューセッツ州のボストン（Boston）に勤務先があり、シャロン（Sharon）に住んでいる株式仲買人であった。わかりやすくするため、第1の研究をカンザス実験、第2の研究をネブラスカ実験と呼ぶことにしよう。このような名称は単に起点人物の人々をどこで集めたかを表しているにすぎない。

　起点人物になると申し出てくれた人たちにはそれぞれ文書入りのフォルダ1通が送付された。この文書がこの調査研究の主要な道具である。簡単に言えば、この文書には次のようなものが含まれている。

1. 目標人物の名前および一定の個人情報。これによって参加者は特定の個人を目指すことができるようになる。

2．目標人物に到達するにあたってのいくつかのルール。おそらくもっとも重要なルールは次のものである。「もし目標人物を個人的に知らない場合は、直接連絡を取ろうとしないでください。その代わりに、このフォルダを…あなたより以上に目標人物のことを知っていそうな個人的な知り合いの方に郵送してください。…それはファースト・ネームで呼び合う関係にある方でなければなりません。」このルールによって文書が動き出し、ひとりの参加者から次の参加者へと、目標人物を知っている誰かに届くまで移動し続けるわけである。

3．対象者が自分の名前を記入するための名簿。この郵便を受け取った人がこの名簿を見れば、自分に送付したのが誰かがわかる。この名簿にはもうひとつ実用的な効果もある。すでに一度受け取って連鎖のなかに組み込まれた人に文書が再度郵送されて永遠に循環することを防ぐ効果だ。各参加者がこの名簿を見れば、どのような人々が連鎖した結果として自分が参加することになったのかが一目瞭然である。

フォルダには、この文書以外にも、返信用の郵便葉書、つまり「追跡用」葉書15枚分の束が入っている。このフォルダを受け取った人は、それぞれ葉書を一枚取り出して、必要事項を書き込んでそれを私たちのところに返送する。そして、残った葉書は、文書と一緒に次の連結へと郵送される。

この一連の手続きの特徴について、さらにいくつか強調しておきたい点がある。第1に、対象者はたったひとりの相手にしかこの文書を送れないことになっているという点である。したがって、連鎖が効率よく達成できるかどうかは、対象者が知恵を働かせて適切な相手を選べるかどうかにも依存している。第2に、追跡用の葉書によって、私たちは各連鎖の進行状況について継続的に報告を受け取ることができる。この葉書にはコード番号がふってあるので、それがどの連鎖から返送されたものか、その連鎖の何番目の連結で目標人物に到達したのかを知ることができる。さらにその葉書からは、葉書の送り手の社会的特性についての関連情報も得られる。したがって、私たちは、完成した連鎖ばかりではなく、未完成に終わった連鎖の特性についても知ることができる。第3に、この手続きに対して様々な点で異なった条件を実験的に設定することができる。

要するにこの方法は、チェーン・レターに似た側面を持っているのだが、連鎖が増殖してねずみ算式に膨れあがるようなことはない。しかも特定のひとりの目標人物に方向づけられており、一連の参加者の協力によって次第に目標人物に照準が合わされていくという点でも異なっている。さらに、返送葉書による追跡によって連鎖の進展状況を常時掌握することができるようになっている。

果たしてうまくいくのか？

　私たちがこの研究を実施する上でもっとも頭を悩ませた素朴な問題は、果たしてこの手続きはうまくいくのか、という点にあった。カンザスから出発した連鎖は、実際にマサチューセッツの目標人物に届くのだろうか。実験社会心理学がこんなにわくわくするのは、まったく新しい手法なので、これがうまくいくのか、それとも単なる夢のような戯言に終わるのかまったく知りようがないためでもある。

　その答えは意外にすぐに出た。第1の目標人物はケンブリッジの学生の妻だったことを思い出していただきたい。カンザスで起点人物となった人々にフォルダが送られてから4日後に、聖公会派神学校の講師のひとりが、街路で目標人物に近づいてきた。彼は「アリス」と言って茶色いフォルダを彼女に差し出すと、「これ、きみ宛の郵便だよ」と言った。はじめ彼女は、宛先不明になってケンブリッジから外に出られなくなったフォルダを返しに来ただけかと思っていたが、私たちが名簿を調べてみると、その文書はカンザスの小麦農場経営者からスタートしたものであることがわかって驚喜した。彼はそれを故郷の聖公会派牧師に手渡し、その牧師はケンブリッジで教えている別の牧師に送り、その牧師が目標人物に届けたのである。起点と目標になった2人の人物の間を媒介した連結の数は、すべてあわせてもたったの2だ。

媒介者は何人か？

　結局これは、私たちが受け取った連鎖のなかでも最短の連鎖のひとつとなった。その後に届いた追跡葉書やフォルダによれば、媒介者となった知人の数は2〜10と連鎖によってばらついており、中央値は5であった（図3-5を参照）。移動した距離を考えると、ある意味5人の媒介者という中央値は驚きである。

第3章　小さな世界問題

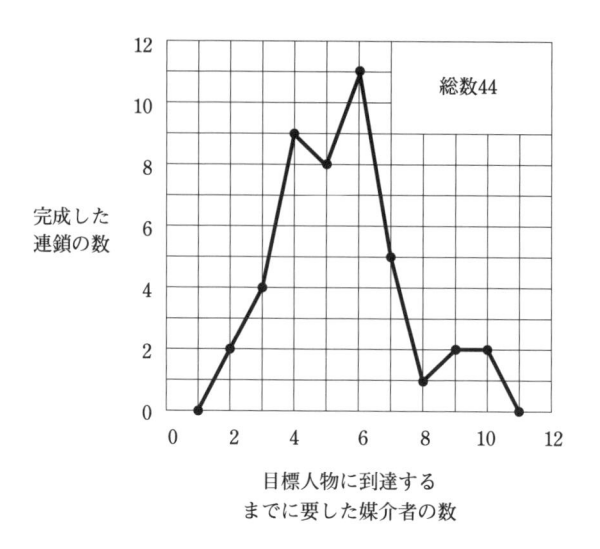

図3-5　ネブラスカ実験では、媒介者となった知人の数が2〜10と連鎖によってばらついており、中央値は5であった。

　最近になって私は、聡明な友人に、いったい何人の媒介者が必要だと思うかと尋ねてみた。すると彼は、ネブラスカからシャロンまで移動するには100人以上の媒介者の手を経なければならないだろうと答えた。多くの人たちがこれと似たような推計をし、実際には平均すれば5人の媒介者で充分だったのだと聞かされるとびっくりする。どうやらこの点は直感とは一致しないようである。直感と事実がずれてしまう理由については後で説明を試みたい。
　純粋に理論的に考えると、連鎖の完成に必要な連結数はさらに少ないと仮定してもよいだろう。第1に、参加者たちは500人の知人のうちのひとりだけにしかフォルダを送れなかったのだから、たとえどんなに注意深い選択をしたとしても、彼らがつねに例外なく連鎖を目標人物に近づけるのに最善の相手を選ぶとは考えにくい。概して言えば、参加者たちはかなりよい判断をしただろうが、ときには近道できる可能性を見落とすこともあったに違いない。私たちの経験的な研究から得られた連鎖は、理論から導出される連鎖に比べると、どうしても効率が悪い。
　第2に、それぞれの媒介者はきわめて合理的な思考を働かせ、目標人物を目

指してフォルダを転送させている。つまり、起点となった対象者は、目標人物の勤務地や居住地、出身校など、ある程度の情報を知らされている。そして対象者はこの情報だけに基づいて次のフォルダ受取人を選んでいる。しかし現実の生活では、たまたま遠洋定期船の船上で出会ったり、少年時代の夏休みにキャンプで一緒になったりというような理由で誰かと知り合いになることがある。だが、参加者たちはこのような偶然による知り合い関係を充分に活用することができない。

　ところが、私たちの実験において、おそらくこれらと反対方向に作用したと考えられる要因がひとつある。つまり、連鎖が実際のものよりも短いという幻想を与える要因である。移動がひとつずつ進行するにしたがって、目標に到達して終了したわけでもないのに、進行中の連鎖の数はかなり減少する。ネブラスカからスタートした160本の連鎖のうち、44本の連鎖が目標人物に到達したが、126本は途中で止まってしまった[*1]。これらの連鎖が完成せずに途切れてしまったのは、移動の各段階で、単に研究に非協力的でフォルダを次に送らなかった参加者が一定の割合で存在したためである。そして、実験の結果得られた連鎖の長さの分布が、全体的には減衰曲線の範囲内に収まっていたのはこのためである。完成しなかった連鎖のなかには完成した連鎖よりも長いものが含まれていた可能性がある。ハーバード大学のハリソン・ホワイト教授（Harrison White）は、この可能性を検討するために、すべての連鎖が完成したと仮定した場合に連鎖の長さがどのような分布になるかを明らかにする数理モデルを構築した。このモデルによってデータを変換すると、連鎖はもう少し長いものになる。

連鎖を吟味する

　アメリカ社会における接触の形態を理解するために、連鎖の諸特性を吟味することは重要な意義を持つ。例えば、カンザス実験では、女性参加者は女性に、男性参加者は男性にフォルダを転送するという非常に顕著な傾向が見られた。実験に参加した計145人について、以下のような結果になった。

女性から女性へ	56人
男性から男性へ	58人
女性から男性へ	18人
男性から女性へ	13人

　つまり参加者は、3倍もの確率で、異性よりも同性に対してフォルダを送っていたのである。なぜそうなったかを正確に判断するのはむずかしい。しかしこの結果から、ある種のコミュニケーションが、性別役割（sex roles）によって強く制約されていることがわかる。

　参加者は、友人（friends）、親類（relatives）、知人（acquaintances）のいずれにフォルダを転送したかについても返信葉書に書き記していた。カンザス実験の場合、123人はフォルダを友人と知人に送付したが、親類に送ったのはわずかに22人だった。この点に関しては、異文化間比較をしてみることが役に立つ。拡大親族システムを持つ社会では、アメリカ合衆国よりもコミュニケーション・ネットワークにおいて親類がより大きな役割を果たすことになるだろう。しかし、拡大親族間の連結が維持されていないアメリカ社会では、知人や友人との連結のほうが目標人物に到達するための圧倒的に重要な基盤となるのである。さらに、アメリカのある種のエスニック集団内であれば、家族的連結がもっと高い割合を示す結果になっていたと推測することもできる。例えば仮にこの実験研究をイタリア系の人々のみに限定して行っていれば、おそらく連鎖のなかに親類が含まれる割合はもっと高くなっていただろう。こうしたことから、「小さな世界」の技法（the small world technique）が、社会構造に関する様々な側面を解明するうえでも、いかに有効であるかがわかるだろう。

　〔ネブラスカ実験から得られた典型的な連鎖（111番）に含まれた人々の特徴を示した図3-6を参照。〕

代表的な道筋

　私たちは誰もが「小さな世界」の構造に埋め込まれている。しかし、より大きな社会的世界との接触を持つうえで、私たちの知人はみな同等に重要であるというわけではない。広範囲の社会領域と接触しようとするときに、他の人よ

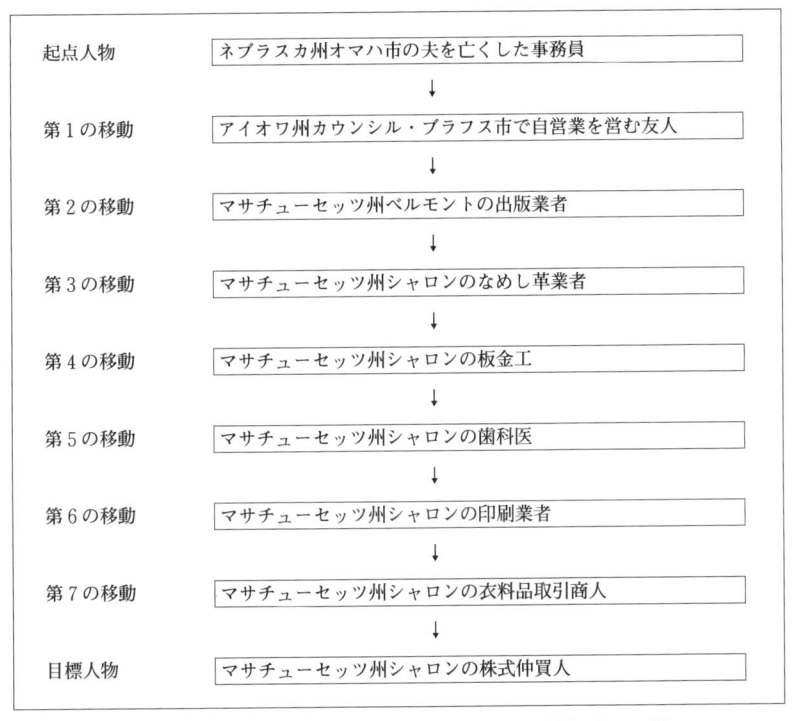

起点人物	ネブラスカ州オマハ市の夫を亡くした事務員
第1の移動	アイオワ州カウンシル・ブラフス市で自営業を営む友人
第2の移動	マサチューセッツ州ベルモントの出版業者
第3の移動	マサチューセッツ州シャロンのなめし革業者
第4の移動	マサチューセッツ州シャロンの板金工
第5の移動	マサチューセッツ州シャロンの歯科医
第6の移動	マサチューセッツ州シャロンの印刷業者
第7の移動	マサチューセッツ州シャロンの衣料品取引商人
目標人物	マサチューセッツ州シャロンの株式仲買人

図3-6　ネブラスカ実験における典型的な連鎖（111番）

りもとくに役立つ知人というものが存在することは明白である。比較的孤立した友人もいれば、交際範囲が広い友人もいる。そして交際範囲の広い友人と接触した場合にこそ、私たちはとりわけ広範囲な未知の人々から成るネットワークへと導かれるのである。

　ネブラスカ実験の結果を参照しながら、目標人物すなわちマサチューセッツ州のシャロンに住みボストンに勤務する株式仲買人に向けた連鎖が、彼の周辺でどのようなパターンを形成して収斂していったのかを詳しく考察してみよう（図3-7参照）。全部で64本の連鎖が彼に到達した[*2]。（44本はネブラスカから出発し、予備実験からの20本はボストン地域から出発した。）これらの連鎖のうち24本はボストン郊外の小さな町にある彼の住居へと到達した。このシャロンという町のなかに限ると、16本の連鎖がこの町の衣料品取引商人であるジェコブス氏によって目標人物へと送られていた。したがって、衣料品取引商人こそが、仲

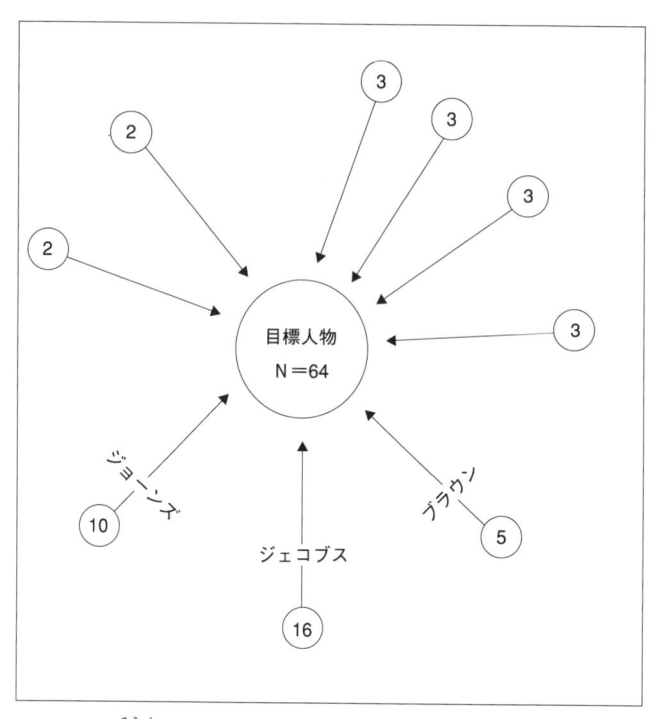

図3-7　移動の最後で漏斗化現象が起こる。何人かの人物が、連鎖を完成させるための鍵を握る連結となっている。

買人と大きな外部世界との間の主要な媒介点であった。この事実はかなりの驚きであったが、仲買人本人にとってはちょっとしたショックでもあったようだ。一方、彼の勤務先であるボストンの株仲買店へは、ジョーンズ氏を通じて10本の連鎖が、ブラウン氏を通じて5本の連鎖が到達した。仲買人へと到達した連鎖のうち、実に48％が、ジェコブス、ジョーンズ、ブラウンという3人の人物を通じて送られてきた。さらにジェコブス氏とジョーンズ氏の間には興味深い分業が成立している。ジェコブス氏は、彼の居住地を基点として仲買人への連鎖を媒介している。一方ジョーンズ氏は、職域において同様の役割を果たしている。彼は投資・仲買関連のネットワークに引っかかった10本の連鎖を目標人物へと誘導している。

　このように、「小さな世界」の実態をより詳細に理解することができる。第

1,305マイル	起点
710マイル	第1の移動
356マイル	第2の移動
210マイル	第3の移動
79マイル	第4の移動
44マイル	第5の移動
20マイル	第6の移動
目標地域	第7の移動

図3-8 連鎖は起点(オマハ)から移動するごとに目標地域(ボストン)に向かって進んでいく。図は、完成および未完成のすべての連鎖に関する平均値に基づき、移動ごとの距離を目標地域までのマイル数で示している。

1に、目標人物は、どれもみな同じような確率で外部世界との接点となってくれる知人たちに取り囲まれているのではない。むしろ、とくに人気を集める一部の経路を通じて連鎖が伝達されるようだ。第2に、このようによく使われる経路には専門分化がみられる。居住地がらみの接触に関して主要な伝達点となる経路もあれば、職業領域における接触に特化した経路もある。目標人物が関わっているとおぼしき活動領域のひとつひとつに、それぞれ専門化した接触能力を持つ、ソシオメトリー的な意味でのスターが誕生することになるようだ。

地理的移動と社会的移動

　フォルダのネブラスカからマサチューセッツへの地理的移動は特筆すべきものである。新しい人物が連鎖に加わるたびに、目標の地域へとだんだん近づいている(図3-8参照)。しかし、なかには連鎖がネブラスカからはるばる移動して、まさに目標人物が住む近隣地区へとたどり着いていながら、何度も回り道をして、連鎖を完成させるために必要な接触がなかなか見つからない場合もある。1,000マイルの移動に成功したにもかかわらず、目標人物の家からわずか数百フィートのところで途絶えてしまった連鎖もある。このように、社会的コミュニケーションは、物理的距離よりも社会的距離(social distance)によっ

て制約を受けることがあると言える。

　次の課題は、起点と目標になる人物間の関係を変えてみるとどうなるのかを考察することである。すなわちこの2人が異なる階級の出身者になるように設定したら、連鎖が完成する確率は低下するのだろうか。また、連結数は増加するだろうか。

　現在、私はチャールズ・コルト（Charles Korte）と共同で、「小さな世界」の方法（the small world method）を応用し、黒人と白人というアメリカ社会の下位集団におけるコミュニケーションの研究を行っている。起点人物には黒人と白人の両方を設定するが、目標人物には黒人だけを設定する。そして彼らの間のコミュニケーションの連なりを追跡しようとしている。第1に、私たちが問いたいのは、人種間の境界線はどの程度乗り越えられるのか、伝達行動のうちのかなりの部分が人種間の障壁を打ち破れるのだろうかという問いである。そして、この問いへの答えが「イエス」ならば、私たちは連鎖する人々の人種が入れ替わる典型的な場所を特定したい。それは、居住地の近隣で生じているのだろうか、それとも職場だろうか。黒人集団と白人集団の間を連結する役割を果たすのはどのような人物なのか、という点もとりわけ興味深い。そのような人物は連鎖に含まれる他の人たちとどんな点が異なっているのだろうか。牧師や教師など、特定の専門職に就いている場合が多いのだろうか。米国の北部と南部では、黒人と白人の間での受け渡しの難易度に違いがあるのか。「小さな世界」の方法を使って探究すれば、黒人コミュニティと白人コミュニティの間の構造的な関係に新たな解明の光を照射することができる。

直感と事実

　前述のように、アメリカのどこに住んでいるのかにかかわらず、無作為に選ばれた個人の間を連結するには、平均してたった5人の媒介者がいれば充分であるという事実は、多くの人にとって驚きであった。そこで、直感と事実がずれてしまう理由についても説明を試みておくべきだろう。

　第1に、私たちが直接問題にしたのは5人の媒介者だけであったが、それぞれの背後には、500人から2,500人に及ぶ膨大な人々の群が控えていることを忘れてはならない。つまり、参加者には各自500人から2,500人にのぼる知人がお

り、参加者はそのなかから、連鎖を進めるという目的にとって最良の位置にいると思う人物を選択する。したがって、私たちは徹底的にふるいにかけられた最終結果だけを相手にしていたのである。第2に、探索過程には潜在的に幾何級数的な要素が含まれているのだが、数学的な素養のない人の直感にとっては、このような思考法ほど受け入れがたいものはない。学生時代に、誰でも次のような問題を解かされたことがあるのではないだろうか。1日の賃金は1セントだが、その日までに稼いだ賃金の合計を毎日2倍にしてくれるという条件で30日間働いたとすると、最終的にいったいいくら稼ぐことができるかというような問題である。これには、1ドル87セントとか6ドル45セントというようなレベルの金額を答える人がもっとも多い。しかし実際には、30日間働くと賃金の合計は1,000万ドル以上になり、最終日だけでも5,368,709ドル12セントの賃金を稼ぐことになるのである。「小さな世界」における探索過程の背後にあるのは、この幾何級数的な要素であり、単に倍増するのとは違って、その増加率ははるかに強大である。このため、たった2回か3回の転送でも、探索の手が及んだ人々は膨大な数にのぼるのである。

　最後に触れたいのは、媒介する知人の数はたった5人だったという言い方をすると、起点人物と目標人物の社会的な位置が近接しているような印象を与えてしまう、という点である。この点は大きな誤解を招く恐れがある。まったく異なる二つの準拠枠を混同することになるからである。2人の人間が5人の媒介者を挟んで離れているということは、実はこの2人はきわめて遠く離れていることを意味しているのだ。確かに、アメリカ合衆国の住民はほとんど誰でも、大統領に、あるいはネルソン・ロックフェラー氏に、ごく少数の連結で到達できる距離にいる。しかし、これはある特定の数学的観点からはそのように見えるというだけのことであり、実際に私たちの生活がロックフェラー氏の生活に関わりを持つようになるわけではない。したがって、媒介者が5人であるならば、起点人物と目標人物の間にある心理的距離（psychological distance）はきわめて大きいことになる。その距離が小さく感じられるのは、私たちが日頃から「5」という数字を扱いやすい小さな数とみなしているからにすぎない。二つの点が5人の人間を挟んで隔たっている、と考えるべきではないのだ。むしろ、五つの「知人圏（circles of acquaintances）」を挟んで、あるいは五つの

「構造 (structures)」を挟んで隔たっていると考えるべきなのである。このように考えれば、適切な見方ができるだろう。

「小さな世界」モデルに基づけば、ひとつの非常に興味深い法則が成り立つ。その法則とは、もし二つの異なる集団に埋め込まれた2人の人間が互いに接触をもつことができないならば、一方が埋め込まれた集団全体のなかの誰ひとりとして、もう一方の集団の誰とも接触をもつことができない、というものである。次のように言い換えてみよう。仮に、ある人物aさんが集団A（この集団はaさんの知人圏から構成されている）に埋め込まれており、そのaさんが、集団Bに埋め込まれている別の人物bさんと接触することができないならば、

1．集団Aに含まれる他の誰も、bさんとは接触をもつことができない。
2．集団Aに含まれる他の誰も、集団Bにいる他の誰とも接触をもつことができない。
3．つまり、この二つの下位集団は、互いに完全に孤立していることになる。

この集団のうちのひとつが、外の世界とまったく接触のない孤島に存在しているとすれば、おそらくこのようなことも起こりえるだろう。しかし、相手が完全な世捨て人になってしまっていて、完全に連絡不能ということでもなければ、原則的にはアメリカにいるどんな人とも少数の連結を経るだけで接触可能なはずである。

さて、これまで述べてきた研究成果の最も重要な点を要約すると、次のようになろう。「小さな世界」問題については、これまでにも議論されてきたし、理論化もされてきた。しかし、私の知る限りにおいては、アメリカ全体の大規模人口から無作為に選ばれた人々の間の連鎖を経験的に創出してみせたのはこの研究が初めてである。

本研究は、小さな世界問題から生じた一連の具体的な問いから出発したものだが、その実験手続きは、はるかに広範な諸問題の解明へと導いてくれる。この手続きを使えば、未だにその特性が明らかにされていない潜在的なコミュニケーション構造を浮き彫りにすることができる。この潜在的なコミュニケーションの網目構造が理解できれば、一般的な社会の統合についても一段と理解が

深まるだろう。社会科学研究の多くは、個人がいかに疎外されているか、個人がいかに社会から断絶しているかを示している。しかし、ある意味では、私たちはみな緊密に編まれた社会的な織物（a tightly knit social fabric）のなかにしっかりと織り込められているのだということを、本研究は実証してみせたのである。

【訳注】
* 1 　44本の連鎖が目標人物に到達し、126本が途中で止まったとすると、合計のスタート本数は170本でなければ計算が合わない（図3‐5も参照）。なお、この論文に加筆・修正した別バージョン論文（Milgram, 1992 所収）では、この部分の記述が「ネブラスカからスタートした160本の連鎖のうち、42本の連鎖が目標人物に到達したが、128本は途中で止まってしまった」となっている（p. 269）。いずれにしても、数値に不整合が生じている（118〜121頁の「著者紹介・文献解題」参照）。
* 2 　Milgram（1992）版の論文では、この部分の記述が「全部で62本が彼に到達した」となっている（p. 270）。因みに、Traver and Milgram（1969: p. 438, Table 3）では、ネブラスカからスタートした154本の連鎖のうち完成した連鎖は42本（未完成連鎖は112本）であり、ボストン地区からスタートした完成連鎖22本とあわせて合計64本が完成したと記されている。論文間でも数値の不整合が存在する。

◆著者紹介・文献解題

スタンレー・ミルグラム（Stanley Milgram）

　世界的に著名な社会心理学者、スタンレー・ミルグラムは、ニューヨークに生まれ育ち、ハーバード大学大学院で博士号を取得後、イェール大学、ハーバード大学、ニューヨーク市立大学に在職した。卓抜な洞察力と独創的な手法による実験・観察に基づく研究を多数発表したが、1984年に51歳の若さでこの世を去った（彼の生涯については最近出版された伝記[Blass, 2004]を参照）。

　ミルグラムの名を一躍有名にしたのは、1960年代初頭、イェール大学時代に実施された「権威への服従」に関する一連の実験研究である。その成果は1冊にまとめられ、邦訳されてもいる（Milgram, 1974 = 1980）。この実験の結果は、権威ある学者によって行われる重要な実験（と説明された）に参加したふつうの米国市民の多くが、権威者（実験者）に命じられるままに、苦痛を訴え続ける何の罪もない被害者（もうひとりの被験者）に対して高圧電流を流し続けてしまうというショッキングなものであった。この知見が社会的・学問的に大きな注目を集めると同時に、ミルグラムは、研究者の倫理を巡る論争に巻き込まれることになった。実際には電流は流れておらず、被験者の苦痛の表情も演技だったことが実験後に明かされたのだが、実験参加者たちに加害者としての心理的苦痛と罪悪感を与えたことが大きな争点となった。

　この有名な実験の陰に隠れがちだが、ミルグラムはそれ以外にも、様々なテーマの独創的な研究を行っている。多様なタイプの宛名が書かれた手紙を落としておいて拾った人が投函するかどうかを実験する技法「ロストレター・テクニック（The lost-letter technique）」、通勤駅のホームなどで接触する都市生活者同士の匿名的関係に着目した「見慣れた他人（The familiar stranger）」、ニューヨークやパリの「心理地図（Psychological maps）」、ラジオ無線とイヤフォンを使って別室にいる人に言われた通りに話す人物「シラノイズ

(Cyranoids)」による会話実験など、今でもその発想の意外性と斬新さに驚かされる（これらの論文やエッセイは Milgram［1992］に収録されている）。

　そのなかでも、近年のネットワーク分析の隆盛において再発見され、繰り返し言及されているのが、本論文「小さな世界問題」である（本書「序」にあるワッツ、バラバシ、ブキャナンらの著書を参照）。手紙を遥か遠方に住む目標人物に向けて知人からその知人へと転送することによってどれくらいでたどり着けるかを確かめようとする「小さな世界」実験は、非常にユニークな発想に基づく実験方法（チェーンレター・テクニック）とその結果の意外性——この世の誰とでも「6次の隔たり（six degrees of separation）」で繋がっている——によって、多くの研究者の関心を惹きつけてきた。「小さな世界問題」とは、社会全体がどれくらい緻密なネットワーク構造によって構成されているか、人種間や社会階層間にはネットワークの亀裂があるのか、といった通常のデータ収集法ではほとんど探究不能な社会構造に関わるマクロな問題である。ところが、社会全体からランダムに2人の人間を取り出して、その間に何人の知人の連鎖があるかを見ればよいのだと、「地」と「図」をさっと反転させて解答可能なミクロな問題に鮮やかに置き換えてみせた点が、ミルグラム一流の知的マジックである。

　しかし、よく見ればミルグラムの実験方法と結果の解釈にも、いくつもの弱点がある。目標人物にどのような人を設定するかによって、あるいは出発点となる人々のサンプリングの偏りによって実験結果は異なってくるし、連鎖の完成率があまりに低いことも重大な問題である。イェール大学のアーカイヴから発見された未発表論文などを再検討したうえでこうした問題を改めて指摘し、世界はミルグラムが言うほど小さくはないと批判する論文もある（Kleinfeld, 2002）。「小さな世界問題」論文には、本書収録の初出版以外に Milgram (1969) や Milgram (1992) 所収版などの別バージョンがいくつか存在し、Travers and Milgram (1969) などこの実験結果を扱った別の共著論文もあるのだが、117頁の訳注に示したように、それぞれで提示された数値には細かい齟齬が見られる（因みに、ミ

ルグラムはカンザスとネブラスカ以外の場所でも小さな世界実験を行っている）。私たちの常識を覆した「6次の隔たり」という知見をどれくらい正しいものとみなすべきなのか、結論は出ていない。

にもかかわらず、ミルグラムが発見した問題と発明した方法の魅力は今でも色褪せていない。例えば、日本でも追試実験が実施され、ミルグラムの実験と似たような結果を導いている（三隅・木下, 1992）。さらに、インターネットの急速な普及によって「小さな世界問題」に新しい関心──世界はますます小さくなっているのか？──が付加された。ワッツらによるコロンビア大学の「小さな世界プロジェクト」は、世界の数カ国に目標人物を設定し、6万人以上が参加した電子メールによるグローバルな小さな世界実験を実施している（Dodds et al., 2003）。「小さな世界」というミルグラム・マジックは、今なお後続の研究者たちを魅了し、その知的探究心を刺激し続けてやまない。

（野沢慎司）

【文献】

Blass, Thomas. (2004). *The Man Who Shocked the World: The Life and Legacy of Stanley Milgram*. Basic Books.

Dodds, Peter S., Muhamad, Roby and Watts, Duncan J. (2003). "An Experimental Study of Search in Global Social Networks." *Science*, 301 (8): 827-829.

Kleinfeld, Judith S. (2002). "The Small World Problem." *Society*, 39 (1): 61-66.

Milgram, Stanley. (1969). "Interdisciplinary Thinking and the Small World Problem." In Sherif M. and Sherif, C. W. (eds.). *Interdisciplinary Relationships in the Social Sciences,* Aldine.

Milgram, Stanley. (1974). *Obedience to Authority: An Experimental View*. Harper & Row. ［ミルグラム, S.（岸田秀訳）(1980)『服従の心理──アイヒマン実験』河出書房新社.］

Milgram, Stanley. [Sabini, J. and Silver, M. (Eds.)]. (1992). *The Individual in a Social World: Essays and Experiments* (2nd ed.). McGraw-Hill.

三隅譲二・木下冨雄 (1992)「『世間は狭い』か？──日本社会の目に見

えない人間関係ネットワークを推定する」『社会心理学研究』7 (1)：8-18.
Travers, J. and Milgram, S. (1969). "An Experimental Study of the Small World Problem." *Sociometry,* 32 (4): 425-443.

第4章　弱い紐帯の強さ[1]

マーク・S・グラノヴェター
(大岡栄美訳)

Granovetter, Mark S. (1973). "The Strength of Weak Ties." *American Journal of Sociology*, 78: 1360-1380.

　ミクロレベルとマクロレベルの社会学理論を結びつけるための道具として、社会的ネットワーク分析を提案する。その手続きとして、小規模な相互作用の一側面、すなわち二者間の紐帯（dyadic ties）の強さがマクロレベルでどのような影響をもたらすかについて精緻な説明を試みる。そして、2人の個人が持つ友人ネットワークが互いに重複する程度は、その2者間の紐帯の強さに直接的な影響を受けて変化すると論じる。さらに、この原理が影響力の浸透や情報伝達、職業移動の機会、コミュニティの組織化にどのような影響を与えているかを探究する。その際、弱い紐帯が持つ凝集力を強調したい。たいていのネットワーク・モデルは、強い紐帯を扱うことを暗黙の前提としているため、その適用対象は、明確に規定された小集団のみに限定されてしまう。しかし、弱い紐帯に着目すれば、集団間の関係について論じたり、社会構造のなかにある、第一次集団とは言いがたい部分を分析できるようになる。

　現代社会学理論の根本的な弱点は、ミクロレベルの相互作用がマクロレベルのパターンにしっかりと関連づけられていないことにある。大規模で統計的な研究および質的な研究によって、社会移動、コミュニティの組織化、政治構造のようなマクロな現象がかなり解明されてきたのは確かである。一方ミクロレベルでは、データと理論がおびただしく蓄積され、小集団内部で生起する現象を明らかにするうえで役立つ着眼点を提供している。しかし、小集団内の相互

作用が、いかに集積・集合して大規模なパターンを形成するに至るのかという点はなかなかうまく説明できていない。

そこで本稿では、個人間ネットワーク（interpersonal networks）の諸過程を分析することが、もっとも有効なミクロ－マクロの橋渡しとなると論じたい。いずれにせよ、まさにこれらのネットワークを通じて、小規模な相互作用が大規模なパターンへと姿を変え、そして翻ってみれば、大規模なパターンが小集団へと影響を及ぼすのである。

不思議なことだが、ネットワーク分析の先駆けであるソシオメトリー（Sociometry）研究は、社会学理論のなかでつねに周辺的な存在（まったく目立たない存在）であったと言ってもよい。これはひとつには、ソシオメトリーが社会心理学の一部門としてのみ研究・応用されてきたからかもしれない。あるいはまた、厳密なネットワーク分析はどうしても難解なものになりがちだからかもしれない。ソシオメトリーを通常の小集団レベルばかりでなく、もっと大規模な構造レベルに応用するための理論も、測定法も、サンプリング法も存在しなかった。確かに最近では、刺激的で示唆に富む諸研究がこの方向に展開してきているが（Bott 1957; Mayer 1961; Milgram 1967; Boissevain 1968; Mitchell 1969)、これらの研究も構造の問題を理論的に詳しく論じているわけではない。構造に関わる問題を詳しく論じるような研究は、通常『数理生物物理学報（*Bulletin of Mathematical Biophysics*）』のような近寄り難い文献と同様に、技術的に高度で難解である。因みに、この専門誌でのネットワークに関する研究は、神経間の相互作用に関する理論構築に本来関心があり、社会的相互作用を対象にしていたわけではない（この点についての有用な文献レビューとしては、Coleman [1960]およびRapoport [1963]を参照）。

そこで本稿では、小規模な相互作用の一側面である個人間の紐帯（interpersonal ties）の強さだけに視野を限定するという戦略を採りたい。そのうえで、ネットワーク分析を用いることによって、どうすれば紐帯の強さという側面を、情報伝達、社会移動、政治的組織化、さらに一般的な社会的凝集性など、マクロレベルの多様な現象と関連づけることができるのかを、ある程度詳細に示したい。分析はどうしても質的なものにならざるをえないが、数学的志向性のある読者ならモデル化も可能だということに気づくだろう。数学的な議論、例示、

文献については、おもに注で紹介することにしたい。

紐帯の強さ

　個人間の紐帯の「強さ（strength）」と言われて直観的に思い浮かぶ様々な考えは、以下の定義によってほぼ網羅されているのではないだろうか。つまり、紐帯の強さとは、ともに過ごす時間量、情緒的な強度、親密さ（秘密を打ち明け合うこと）、助け合いの程度、という４次元を（おそらく線形的に）組み合わせたものである[2]。これらの構成要素は、明らかに相互に高い相関があるが、それぞれ他の要素からある程度は独立している。四つの構成要素をどう操作化して測定するか、またそれぞれの重みはどれくらいかという問題を論じるには、今後の経験的研究を待たなければならない[3]。当面の目的にとっては、ある紐帯が、強いのか弱いのか、それとも存在しないのかについて、おおまかに直観的なレベルで合意できれば充分である[4]。

　さてここに、任意に選ばれた２人の個人がいると考えてみよう。その２人をＡさん、Ｂさんと呼ぼう。そしてＡさんかＢさんのいずれか、あるいはＡさんとＢさんの両方につながりを持つすべての個人、Ｃさん、Ｄさん、Ｅさん……の総体をセットＳとする[5]。二者間の紐帯をより大きな構造と関連づけてくれるような仮説とは、「ＡさんとＢさんの間の紐帯が強いほど、弱い紐帯か強い紐帯のいずれかによってＡさんとＢさんの両方につながっている個人がＳ内に占める割合は大きくなる」というものである。このように、Ａ、Ｂ両者の友人圏（friendship circles）の重なりは、Ａ―Ｂ間の紐帯が存在しない場合に最小になり、Ａ―Ｂ間の紐帯が強いときに最大になり、Ａ―Ｂ間の紐帯が弱いときにそれらの中間になると予測できる。

　第１に、上記のような関係性は、強い紐帯では（その定義上）関わり合いの時間量が多くなる傾向があるためにおこる。Ａ―ＢとＡ―Ｃの紐帯が存在する場合、ＢさんがＣさんと過ごす時間の長さは、ＡさんがＢさんおよびＣさんのそれぞれと過ごす時間の長さに（部分的には）依存する。（「ＡさんがＢさんと一緒」の場合と「ＡさんがＣさんと一緒」の場合が相互に独立の事象だとすると、「ＣさんがＡさんおよびＢさんの両方と一緒」である確率は、それぞれの確率の積に等しい。例えば、ＡさんとＢさんが60％の時間を共有し、ＡさんとＣさんが40％の時

間を共有する場合、Aさん、Bさん、Cさんの三者は24％の時間を共に過ごすことになるだろう。そうした独立性は、BとCが知り合いになった後よりも、知り合いになる前の方が起こりやすい）。BさんとCさんがまったく知り合いではない場合、Aさんとの強い紐帯を共通に持つために、おそらくBさんとCさんは交流するようになり、2人の間にも強い紐帯が生み出されることになるだろう。こうした議論の背後にあるのは、「人々は互いに相互作用する頻度が高いほど、互いに対して感じる友情の念が強くなる傾向がある」というホーマンズの考え方である（Homans 1950, p. 133）。

2人の個人を結ぶ紐帯が強いほど、両者は様々な点で似てくるという経験的証拠があることからも、この仮説には説得力がある（Berscheid and Walster 1969, pp. 69-91; Bramel 1969, pp. 9-16; Brown 1965, pp. 71-90; Laumann 1968; Newcomb 1961, chap. 5; Precker 1982）。AさんとBさんとの間、およびAさんとCさんとの間が強い紐帯で結ばれている場合、BさんとCさんはいずれもAさんに似ているのだから、両者が互いに似通っている確率も高いだろう。そのため、彼らがひとたび知り合いになれば、友人になる可能性も高くなる。逆に言えば、時間と類似性というこれら二つの要因に着目すると、A―Bの紐帯とA―Cの紐帯が弱い場合にはなぜB―C間につながりが生じにくいのかも理解しやすい。その場合、BさんとCさんが交流する可能性は低く、仮に交流があったとしても気が合う可能性は低い。

ハイダー（Heider 1958）と並んで、とりわけニューカム（Newcomb 1961, pp. 4-23）によって構築された認知的バランス理論からもこのような結果が予測できる。強い紐帯A―BとA―Cが存在し、BさんとCさんが互いの存在に気づいているにもかかわらず、BさんとCさんの間に肯定的な紐帯が存在しないならば、その状況には「心理的緊張」がもたらされる。なぜなら、Cさんは自分の親友であるAさんの感情と自分自身の感情を一致させたいし、同様にBさんは自分の友だちであるAさんの感情と一致させたいからである。しかしながら、A―BとA―Cをつなぐ紐帯が弱い場合、そうした一貫性を保つことは心理的に大した問題にはならない（この点に関しては、Homans［1950, p. 255］およびDavis［1963, p. 448］参照）。

この基本仮説に直接関わる証拠もいくつか存在する（Kapferer 1969, p. 229

n.; Laumann and Schuman 1967; Rapoport and Horvath 1961; Rapoport 1963)[6]。ただしこうした証拠は、期待に沿えるほど包括的なものではない。それでも、この仮説から導きだせる推論のなかには、経験的研究によって支持されているものもある。こうした推論について説明しながら、上述の議論が実質的に何を意味しているのかを示していこう。

普及過程における弱い紐帯

　大規模な関係ネットワークについて理解を深めるためには、この基本仮説をもっと正確に組み立てる必要がある。そのために、AさんとBさん、およびそのどちらか一方あるいは両方の友人である人（つまり上述のセットSに含まれる人）を任意にひとり選び出して、彼らの間に存在する強い紐帯、弱い紐帯、欠如した紐帯からなる三者関係（triads）を検討してみることにしよう。完全な数学的モデルを使えば、様々なタイプの三者関係が生じる確率を算出するなど、ある程度詳細な検討ができるだろう。しかしながら、こうした分析はかなり込み入ったものになる。本稿の目的にとっては、上述の仮説条件の下で、AさんとBさんが強い紐帯で結ばれており、AさんとCさんとの間にも強い紐帯があるにもかかわらず、BさんとCさんの間には紐帯が存在していないような三者関係が生じる確率が最も低いと述べておけば充分である。このタイプの三者関係を図4-1に示してある。この主張がどういう結論を導くのかを考察するために、以下では、図示された三者関係は絶対に起こらないという極端な仮定を置くことにする。つまり、他の二つの強い紐帯が存在するならば、B―Cの紐帯は（弱いか強いかにかかわらず）つねに存在すると仮定する。したがって、この仮定から何らかの結果が導かれるとすれば、それは上記のような三者関係が存在し難いという傾向に応じたものである、と解釈していただきたい。

　こうした三者関係がまれにしか存在しないという点については、証拠もいくつか存在する。デイビス（Davis 1970, p. 845）は、651のソシオグラム（sociograms）を精査し、その90％において、二つの相互選択とひとつの非選択からなる三者関係は、ランダム（random）な期待値以下で生じているということを見出した。相互選択が強い紐帯を示すと仮定すれば、この結果は私の議論を強く支持する証拠と言える[7]。ニューカム（Newcomb 1961, pp. 160-165）は、相

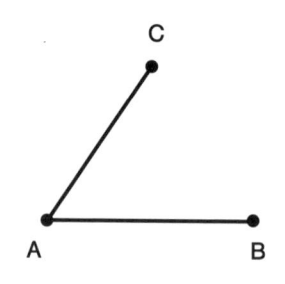

図4-1　禁じられた三者関係

　互に「強い魅力」を感じている二者関係を含む三者関係においては、三者のつきあいが長くなり互いをよく知るようになるほど、三つの紐帯がすべて強い紐帯となる頻度が高まると報告している。ニューカムは、図4-1のような三者関係が起こる頻度については分析していないが、認知的バランスをとるために、図4-1のような場合は起こりづらくなると示唆している。
　「ブリッジ(bridge)」という概念を使うことによって、この種の三者関係が存在しないことがいかに重要なのかを示すことができる。ブリッジとは、ネットワーク内の2点間をつなぐ唯一の経路(path)となるような線〔紐帯〕のことである(Harary, Norman, and Cartwright 1965, p. 198)。人は多数の接触相手(contacts)を持っていることがふつうなので、A─B間のブリッジは、Aの接触相手のうちの1人からBの接触相手のなかの1人に情報や影響力が伝わる唯一のルートを提供する。そして結局のところA─B間のブリッジは、Aに間接的につながっているすべての人から、Bに間接的につながっているあらゆる人への唯一のルートになっている。というわけで、普及研究ではブリッジが重要な役割を担うと考えられている。
　ところで、上述の三者関係が存在しないと仮定すると、例外的状況は別として、すべての強い紐帯はブリッジではないということになる。A─Bという強い紐帯を考えてみよう。AさんがCさんとの間に別の強い紐帯を持っていて、図4-1に示された三者関係がありえないとするならば、BさんとCさんの間に紐帯が存在し、AとBの間にはA─C─Bという経路が存在していることになる。ゆえに、A─Bのつながりはブリッジではない。強い紐帯で結ばれた二者が、他にどんな強い紐帯も持っていない場合にのみ、強い紐帯はブリッジにな

り得る。しかし、どのような規模の社会的ネットワークにおいても、この可能性は低い（小集団においては可能だが）。弱い紐帯はそういった制約をまったく受けない。もちろん弱い紐帯が自動的にブリッジになるというわけではない。むしろ重要なのは、すべてのブリッジは弱い紐帯であるということである。

　大きなネットワークにおいて、特定の紐帯が2点間の唯一の経路であるということは、現実にはまれにしか起こらないだろう。しかしながら、局所的には橋渡し機能（bridging function）が働くことがある。例えば、図4-2 (a)では、A―B間の紐帯は厳密に言うとブリッジではない。A―E―I―Bなどの経路をたどることが可能だからである。しかし、A―BはF、D、CにとってはBへの最短ルートである。この機能は、図4-2(b)ではさらに明確になる。この図のA―Bは、C、Dなどにとって、Bへの局所ブリッジであるだけではない。実際の普及現象では、たいていの場合、はるかによく使われる効率的な経路でもある。ハラリーらは、「伝達行為が1回増えるごとに何らかのコストや情報の歪曲が付加されるために、uさんがvさんとコミュニケーションできる距離［経路の長さ］には限界点が存在する。したがって、vさんがこの限界点より近い距離に位置していない場合、vさんはuさんを出所とするメッセージを受け取ることはできない」と指摘する（Harary et al. 1965, p. 159）。自分を除いた2地点の間の最短経路をnとし、n＞2であるとき、その紐帯を「n次の局所ブリッジ（local bridge of degree n）」と呼ぼう。A―Bは、図4-2(a)では3次の局所ブリッジ、図4-2(b)では13次の局所ブリッジとなっている。高速道路システムにおけるブリッジにも同じことが言えるが、社会的ネットワークにおける局所ブリッジは、二つのセクター間の結合点として多くの人々にとって他に選択肢のないルートであればあるほど、つまり次数が高いほど、その重要性が増すのである。だから絶対的な意味でのブリッジとは、無限次数の局所ブリッジである。そして、すでに上述した論理にしたがえば、弱い紐帯だけが局所ブリッジになりえる。

　さてここで、「個人間に何らかの伝達が起こる場合、『流れるものがなんであれ』個人iから個人jに伝達が起こる確率は、(a) iとjを連結する肯定的な（友人間の）経路の数と直接的に比例し、(b)その経路の長さに反比例する」というデイビスの提案を採用してみよう（Davis 1969, p. 549）[8]。そうすると、弱

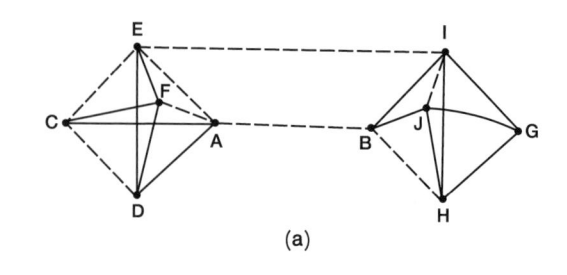

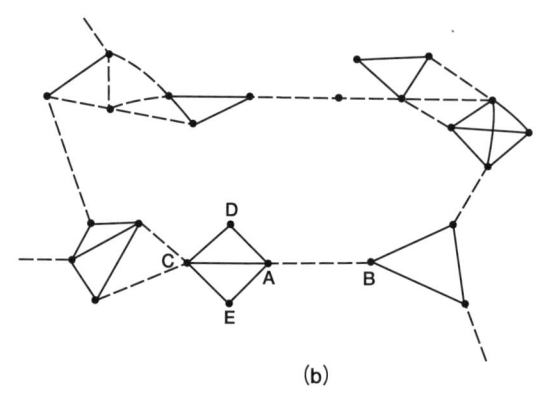

図4-2 局所ブリッジ
(a) 3次　　(b) 13次
―――＝強い紐帯、- - - -＝弱い紐帯

い紐帯の重要性は、局所ブリッジになっている紐帯が、より短い経路をより多く作り出すという点にあると言えるだろう。ネットワークから任意のどの紐帯を取り除いてもよいと仮定すると、ある紐帯を取り除くことで途切れた経路の数、および任意の2点間に存在する経路の長さの平均値の変化を算出することができる（ただし、検討する経路の長さには一定の制限をつける）。ここで言っておきたいことは、平均的な強い紐帯を取り除くよりも平均的な弱い紐帯を取り除くほうが、情報伝達率に与える「ダメージ」が大きいということである[9]。

　直観的な言い方をすれば、これは、伝播されるものが何であれ、強い紐帯よりも弱い紐帯を通じて受け渡された方が、より多数の人々に到達し、より大きな社会的距離（つまり経路の長さ）[10]を乗り越えることができるということを意味する。もしある人が自分の親しい友人たち全員にうわさ話をし、その友人た

ちが同じように自分の友人にうわさ話をしても、友人たちの多くは同じうわさを2度も3度も繰り返し聞くことになるだろう。というのは強い紐帯で結びついた人々には共通の友人がいる傾向があるからである。同じうわさ話が繰り返し回ってくる度に、うわさを広めようとする意欲が少しずつ減退するならば、強い紐帯を通じて移動するうわさは、弱い紐帯を通じて伝わるうわさに比べて、少数のクリーク内に留まる傾向が強くなる。つまり、ブリッジを渡ることがないのである[11]。

　社会学者と人類学者は何百もの普及に関する研究（diffusion studies）を実施してきた。例えば、1962年のロジャーズによる先行研究レビューは506の研究を扱っていた。したがって、上記の論点を検証することは簡単に思えるかもしれない。しかし、実際はそうではない。その理由はいくつかある。まずはじめに、個人間の接触が決定的に重要であるということを見出した普及研究は数多くあるが、その多くはソシオメトリックな調査をまったく行っていなかった（Rogers［1962］はこの点を論じている）。ソシオメトリー法が使われた場合でさえ、選んでもらう相手数を厳しく限定していたため、回答者と弱い紐帯でつながっているような相手の名前が挙がる可能性は抑えられてしまった。そのため、弱い紐帯が普及過程に重要な役割を果たすという、上記の命題に関しては検証されなかったのである。詳しいソシオメトリー情報が集められた場合でも、（アイディアやうわさや）イノベーション〔新しい技術や知識〕が伝播した個人間の経路を正確に追跡する試みはまったくと言ってよいほどなされていない。そのような研究では、各自がイノベーションを採用した時期と、その人がソシオメトリーで他者から選択された数について記録するのが一般的である。多くの人から選択された人は「中心的（central）」であり、あまり選択されなかった人は「周辺的（marginal）」であると言える。そして、この変数と採用時期との相関を見て、イノベーションがどの経路を通って普及したかを推測するのである。

　普及研究において論争になっている争点のひとつを私の議論と関連づけてみよう。研究者のなかには、初期のイノベーターになるのは周辺的な人たちであると示唆するものがいる。というのも、そのような人たちは「逸脱者だとはっきり見なされていればいるほど、規範に同調しない傾向がある」からである

(Rogers 1962, p. 197)。一方、他の研究者たち（例えば、Coleman, Katz, and Menzel［1966］による医者の新薬採用研究）は、より頻繁に名前を挙げられる人たちの方が、相当早くイノベーションを採用することを見出している。ベッカー（Becker 1970）は、「何らかのイノベーションを採用する際のリスクの認知」という観点から、初期のイノベーターが「中心的」であるか「周辺的」であるかという問題を解決しようとしている。彼の公衆衛生におけるイノベーション研究は、（コールマンらの薬の場合と同様に）新しいプログラムが比較的安全で、物議をかもすことがないと思われるときには、中心的な人物が先陣を切って採用し、そうでない場合は周辺的な人々が先に採用することを示している（p. 273）。彼は、「中心的」人物は自分の職業上の評判を守りたいという欲求が強いためにそうした違いが生じると説明している。

　カーコッフら（Kerckhoff, Back, and Miller 1965）は、別のタイプの研究によって同様の結論に達している。南部にある繊維工場で「ヒステリックな伝染病」が拡がった。当初は少数だったが、次第に多くの労働者たちが、奇妙な「虫」に刺されたと訴えた。労働者たちが、吐き気、麻痺、衰弱の状態に陥った結果、その工場は閉鎖された。病気にかかった労働者たちに、もっとも親しい友人3人の名前を挙げるように尋ねたところ、その多くは互いの名前を挙げたのだが、最初期段階で病気に見舞われた人たちは社会的に孤立した人々であることがわかった。つまり、その人たちはほとんど誰からも指名されていなかったのである。この結果については、ベッカーと同様の説明がなされている。つまり、病気の症状が周囲から好奇の目で見られる可能性があるため、初期の「採用者（adopters）」〔感染者〕は周辺的な人々、つまり社会的圧力にあまりさらされていない人々の間で見つかる傾向があった、というのである。時間が経つにつれて、「社会的に統合されている人々の一部も次第に病気になる可能性が高くなる……。伝染病は社会的ネットワークのなかに入り込み、さらに速いスピードで伝播することになる」（p. 13）。この結果は、イノベーションを最初に採用するのは周辺的な人たちだが、それに続くグループつまり「早期に採用した人たち」は「イノベーターに比べて、ローカルな社会システムへの統合の程度が高い」というロジャーズの指摘とも整合性がある（Rogers 1962, p. 183）。

「中心的な」個人と「周辺的な」個人が、このような動機を持つのはもっともである。しかし周辺的な個人が本当に周辺的であるならば、そもそもいったいどうやってイノベーションをうまく広めることができるのかが理解しがたい。リスクを孕んだ逸脱行為への抵抗感は、安全でノーマルな行為に対する抵抗感よりも大きい。そのため、そうした行為が連鎖反応を起こして拡がるには、まず初期段階で、より多くの人々がその行為を眼にし、それを採用する必要があると考えられる。私の説にしたがえば、多くの弱い紐帯を持つ個人は、そうした困難なイノベーションを普及させるのにもっとも有利な位置にあることになる。なぜならそうした弱い紐帯の一部は局所ブリッジになりえるからである[12]。もともとあまり人気がなかったイノベーションが、弱い紐帯をほとんど持たない人々に広められてしまうと、少数のクリーク内に留まり、いわば死産となる。当然ながら普及研究のなかに登場することもない。

　通常のソシオメトリー法を使っていれば、普及研究に登場する「周辺的な」イノベーターたちが実際に弱い紐帯を豊富に持っていたことが明らかになったかもしれないが、ほとんどの場合、あくまで推論の域を出ていない。しかしながらカーコッフとバックは、例のヒステリックな事件をさらに詳細に分析し、労働者個人の「もっとも親しい3人の友人」について尋ねるのに加え、誰と一緒に食事をし、仕事をし、車を相乗りしていたかなどについても尋ねた。そして、最初期に病気に感染した6人の労働者のうち5人は、「親友の選択結果を基準にする限り、社会的に孤立した人々である、と報告している。少なくとも調査対象者サンプル内の誰かから友人として指名されたのは、6人のうち1人だけである。ほかの選択基準を使った場合、これら6人の女性の名前がかなり挙げられていることに着目すると、この点がさらに際立ってくる。事実、彼女たちは、『友人関係以外』の基準では、他のカテゴリーのどの女性たちよりも多く選択されている」のである（Kerckhoff and Back 1968, p. 112）。

　この知見は弱い紐帯の議論に信憑性を与えるが、まだ決定的とは言えない。若干異なるタイプの普及研究が、さらに直接的な証拠を示している。それはミルグラム（Milgram）と彼の共同研究者による「小さな世界（small-world）」研究である。一連の研究の名前は、初めて出会ったふたりに共通の知り合いがいることがわかったときに口をついて出る言葉に由来している。偶然生じるこ

のような状況を一般化して、アメリカ合衆国に住む人々のなかから選ばれた任意の2人を連結するために必要とされる個人的な知り合いの経路の長さを測定しようとしたのである。ランダムに指名された送り手には、小冊子が手渡され、指定された目標人物に届くようにその小冊子を転送してほしいと依頼される。その際、送り手の個人的知り合いのなかから、自分よりも目標人物を知っていそうな人を選んで転送せよというのである。新たにその小冊子を受け取った人は、同様に小冊子を先に進めていく。最終的には小冊子は目標人物に到達する。でなければ、誰かが先に送りそこねて連鎖が途切れてしまったことになる。連鎖の完成率は研究によって異なり、12%から33%である。また完成した連鎖に含まれる連結の数は2から10の範囲にあり、平均値は5から8の間となっている (Milgram 1967; Travers and Milgram 1969; Korte and Milgram 1970)。

　送り手は小冊子を先に送る度に、研究者宛の葉書を送る。葉書には自分自身と次の受取人との関係などが書き込まれている。その関係に関する回答選択肢には「友人」と「知人」が含まれている。それぞれ、「強い」紐帯と「弱い」紐帯に相当するとみなしてよいだろう。一連の研究のうちのひとつでは、白人の送り手が小冊子を黒人の目標人物に送るよう依頼している。この連鎖のなかの決定的なポイントは、初めて白人から黒人へと小冊子が渡る地点である。白人がこの黒人を「知人」と表現した場合の50%で、連鎖は最終的に完成をみている。しかし白人が小冊子を黒人の「友人」に送った場合、連鎖の完成度は26%にまで落ちている。(Charles Korteの好意によって提供された未公開データに基づいて私が計算した結果。Korte [1967] および Korte and Milgram [1970] 参照)。つまり、異人種間の弱い紐帯は、社会的距離を乗り越えて橋渡しする上でより効果的と思われる。

　関連する別の研究としては、ラパポートとホルヴァス (Rapoport and Horvath 1961) によるものがある。この研究は正確には普及研究ではないが、普及が起こり得た経路を追跡するという点で関連が深い研究である。彼らはミシガン中学校に通う個人 (N =851) に、もっとも親しい友人の名前を8人まで親しい順に挙げるよう依頼した。さらに、その集団からランダムにいくつかのサンプルを抽出する (サンプル数は恣意的に9とされた)。そしてそれぞれのサンプルごとに、1番目と2番目に選択された友人のネットワークをたどることによ

って達した人々の合計数を数え、サンプル全体なかの到達割合を算出した。つまり、それぞれのサンプル構成員の第1および第2選択肢の人々の名前を入れる一覧表をつくる。次にこれらの人々の第1および第2選択肢の名前を表に加えたりするのだが、その場合、すでに名前が選ばれていない人の数だけを毎回数え、新しい人物がまったく出てこなくなるまで数え続ける。2番目と3番目の選択肢、3番目と4番目の選択肢という具合に、最後の7番目と8番目の選択肢まで同じやり方を続ける（Rapoport［1953a, 1953b, とくに1954］が普及とこの追跡法との理論的関連について論じている）。

　到達した総人数が最小だったのは、もっとも強い紐帯だとみられる第1および第2選択肢の人々から派生したネットワークをたどった場合であり、総人数が最大になったのは、第7および第8選択肢をたどった場合であった。この結果は、より多くの人にたどりつくには弱い紐帯の方が有利であるという私の主張と一致する。彼らが作ったソシオグラムの数理モデルにおいて、知人圏（acquaintance circles）の重なりとも言える部分を測定するために設計されたパラメータのひとつを見てみると、親しさの順位が低いほど重なりの度合いも低くなっている[13]。

エゴセントリック・ネットワークにおける弱い紐帯

　私は本節と次節において、上述の知見と論点の持つ一般的な意義について、二つのレベルで論じたいと思う。最初は個人レベルについて、次にコミュニティレベルについてである。これらの議論が包括的であると装うつもりはまったくない。応用の可能性が例示できさえすればよいと考えている。

　個人が埋め込まれている社会的ネットワークがその個人の行為に与える影響を分析する研究文献が、近年増加している。そうした研究のなかには、個人のネットワークによってどのように行為が形づくられ、制約を受けるかという点を強調したものがある（Bott 1957; Mayer 1961; Frankenberg 1965）。他方、個人が特定の目標を達成するためにネットワークをいかに操作することができるかを強調した研究もある（Mayer 1966; Boissevain 1968; Kapferer 1969）。どちらの研究も、個人は自分のネットワークの構造から影響を受けると考えている点では共通している。ボット（Bott）は、自分の友人たち同士の多くが互いに知り

合いであるか（緊密に編まれたネットワーク["close-knit" network]）、それともあまり知り合いでないか（ゆるやかに編まれたネットワーク["loosely-knit" network]）という点が決定的に重要な変数であると論じている。バーンズ（Barnes）は、エゴとその友人たちが形成するネットワーク内に実際に観察された紐帯の数を、存在可能な紐帯数で割り算して比率を求め、ボットの二分法を連続変数へと変換している。これが、いわゆる「ネットワーク密度（network density)」である (Barnes 1969; Tilly 1969)[14]。

　しかしながら、エゴのネットワークの密度はその部分によって異なる場合がある、とエプシュタイン（Epstein 1969）は指摘する。ある人が「もっとも深く、もっとも日常的に相互作用する人々であって、それゆえその人たち同士も相互に知り合いになりやすい」人たちのことを、彼は「実働ネットワーク（effective network）」と呼んでいる。「それ以外の人々によって構成されるのが拡大ネットワーク（extended network）である」(pp. 110-11)。これは私流に言えば、強い紐帯は密度の高いネットワークを形成し、弱い紐帯は密度の低いネットワークを形成する、と言っているのにほぼ等しい。さらに言えば、密度の高いネットワーク領域と密度の低いネットワーク領域を極力区分したいのであれば、局所ブリッジではない弱い紐帯は強い紐帯と同じ区分に入れても差し支えない。

　広く合意が得られていない論点としては、エゴのネットワークは、本人が直接的に結合している人々によってのみ構成されていると捉えるべきか、自分の知人の知人などもエゴのネットワークに含めるべきか、という問題がある。個人がネットワークというカプセルのなかに包み込まれている点を強調する研究は、前者の立場をとる傾向にある。一方、ネットワークを操作する側面を強調する研究は後者の立場をとる。これは、直接的な接触相手からどんな情報や協力が得られるかは、その接触相手の知り合いが誰なのかに左右される可能性があるためである。私は、エゴのネットワークを、強い紐帯およびブリッジではない弱い紐帯から成る部分と、ブリッジになっている弱い紐帯で構成される部分に区分することによって、上述の二つの志向性の両方を扱うことができると考える。前者の部分に含まれる紐帯でつながる人々は、互いに知り合い同士の人々というだけでなく、彼らの知り合いのほとんどがエゴの知り合いでもある

ような人々になりやすい。ところが、「弱い」紐帯の区分においては、エゴの知人たち相互に結びつきがないだけではなく、その知人たちはエゴとはつながりのない個人と結びついているだろう。したがって、直接の知り合いでない人に接触する場合には、たいていはこの区分に含まれる紐帯を使って連絡することになる。こうした紐帯は、エゴがネットワークを操作するうえで重要なだけではなく、エゴからは社会的距離の離れたところにあるアイディア、影響力、情報がエゴに到達するチャンネルになるという意味でも重要なのである。間接的に連結された知人の数が少ないほど、個人は自分自身の友人圏内に密封され、その外側に拡がる世界の知識から遮断されるようになる。ゆえに、橋渡しをする弱い紐帯（および、それを使った間接的接触）は両方の意味において重要なのである。

　私が最近完成させた労働市場研究の結果を紹介しながら、経験的なデータを使ってさらにこの論点を展開させてみよう。アメリカのブルーカラー労働者は、新しい仕事を見つける場合に、ほかの手段ではなく、個人的な接触を通して見つけることがもっとも多いということに、労働経済学者はだいぶ以前から気づいていた（Parnes 1954 の 5 章が多くの研究を概観している）。近年の研究によると、これは専門職、技術者、管理職の人々にも当てはまるという（Shapero, Howell, and Tombaugh 1965; Brown 1967; Granovetter 1970）。この問題に関する私の研究では、転職のために必要な情報を提供した接触相手と転職した人との間にある紐帯の特性にとくに注目した。

　ボストン郊外に居住し、最近転職した専門職、技術者、管理職の人々からランダムに抽出したサンプルのうち、知人を通じて新しい仕事を見つけた人に、知人が彼に仕事情報を伝えてくれた時期の前後に、その知人とどのくらいの頻度で会っていたかを尋ねた。私はこれを紐帯の強さ（tie strength）の測度として用いる[15]。常識的に考えれば、強い紐帯で連結された相手は、仕事情報を提供して力になってあげたいという気持ちが強い人たちである。この動機の強さ説に対抗して私が展開してきたのは、構造論的な議論（the structural arguments）である。すなわち、弱い紐帯により連結している人々は、自分自身の交際圏とは異なる交際圏に参入している可能性が高く、それゆえ自分が入手している情報とは異なる情報に接してしているだろう。

接触頻度の測定には以下のカテゴリーを使用した。「頻繁に会う＝少なくとも週2回以上」、「ときどき会う＝年に2回以上かつ週2回未満」、「めったに会わない＝年1回以下」である。知人を通じて仕事をみつけた人のうち、仕事探しの時期に知人に頻繁に会っていたのは16.7％、ときどきが55.6％、そして27.8％はめったに会わなかったと回答している（N＝54）[16]。回答分布は明らかに弱い方の極に偏って歪んでおり、動機づけよりも構造が重要であることを示唆している。

接触相手は、大学時代の古い友人、あるいはかつて同僚や雇い主だった人など、たまに接触する程度の関係が維持され、現在の知人ネットワークの周辺部にかろうじて含まれる人であるケースが多かった（Granovetter 1970, pp. 76-80）。たいていの場合、そうした紐帯はそもそも初めからあまり強いものではなかった。仕事関連の紐帯に関しては、回答者のほとんど全員が、その接触相手に仕事外の状況で会ったことが一度もないと答えていた[17]。偶然に再会したことや、共通の友人がいることがきっかけとなって紐帯が復活したのである。人々がその存在すら忘れていた人物から緊要な情報を受け取っていたということは驚くべきことである[18]。

調査回答者には、受け取った情報を接触相手がどこから入手したのかについても尋ねた。ほとんどの場合、情報発信源にまでさかのぼることができた。私は、うわさや病気の拡散の場合と同様に、長い経路が使われているだろうと予想していた。しかし、全体の39.1％のケースで、既に回答者の知り合いである将来の雇い主から情報が直接もたらされており、45.3％は自分と雇い主の間に媒介者が1人いたと答えた。12.5％が2人の媒介者、3.1％が3人以上の媒介者がいたと回答した（N＝64）。この結果を見る限り、これまで私がしてきたように、エゴおよびエゴの接触相手とさらにその接触相手の接触相手までを含めたエゴセントリック・ネットワーク（egocentric network）を扱っておけば、調査の主要目的にとっては充分だと言えるのではないだろうか。もし長い情報伝達経路が使われていたとしたら、どんな求人情報も多数の人に知られてしまうことになるので、特定の紐帯が決定的な重要性をもつことはなかっただろう。この種の求人情報流通モデルは、まさに経済学者が唱える「完全」労働市場モデルに一致している。2人以上の媒介者との経路を通じて情報を獲得した人は

少数だったが、そのような人たちは、若年であり、失業の危機を経験しているケースが多かった。この場合、接触相手が彼らのために影響力を行使してくれることは極めてまれであった。実際、これらの回答者は、短い経路を通じて情報をつかんだ人たちよりも、むしろフォーマルな媒介（就職斡旋会社や求人広告など）を使った人たちに似ていた。2人以上の媒介者との経路と通じて情報を獲得した人びとと、フォーマルな媒介者を使った人たちは、どちらも労働市場で不利な立場に置かれ、労働市場に不満をもっている。さらに、両者とも誰の口利きにも頼らずに情報を入手している。求人情報を、新聞で知った場合も、情報経路の5番目に伝え聞いた場合も、応募に際して誰かに口添えしてもらえるわけではない点では同じである。

「フォーマルな」手続き、つまりマス的な手続きと、個人的な接触相手を通じた情報伝播という通常使われる二分法が妥当でないことがあり、その場合には、むしろ前者は長い伝播連鎖の特殊ケースとみなせるのかもしれない。手段的に重要な情報の場合は、とくにそのような傾向が強い。手段的に重要な情報は、特定の1人に限定して伝えられる場合にとりわけ価値が高くなるのである。

したがって個人の観点から見れば、弱い紐帯は社会移動の機会をもたらす重要な資源である。よりマクロな観点からは、弱い紐帯は社会的凝集性をもたらす役割を担っていると見ることができる。転職するとき、人はひとつのネットワークから別のネットワークへと移動しているだけでなく、これら二つのネットワークの間に連結（link）を架設する。その連結は、彼自身の移動を促した連結と同種のものであることが多い。とりわけ、職務が明確に規定され、その数も限定されている専門・技術職の専門業界内で移動が起こると、一定の位置を占めて稼働している業界内ネットワークのなかに散在する凝集的なクラスター（clusters）間を橋渡しする弱い紐帯の精緻な構造が作り上げられることになる。その結果、情報やアイディアがよりスムーズに専門業界内全体に循環し、それによって同じ業界内の人々に何らかの「コミュニティ感覚（sense of community）」が芽生え、さらにそれは業界内の様々な小会合や大会議の開催によって強化される。そうした会議のもっとも重要な機能は、弱い紐帯を維持することにあると言ってもよいだろう。

第4章　弱い紐帯の強さ　　139

弱い紐帯とコミュニティの組織化

　コミュニティ感覚に関するこうした議論に接すると、一個人よりも大きな単位を分析対象とした方がよい場合も多いことに思い至る。この節では、共通の目標に向かってたやすく効果的に組織化を達成するコミュニティがある一方で、大きな脅威に直面しても資源を動員できないコミュニティがあるのはなぜかを分析し、さらに私の議論を発展させてみたい。例えば、ボストンのウエスト・エンド（West End）にあるイタリア系コミュニティは、「都市再開発（urban renewal）」に対抗するための組織を形成することさえできずに、結局コミュニティが破壊されてしまった。これは、ガンズがウエスト・エンドの社会構造を凝集的なものとして描き出していることからすると、まったく不可解である（Gans 1962）。

　この不可思議さを説明する際に、文化やパーソナリティの差違がよく引き合いに出される。ガンズは、「下層」階級、「労働者」階級および「中間」階級の下位文化（subcultures）を比較検討したうえで、リーダーへの信頼や共通目標に向かった実践を生みだし、効果的な組織を結成できるのは中間階級だけである、と結論づけている。それゆえ、労働者階級の街であるウエスト・エンドでは都市再開発に抵抗できなかったと言うのである（pp. 229-304）。しかし、労働者階級のコミュニティのなかにも、これと同程度か、より軽度の脅威に対して住民の動員に成功した例があることを、データに裏付けられた多数の事例研究が示している（Dahl 1961, pp. 192-99; Keyes 1969; Davies 1966, chap. 4)[19]。そこで私は、より精密な分析手法として、紐帯のネットワークという視点からコミュニティを検討することを試みたい。そして、ネットワーク構造のどのような側面が組織形成を促したり妨げたりするのかを見てみることにしよう。

　はじめに、いくつものクリークに完全に分割されたコミュニティを想像していただきたい。つまり、そのクリーク内では全員が全員に連結し、全員がクリーク外の人とはまったく連結していないという状態である。この場合、コミュニティ組織の形成は、強く抑制されるであろう。チラシやラジオなどを使って宣伝すれば、緒についたばかりの組織の存在をみんなに認知してもらうことはできるだろう。しかし、普及研究やマス・コミュニケーション研究が明らかにしてきたように、人々がマス・メディアの情報に反応して行動するのは、その

情報が個人的な紐帯からも伝わって来たような場合にほぼ限られる（Katz and Lazarsfeld 1955; Rogers 1962）。個人的な紐帯からの情報がない場合には、広告されている製品や組織を真剣に考慮すべき理由はとくにないからである。したがって、ひとつのクリーク内に組織づくりの意気込みが熱く燃え上がったとしても、それが他のクリークに飛び火することはない。成功するには、各クリー・クが独自に組織化を発展させなければならないのである。

　これには、信頼の問題が密接に関連している。ある人がリーダーを信頼するかどうかは、その人とそのリーダーとの間を媒介する個人的な知人が存在するかどうか、そしてその媒介者が自分の見識に基づいてそのリーダーが信頼に値する人物であると保証できるかどうか、さらにはいざというときにその媒介者がそのリーダー自身か補佐役に口利きしてくれるかどうか、に大きく左右されると言えるだろう。リーダーを信頼できるかどうかは、リーダーの行為を予見・・・・・・・する能力やリーダーの行為に影響を与える能力と分かちがたく結びついている。リーダー側にしても、自分が直接・間接につながりを持っていない人々に対して、期待に応え、信頼を得ようと思うことはまずない。したがって、ネットワークが断片化している状態においては、あるリーダーからその潜在的な支持者へとつながる経路の数がきわめて少ないために、リーダーに対する信頼が生じにくくなる。さらに言えば、信頼が生じにくいのには、それなりの合理的理由があるのである。

　ウエスト・エンドの社会構造は、実際にこのようなものだったと言えるのだろうか。上記の仮説に示されたネットワーク構造は、きわめて断片的であると定義づけられているが、これは巨視的なレベルでのみ言えることである。つまり、ネットワークを「上空から俯瞰した」場合にのみ浮かび上がる特徴であることにまず注意してほしい。局所的に見れば、凝集的な現象が見られるのである（Davis [1967] もこれと関連した文脈でこの逆説的な現象に触れている）。こういう凝集的な集団を参与観察によって調査する研究者は、エスニシティや文化などの面で個々のクリークの外見的差異が目立つのでない限り、ネットワーク全体がどれくらい断片化しているかに気づくこともないだろう。参与観察という方法の性格上、観察者はかなり限定された人間関係にはまり込みやすいものである。有用な2、3人の接触相手を確保すると、その人たちを頼りにさらに

別の人々を紹介してもらうことになる。「いかにしてウエスト・エンド社会の内部に入り込むかという問題でとくに苦労した」とガンズは書いている。しかし、彼と彼の妻はついに「ある隣人家族に受け入れられ、彼らと友だちになった。その結果、彼らは私たちを何度も夜の集まりに招待してくれ、私たちを他の隣人、親類、友人たちに紹介してくれ……さらに時が経つと……他のウエスト・エンドの人々が……その親類や友人に紹介してくれた。とはいえ、私が参加した社交的な集まりのほとんどは、私たちの最初の接触相手とその交際圏内の集まりだった」(Gans 1962, pp. 340-41; 強調点追加)。つまり、ガンズが凝集的な集団について書いていることと、全体が断片化していることとは必ずしも矛盾しない。

さて、ウエスト・エンドにおいては、紐帯はすべて強いか欠如しているかのいずれかであり、図4-1のような三者関係は起こらなかったと仮定してみよう。そうすると、どのエゴにとっても、自分の友人は全員互いに友人であり、友人たちの友人すべてがエゴの友人であることになる。つまり、各人がコミュニティ内のすべての人に強い紐帯で結びついているのでない限り、上記の仮定どおり、孤立したいくつものクリークに分断された構造のネットワークになっていたはずである（デイビスの数学的処理によれば、全体のネットワークはいくつかの固有なクラスターへと「クラスター化することが可能」であった[Davis 1967, p. 186]）。強い紐帯を数十本以上維持できる人はあまりいないことからすると、実際の結果もこれに近かったのではないだろうか。

では、この分析結果が概ね当てはまる程度に、強い紐帯とのつきあいがウエスト・エンド住民の社交時間を占めていたと言えるのだろうか。ガンズは、「交際と言えば、1週間に数回程度、家族や友人など、メンバーの入れ替わりの少ない仲間内の集団が定例的に集まることである」と報告している。「親族関係にない人々から成るインフォーマルなクリークやクラブに参加したりする人もいる。……しかし、その数およびそのために割かれる時間の面から見ると、こういう集団は家族的な身内のつきあいに比べるとはるかに重要性が低い」(Gans 1962, pp. 74, 80)。さらに、弱い紐帯が作られるもっとも一般的な場であるフォーマルな組織と職場は、ウエスト・エンドでは弱い紐帯の供給源になっていなかった。フォーマルな組織の会員になっているものはほとんど皆無であ

り (pp. 104-7)、この地域内で働いているものもほとんどいなかったため、職場で形成された紐帯はコミュニティとは無関連であった (p. 122)。

　しかしながら、地理的な移動の少なさと一生涯続く友人関係によって特徴づけられるコミュニティ (p. 19) では人はあまり多くの人と知り合いにはならないものだと決めつけてしまうわけにもいかないので、弱い紐帯もいくつかは存在していたと考えておこう。問題はそうした紐帯がブリッジであったかどうか、という点である[20]。ブリッジがひとつもないとすると、そのコミュニティはまさに上述のように断片化した状態にあり、クリークは強い紐帯と弱い紐帯の両方を含むということになるだろう。(やはりこれも、強い紐帯と弱い紐帯を「プラス (正)」、紐帯の欠如を「マイナス (負)」とみなして行った、デイビスの「クラスター化可能性」の分析結果とも一致している[Davis 1967])。ウエスト・エンドでは、友人の友人と知り合う以外には弱い紐帯を形成するすべがないことからすると (ただし「友人」には親類も含まれる)、上記のようなパターンが妥当性を持っているように見える。このような場合には、新しく作られた紐帯は当然ながらブリッジではないということになるからである。つまりこれは、コミュニティにブリッジ機能を持つ弱い紐帯が数多く存在するには、弱い紐帯を形成するための多様な方法や場が存在しなければならないことを意味している。ウエスト・エンドでは抵抗するすべもなかった都市再開発計画に対して、反対運動を組織することに成功した労働者階級コミュニティ、チャールズ・タウン (同じくボストン市) の事例は、この点で示唆に富んでいる。ウエスト・エンドとは異なり、チャールズ・タウンの社会生活には組織参加が数多く見られ、ほとんどの男性居住者は地域内で就業していたというのである (Keyes 1969, chap. 4)。

　実際のネットワーク・データがないため、今までの議論はすべて推論の域を出ない。ウエスト・エンドは断片化していたのか、組織化に成功したコミュニティは断片化していなかったのか、そして両者のパターンの違いは弱い紐帯の戦略的役割の違いによるものなのか。これらの疑問に答えるために必要なハード・データは手元にないし、収集したとしても簡単にはいかないだろう。また、どのような文脈であれ、比較可能なかたちでデータが集められたことはない。しかし、単に事後的な分析を行うだけでなく、コミュニティが共通の目標に向

かって行動を起こす能力をどの程度持っているかを予測するための理論的な枠組みは少なくとも提示することができた。こうした調査研究を始めるための大まかな原則は、次のようなものである。すなわち、コミュニティ内に（1人あたりの？）局所ブリッジの数が多いほど、そしてその次数が大きいほど、そのコミュニティは凝集的であり、一致して行動を起こす能力が高い。そのような橋渡しをする紐帯の発生源や性質（強さや内容など）を研究すれば、コミュニティの社会動態に関する深い洞察を得られることだろう。

ミクロとマクロのネットワーク・モデル

　たいていの対人関係ネットワーク・モデルとは異なり、本稿で提示したネットワーク・モデルは、対面的関係に基づく小集団や機関・組織内部に限定された集団に適用することを主たる目的としてはいない。むしろ本稿は、そうした小規模なレベルが相互にどのようにつながっているか、またそのつながりが、曖昧模糊とした大規模なレベルとどのようにつながっているかを理解することを企図している。強い紐帯ではなく、弱い紐帯に着目してきたのはこのためである。特定の集団内部に集中する傾向にある強い紐帯よりも、弱い紐帯の方が異なる小集団の成員同士を連結する可能性が高いからである。

　したがって、私の議論は小集団の内部構造を解明しているわけではない。本稿のモデルを、多くの類似点をもつジェームズ・デイビスとポール・ホランドとサミュエル・レインハルト（James Davis, Paul Holland, and Samuel Leinhardt）のモデル（以後、DHLモデルと呼ぶ）と対比するとさらにこの点が明確になる（Davis 1970; Davis and Leinhardt 1971; Holland and Leinhardt 1970,1971a, 1971b; Davis, Holland and Leinhardt 1971; Leinhardt 1972）。ジョージ・ホーマンズ（George Homans）の『ヒューマン・グループ（*The Human Group*）』（1950）に出てくるいくつかの命題から着想を得たこの3人の著者たちは、「構造的ソシオメトリーにおける中心命題は、対人関係における選択は推移的な（transitive）傾向を持つ。つまり、仮にPさんがOさんを選び、OさんがXさんを選ぶと、PさんはXさんを選ぶ確率が高いというものである」と論じる（Davis et al. 1971, p. 309）。これが例外なく真ならば、ひとつのソシオグラムは、すべての個人がすべての他者を選んでいる状態にあるクリークのいくつかに分割で

きることになる。非対称的な選択が生じたり、選択が生じなかったりするのは、複数のクリーク間に限られる。非対称的な選択が存在するような場合、それは複数クリーク間で一方向的に生じる。そのため、クリーク間の序列を部分的に推定することもできる。相互選択が地位の対等性を意味し、非対称的選択が地位の不均衡を意味するならば、この序列は集団の階層構造を表していることになる (Holland and Leinhardt 1971a, pp. 107-14)。

　このモデルと私のモデルが明らかに違う点のひとつは、このモデルでは紐帯ではなく「選択」に目を向けていることである。ほとんどのソシオメトリー・テストでは、人々に自分が実際に一緒に時間を過ごす人よりも、自分が一番好きな人、あるいは何かを一緒にしたい人について尋ねている。推移性 (transitivity) というものは社会構造よりもむしろ認知構造のなかで作られやすいのであるとすれば、このような方法を採ると、推移性を実際以上に頻繁に起こる現象だとみなしてしまう可能性がある。しかし、紐帯に着目する観点からDHLモデルを見直すことは可能なので、この点が決定的な違いだとは言えない。

　さらに重要な相違点は、私の議論を推移性に応用する点にある。PさんがOさんを選び、OさんがXさんを選ぶとしよう（あるいは同様に、XさんがOさんを選び、OさんがPさんを選ぶとしよう）。そのとき推移性が起こる可能性、すなわちPさんがXさんを（あるいはXさんがPさんを）選ぶ可能性は、P―OおよびO―Xという二つの紐帯が、両方とも強い紐帯である場合にもっとも大きく、両方とも弱い紐帯である場合にもっとも小さい。片方が強い紐帯でもう片方が弱い紐帯の場合にはその中間の確率で起こると言えるだろう。つまり推移性は、社会構造の一般的な特性によって引き起こされるというよりも、むしろ紐帯の強さによって引き起こされる、というのが私の主張である。

　この主張の根拠は、部分的には、A―B―Cと名づけた三者関係に関してすでに述べたことと同じである。しかしそれに加えて、DHLモデルは小集団を念頭に置いて作られたものであり、対象となる集団の規模が大きくなればなるほど推移性が生じる論拠が弱まることを指摘しておく必要がある。PさんがOさんを選択し、OさんがXさんを選択するならば、一貫性を保つためにPさんはXさんを選ぶはずだが、PさんがXさんとまったくあるいはほとんど面識が

なければ、選ばなくても矛盾が生じることはない。推移性の論理が当てはまるためには、集団の規模が相当小さくて、集団内の誰もが「選ぶ」かどうかを判断できるくらいにはすべての他者をよく知っており、また判断する必要を感じるほど頻繁に接触している必要がある。私のモデルは、弱い紐帯を含んでいるので推移性が起こる可能性は低くなり、集団間関係のみならず社会構造という曖昧模糊とした巨大な塊状物を分析できるようになる。この社会構造こそは、研究者が関心をもって追い求めても、対面的集団だけに眼を向けていては捉え難いものなのである。そこで最近では、そうした塊状物を「擬似集団（quasi-groups）」と呼ぶ人類学者もいる（Mayer 1966; Boissevain 1968）。

　これまで論じてきたように、ソシオグラムでは弱い紐帯を取り扱うことがめったになかったため、DHL モデルに基づく経験的研究（ソシオメトリーのデータに対して統計的検定を行う）には、推移性に関する私の議論の正否を検討できる証拠はほとんど見られない。しかし、論考に資する分析結果がひとつある。6年生を最年長とした小学生対象のソシオグラムにおいて、年齢が上がるにつれ推移性を前提としたモデルへの適合度が増すことを明らかにしたレインハルト（Leinhardt 1972）の研究がそれである。彼はこの結果を、認知的な発達度の違い、つまり年齢とともに推移性の論理を操る能力が向上することを反映している、と解釈している。しかし、私の推論が正しいならば、次のような代替仮説を立てることができる。すなわち、子どもは年齢が上がるにつれ、より強い紐帯を築くようになる、という解釈である。この解釈は、子どもの発達に関する理論とも整合性があり（とくに Sullivan 1953, chap. 16 参照）、私が展開した議論に基づけば、ネットワーク構造内における推移性の増大をもたらすと考えられる。相互に選択し合う割合は子どもの学年および推移性の程度の両方と正の相関があることを導いたレインハルトの研究知見は、このような説明の妥当性を支持している。これらの研究におけるソシオグラムでは、子どもひとりにつき平均4人の相手が選ばれているだけなので、相互選択された紐帯のほとんどが強い紐帯を表していると思われる（注の7参照）。

結論

　本稿が示そうとした重要なポイントは、個人の私的な経験が、その個人の視

界やコントロールの範囲をはるかに越えて、より大規模な社会構造の諸側面と密接に結びついているという点にある。だとすれば、ミクロレベルとマクロレベルを連結することは、手の届かないぜいたくな望みなどではなく、社会学理論の発展にとって何よりも必要なことである。ミクロとマクロを連結させてみると、パラドクスが立ち現れる。弱い紐帯は、疎外を生み出す元凶とみなされることが多かったが（Wirth 1938）、本稿では、個人が機会を手に入れるうえで、またその個人がコミュニティに統合されるうえで、不可欠のものと見る。一方、強い紐帯は、局所的に凝集した部分を生み出すがゆえに、全体を見渡せば断片化をもたらしていると言えるのである。パラドクスは、あらゆることをあまりにきれいに説明し尽くしてみせる理論の偏った視点を矯正するための格好の手段である。

　本稿で提示されたモデルは、ミクロとマクロのレベルを連結することを目指して踏み出された小さな一歩にすぎないし、ひとつの理論の一部分を示したにすぎない。例えば、紐帯の強さだけを取り上げることは、紐帯の内容に関するほかの重要な論点をことごとく無視してしまうことになる。紐帯の強さと紐帯の専門化の程度は、どう関連しているのか。また、紐帯の強さと階層構造との関連はどうか。〔敵対する個人間にみられるような〕「否定的（negative）」な紐帯をどう扱えばよいのか。紐帯の強さを連続変数として構築していくべきなのか。時間の経過とともに、ネットワーク構造はどのような発達段階をみせるのか。

　こうした問題が解決されても、別の問題が生じることになるだろう。ネットワーク分析を援用しながら、ミクロ－マクロの連結を推し進めるうえでとくに重要と思われる変数をいくつか例示するとすれば、人口学的特性、協力関係構造（coalition structure）、社会移動などが挙げられる。ただし、これらが本稿の議論とどのように関連しているのかについては、さらに詳しく検討する必要がある。そもそも本稿の主要目的は、理論構築と調査研究のための指針を提案して関心を喚起することにあり、したがって本稿が成し遂げたことも、概ね指針の探索段階に留まっている。

【注】

1. この論文は、ハリソン・ホワイト（Harrison White）との議論から生まれたものであり、彼から多くの教示とアイディアをいただいた。アイヴァン・チェイス（Ivan Chase）、ジェームズ・デイビス（James Davis）、ウイリアム・マイケルソン（William Michelson）、ナンシー・リー（Nancy Lee）、ピーター・ロッシ（Peter Rossi）、チャールズ・ティリー（Charles Tilly）および匿名の査読者に原稿を読んで、批判いただいたおかげで本稿は大いに改善された。
2. この論文で論じられる紐帯は、肯定的で、対称的なものであると仮定している。包括的な理論を構築しようとすれば、否定的な紐帯や非対称的な紐帯についても論じる必要があるが、ここでの探索的な議論にとってはあまりに複雑すぎる。
3. 人類学者のなかには、強い紐帯とは、関係の「多重性（multiplexity）」、すなわち関係に多くの内容が含まれていることを意味すると言うものもいる（Kapferer 1969: p. 213）。状況によってはこれが正確に当てはまる場合もあるが、たった一つの内容しか含まない紐帯やはっきりした内容を持たない紐帯が強い紐帯である場合もある（Simmel 1950, pp. 317-29）。本稿の定義にしたがえば、たいていの多重的な紐帯（multiplex ties）は強い紐帯だということになるが、そうではない可能性も残している。
4. 「存在しない」紐帯には、関係がまったく存在しない場合と、実質的に重要でない紐帯の両者が含まれる。後者の例としては、同じ通りに住む人同士の「会釈を交わす程度の」関係やいつも朝刊を買う売店の人との「紐帯」などを挙げることができる。2人の人間が、互いの名前を「知っている」としても、彼らの相互作用が些細なものであるならば、その関係を「存在しない」紐帯という分類から除外する必要はない。しかしながら、ある種の状況においては（例えば災害時など）、まったく存在しない紐帯とは異なり、「些細な」紐帯が効力を発揮することがある。実際には連続変数（continuous variable）であるものを、説明の便宜上、離散した値（discrete values）に置き換えたことによって、このような紛らわしさが生じている。
5. バーンズ（Barnes）の用語で言えば、これは両者がそれぞれに持っている第一次星型結合（primary stars）が連結した状態である（Barnes 1969, p. 58）。
6. ラパポート（Rapoport）らのモデルと実験は、本稿に大きな刺激を与えてくれた。1954年に彼は、「任意に選択された2人の個人の接触相手よりも、親しい知り合いである2人の個人の接触相手の方が、相互に重なり合う傾向が高いという常識的事実」について論じている（p. 75）。彼とホーヴァス（Horvath）の1961年の仮説は、さらに私の仮説に近い。それは、「友人関係の絆も、知人圏が相互に重なりやすいという傾向も、どちらも相手との関係性のランクが下がるにつれて弱まると考えられる」（p. 290）（つまり、いちばん親しい友人、2番目に親しい友人、3番目に親しい……とランクが下がるにつれてという意味）というものである。しかしながら、彼らの仮説の展開の仕方は、実質的にも、数学的にも、私の場合とはまったく異なる（Rapoport and Horvath 1961）。
7. このような仮定は、デイビスのモデルのひとつにおいて示唆されていたが（Davis 1970, p. 846）、マズール（Mazur 1971）によってさらに明確化された。しかしながら、

これは必ずしもわかりやすくはない。自由選択式ソシオメトリー・テストや多選択肢型固定選択式ソシオメトリー・テストにおいては、ほとんどの強い紐帯はおそらく相互に選択されるが、弱い紐帯のなかにも相互選択されるものがあるだろう。選択肢の数が少数に固定されている場合、ほとんどの相互選択は強い紐帯であるはずである。しかし、強い紐帯のなかには非対称になってしまうものもあるだろう。ソシオメトリー法の手続きによって生じる偏りについての一般的な議論は、ホランドとレインハルト（Holland and Leinhardt 1971b）を参照してほしい。

8 この仮説は説得力のあるものに思われるが、決して自明ではない。驚くべきことに、これを支持または棄却するような経験的な証拠はほとんどない。

9 さらに包括的な議論をするには、一群の弱い紐帯が全体としてどの程度ブリッジ機能を持つかを検討するのがよいだろう。そのような一般化をしようとすれば、長く複雑な議論を要するので、ここではそれを試みることは避けたい（Harary et al. 1965, pp. 211-16 参照）。

10 ネットワーク内の二者間の「社会的距離（social distance）」は、自分から相手への最短経路に含まれる線〔紐帯〕の数として定義できよう。これはグラフ理論における 2 点間の「距離（distance）」の定義と同じである（Harary et al. 1965, pp. 32-33, 138-41）。普及や流行の理論においてこの数量がどんな役割をもっているかについては、ソロモノフとラパポート（Solomonoff and Rapoport 1951）が論じている。

11 現実のネットワーク内には完全に〔孤立した〕自己充足的な（self-contained）クリークはめったに存在しない。そのため、うわさが広まる力が衰える効果を明記しておかないと、相当多数の人々が何度も同じうわさを耳にした後に、結局あらゆる人にそのうわさが伝わることになってしまう。そのうえで、弱い紐帯を使うか、強い紐帯を使うかがどんな効果の違いを生むのかと言えば、時間単位あたり（つまり伝達1段階ごと）の到達人数の違いである。これを伝達「速力（velocity）」と呼んでもよい。この点は、スコット・フェルド（Scott Feld）の教示による。

12 そのような個人は、組織分析において「リエゾン・パーソン（liaison persons）」と呼ばれることが多い。ただし、本稿で述べる彼らの役割は通常論じられているものとは異なる（その点が取り除かれてしまうとグラフの一部がその他の部分から切り離されてしまうような点を意味する「カット・ポイント（cut point）」というグラフ理論上の概念を参照せよ[Harary 1965]）。一般に、ブリッジはその両端にリエゾン・パーソンを1人ずつ持つが、リエゾン・パーソンが1人存在するだけではブリッジが存在するとは限らない。そこで、局所ブリッジに対応させて、局所リエゾンという概念を作ってもよいかもしれない。もっとミクロな視点に引き寄せて議論しようとすれば、リエゾンの役割についてさらに紙幅を費やさざるをえない。とりあえず、現在の前提のもとでは、ある人が二つのネットワーク・セクターのリエゾンになれるとしたら、その人からネットワーク・セクターの一方あるいは両方へと接続する紐帯のすべてが弱い紐帯である場合に限られる、と指摘するにとどめたい。

13 このパラメータ θ は、そうした重なりを次のような意味で捉える測度である。ランダム・ネット、つまり個人が他者をランダムに選択するネットでは、重なりは 0 である。そして、相互に完全に断絶しているクリークから成るネットでは、重なりは 1

である。しかし、θ がその中間の値をとる場合は、個人間の関係について直感的にわかりやすい解釈を与えてくれず、このパラメータを定義づけている特定の数学的モデルとの関連から解釈できるだけである。したがってこのパラメータは、友人の重なりに関する私の議論に正確に対応しているわけではない。

14 しかし、エゴの友人たちが互いに知っているかどうかが実際に重要な問題であるならば、この測度はおそらくエゴおよびエゴが持っている紐帯をそのネットワークから取り除いた後で算出されるべきである。そうしないために生じる歪みは小さなネットワークではとくに大きくなる。さらに、エゴセントリックでないネットワークにおいて、密度は、ネットワーク内の様々なエゴの友人たちが相互に知人である程度を「平均」値で表すような測度と単純な対応関係にないことにも留意すべきである。また、ここで使われている「密度」を、ラパポートのモデルにおける「軸索密度（axone density）」、すなわちネットワークの各ノード〔点〕から出ている選択数と混同してはいけない。

15 これでは、私の定義に含まれる四つの次元のうちの1番目に該当しているにすぎないのだが、インタビュー調査から得られた補足的で逸話的な情報に基づけば、この研究事例に関する限り、この測度が定義全体を充足していると考えてもおかしくない。私は、調査時点では、紐帯の強さという変数が役に立つとは思いも寄らなかった。

16 報告されているケース数は少ない。これは、全サンプル282人からランダムに抽出されたサブサンプル100人に対して個人インタビューを行った結果を報告しているためである。この個人インタビューでは、より詳しく質問をすることができた。郵送調査サンプルとインタビュー調査サンプルの両方で尋ねた多数の質問項目について、両サンプル間の比較を行ったが、有意な差はほとんどなかった。このことから推測すれば、小規模な〔個人インタビュー〕サンプルに対してだけ尋ねた質問項目についての回答結果は、郵送調査サンプルに対して尋ねたとしてもその結果に大きな違いはなかったと考えられる。

17 私が調査回答者に、現在の職について教えてくれたのは友だちかと尋ねると、「友人じゃない、知り合いだ」と言われることが多かった。このように言われることがあまりに多かったことが、この節を書くきっかけになった。

18 ドナルド・ライト（Donald Light）は、求人情報の転送において弱い紐帯が優勢なのは別の理由によるのではないか、という見解を示したことがある。彼の説にしたがえば、どんな人でも、持っている紐帯の大多数が弱い紐帯なのだから、「ランダム」モデルを前提とする限り、仕事情報が伝達されるほとんどの紐帯は弱い紐帯になるはずである、という。知人ネットワークに関する基礎的データが不足しているので、この反論も決定的とは言えない。しかし、仮にその前提が正しいとしても、動機づけが強いために親しい友人の方が情報伝達において優ると考える余地があるだろう。前提が異なれば、考え出される「ランダム」モデルも異なる。どちらを出発点とすべきかは必ずしもはっきりしない。そうしたモデルのなかでも、情報は相互作用に費やされた時間量に比例して紐帯を伝わりやすくなる、と考えるモデルなどはかなり説得力がある。すべての紐帯を同等とみなしてしまうようなモデルと違って、このモデルからは、強い紐帯の方がはるかに多くの情報が流れるという予測が導かれるだろう。

19 リチャード・ウォルフ (Richard Wolfe) は、この点に注意を喚起してくれた。
20 コミュニティ組織においてブリッジ機能を果たす紐帯(「ホップ–スキップ連結」)に関して、見事にわかりやすい説明をしているジェーン・ジェコブス (Jane Jacobs) の議論を参照されたい (Jacobs 1961, chap. 6)。

【文献】

Barnes, J. A. 1969. "Networks and Political Process." In *Social Networks in Urban Situations,* edited by J. C. Mitchell. Manchester: Manchester University Press. J. A. バーンズ「ネットワークと政治過程」J. クライド・ミッチェル(編)(三雲正博ほか訳)『社会的ネットワーク——アフリカにおける都市の人類学』国文社 1983.
Becker, Marshall. 1970. "Sociometric Location and Innovativeness." *American Sociological Review* 35 (April): 267-82.
Berscheid E., and E. Walster. 1969. *Interpersonal Attraction.* Reading, Mass.: Addison-Wesley.
Boissevain, J. 1968. "The Place of Non-Groups in the Social Sciences." *Man* 3 (December): 542-56.
Bott, Elizabeth. 1957. *Family and Social Network.* London: Tavistock.
Bramel, D. 1969. "Interpersonal Attraction, Hostility and Perception." In *Experimental Social Psychology,* edited by Judson Mills. New York: Macmillan.
Brown, David. 1967. *The Mobile Professors.* Washington, D.C.: American Council on Education.
Brown, Roger. 1965. *Social Psychology.* New York: Free Press.
Coleman, J. S. 1960. "The Mathematical Study of Small Groups." In *Mathematical Thinking in the Measurement of Behavior,* edited by H. Solomon. Glencoe: Free Press.
Coleman, J. S. , E. Katz, and H. Menzel. 1966. *Medical Innovation*: A Diffusion Study. Indianapolis: Bobbs-Merrill.
Dahl, Robert. 1961. *Who Governs?* New Haven, Conn.: Yale University Press.: ロバート・ダール(河村望・高橋和宏監訳)『統治するのはだれか——アメリカの一都市における民主主義と権力』行人社 1988.
Davies, J. C. 1966. *Neighborhood Groups and Urban Renewal.* New York: Columbia University Press.
Davis, James A. 1963. "Structural Balance, Mechanical Solidarity and Interpersonal Relations." *American Journal of Sociology* 68 (January): 444-62.
——. 1967. "Clustering and Structural Balance in Graphs." *Human Relations* 20 (May): 181-87.
——. 1969. "Social Structures and Cognitive Structures." In R. P. Abelson et al.,

Theories of Cognitive Consistency. Chicago: Rand McNally.

―. 1970. "Clustering and Hierarchy in Interpersonal Relations." *American Sociological Review* 35 (October): 843-52.

Davis, James A., P. Holland, and S. Leinhardt. 1971. "Comment." *American Sociological Review* 36 (April): 309-11.

Davis James A., and S. Leinhardt. 1971. "The Structure of Positive Interpersonal Relation in Small Groups." In *Sociological Theories in Progress*. Vol. 2, edited by J. Berger, M. Zelditch, and B. Anderson. Boston: Houghton-Mifflin.

Epstein, A. 1969. "The Network and Urban Social Organization." In *Social Networks in Urban Situations,* edited by J. C. Mitchell. Manchester: Manchester University Press. A. L. エプシュタイン「ネットワークと都市の社会組織」J. クライド・ミッチェル（編）（三雲正博ほか訳）『社会的ネットワーク――アフリカにおける都市の人類学』国文社 1983.

Frankenberg, R. 1965. *Communities in Britain*. Baltimore: Penguin.

Gans, Herbert. 1962. *The Urban Villagers*. New York: Free Press. ハーバート・ガンズ（松本康訳）『都市の村人たち――イタリア系アメリカ人の階級文化と都市再開発』ハーベスト社 2006.

Granovetter, M. S. 1970. "Changing Jobs: Channels of Mobility Information in a Suburban Community." Doctoral dissertation, Harvard University.

Harary, F. 1965. "Graph Theory and Group Structure." In *Readings in Mathematical Psychology*. Vol. 2, edited by R. Luce, R. Bush, and E. Galanter. New York: Wiley.

Harary, F., R. Norman, and D. Cartwright. 1965. *Structural Models*. New York: Wiley.

Heider, F. 1958. *The Psychology of Interpersonal Relations*. New York: Wiley. フリッツ・ハイダー（大橋正夫訳）『対人関係の心理学』誠信書房 1978.

Holland, Paul, and S. Leinhardt. 1970. "Detecting Structure in Sociometric Data." *American Journal of Sociology* 76 (November): 492-513.

―. 1971*a*. "Transitivity in Structural Models of Small Groups." *Comparative Group Studies* 2: 107-24.

―. 1971*b*. "Masking: The Structural Implications of Measurement Error in Sociometry." Mimeographed. Pittsburgh: Carnegie-Mellon University.

Homans, George. 1950. *The Human Group*. New York: Harcourt, Brace & World. ジョージ・ホーマンズ（馬場明男・早川浩一訳）『ヒューマン・グループ』誠信書房 1983.

Jacobs, Jane. 1961. *The Death and Life of Great American Cities*. New York: Random House. ジェーン・ジェコブス（黒川紀章訳）『アメリカ大都市の死と生』鹿島出版会 1977.

Kapferer, B. 1969. "Norms and the Manipulation of Relationships in a Work Context." In *Social Networks in Urban Situations*, edited by J. C. Mitchell.

Manchester: Manchester University Press.　B. カップフェラー「労働状況における規範及び関係性の操作」J. クライド・ミッチェル（編）（三雲正博ほか訳）『社会的ネットワーク——アフリカにおける都市の人類学』国文社　1983.

Katz, E., and P. Lazarsfeld. 1955. *Personal Influence*. New York: Free Press.　E. カッツ & P. ラザースフェルド（竹内郁郎訳）『パーソナル・インフルエンス——オピニオン・リーダーと人びとの意志決定』培風館　1965.

Kerckhoff, A., and K. Back. 1968. *The June Bug: A Study of Hysterical Contagion*. New York: Appleton-Century-Crofts.

Kerckhoff, A., K. Back, and N. Miller. 1965. "Sociometric Patterns in Hysterical Contagion." *Sociometry* 28 (March): 2-15.

Keyes, L. C. 1969. *The Rehabilitation Planning Game*. Cambridge, Mass.: M.I.T. Press.

Korte, Charles. 1967. "Small-World Study (Los Angeles): Data Analysis." Mimeographed. Poughkeepsie, N.Y.; Vassar College.

Korte, Charles, and Stanley Milgram. 1970. "Acquaintance Networks between Racial Groups." *Journal of Personality and Social Psychology* 15 (June): 101-8.

Laumann, Edward. 1968. "Interlocking and Radial Friendship Networks: A Cross-sectional Analysis." Mimeographed. Ann Arbor: University of Michigan.

Laumann, Edward, and H. Schuman. 1967. "Open and Closed Structures." Paper prepared for the 1967 ASA meeting. Mimeographed.

Leinhardt, Samuel. 1972. "Developmental Change in the Sentiment Structure of Childrens' Groups." *American Sociological Review* 37 (April): 202-12.

Mayer, Adrian. 1966. "The Significance of Quasi-Groups in the Study of Complex Societies." In *The Social Anthropology of Complex Societies*, edited by M. Banton. New York: Praeger.

Mayer, Phillip. 1961. *Townsmen or Tribesmen?* Capetown: Oxford.

Mazur, B. 1971. "Comment." *American Sociological Review* 36 (April): 308-9.

Milgram, Stanley. 1967. "The Small-World Problem." *Psychology Today* 1 (May): 62-67.　スタンレー・ミルグラム（野沢慎司・大岡栄美訳）「小さな世界問題」（本書3章）.

Mitchell, J. Clyde. 1969. *Social Networks in Urban Situations*. Manchester: Manchester University Press.　J. クライド・ミッチェル（編）（三雲正博ほか訳）『社会的ネットワーク——アフリカにおける都市の人類学』国文社　1983.

Newcomb, T. M. 1961. The *Acquaintance Process*. New York: Holt, Rinehart & Winston.

Parnes, Herbert. 1954. *Research on Labor Mobility*. New York: Social Science Research Concil.

Precker, Joseph. 1952. "Similarity of Valuings as a Factor in Selection of Peers and Near-Authority Figures." *Journal of Abnormal and Social Psychology* 47, suppl. (April): 406-14.

Rapoport, Anatol. 1953*a*. "Spread of Information through a Population with Socio-Structural Bias. I. Assumption of Transitivity." *Bulletin of Mathematical Biophysics* 15 (December): 523-33.

———. 1953*b*. Spread of Information through a Population with Socio-Structural Bias. II. Various Models with Partial Transitivity." *Bulletin of Mathematical Biophysics* 15 (December): 535-46.

———. 1954. "Spread of Information through a Population with Socio-Structural Bias. III. Suggested Experimental Procedures." *Bulletin of Mathematical Biophysics* 16 (March): 75-81.

———. 1963. "Mathematical Models of Social Interaction." In *Handbook of Mathematical Psychology*. Vol. 2, edited by R. Luce, R. Bush, and E. Galanter. New York: Wiley.

Rapoport, A., and W. Horvath. 1961. "A Study of a Large Sociogram." *Behavioral Science* 6: 279-91.

Rogers, Everett. 1962. *Diffusion of Innovations*, New York: Free Press. E. M. ロジャーズ（青池慎一・宇野善康監訳）『イノベーション普及学』産能大学出版部 1990.

Shapero, Albert, Richard Howell, and James Tombaugh. 1965. *The Structure and Dynamics of the Defense R & D Industry*. Menlo Park, Calif.: Stanford Research Institute.

Simmel, Georg. 1950. *The Sociology of Georg Simmel*. New York: Free Press. ゲオルク・ジンメル（居安正訳）『社会学——社会化の諸形式についての研究』白水社 1994.

Solomonoff, Ray, and A. Rapoport. 1951. "Connectivity of Random Nets." *Bulletin of Mathematical Biophysics* 13 (June): 107-17.

Sullivan, Harry Stack. 1953. *The Interpersonal Theory of Psychiatry*. New York: Norton. ハリー・スタック・サリヴァン（中井久夫ほか訳）『精神医学は対人関係論である』みすず書房 1990.

Tilly, Charles. 1969. "Community: City: Urbanization." Mimeographed. Ann Arbor: University of Michigan.

Travers, Jeffrey, and S. Milgram. 1969. "An Experimental Study of the 'Small-World' Problem." *Sociometry* 32 (December): 425-43.

Wirth, Louis. 1938. "Urbanism as a Way of Life." *American Journal of Sociology* 44 (July): 1-24. ルイス・ワース（高橋勇悦訳）「生活様式としてのアーバニズム」鈴木広（編）『都市化の社会学［増補］』誠信書房 1978.

◆著者紹介・文献解題

マーク・グラノヴェター（Mark S. Granovetter）

　著者のマーク・グラノヴェターは、当時ネットワーク分析の中心であったハーバード大学で1970年に博士号を取得した。この「弱い紐帯の強さ」論文が *American Journal of Sociology* 誌に発表されたのはそのわずか3年後である。現在はスタンフォード大学社会学科の教授である（経歴と業績の詳細は彼のウェブサイト http://www.stanford.edu/dept/soc/people/faculty/granovetter/granovet.html を参照）。

　実際、ネットワーク分析という言葉は知らなくとも、「弱い紐帯」の有効性について耳にしたことがあるという人は少なくないだろう。今やこの論文が提示した理論は、それぐらい社会一般に受け入れられつつある。ところがこの論文は、グラノヴェターが大学院生であった1969年に *American Sociological Review* 誌に投稿された際には不採用であったという。現在の広範な影響力を考えると、にわかには信じがたい話である。

　この弱い紐帯論文最大の鍵は、私たちを取り巻く社会関係を「強い」紐帯と「弱い」紐帯に分類したところ、そして「推移性」と「局所ブリッジ」いう概念を用いながら、社会統合には弱い紐帯の方が機能的優位性を持つ点を鮮やかに描き出したことにある。まず手始めにグラノヴェターは私たちが取り結ぶ個人と個人の間の二者関係、つまり紐帯の関係性の強さを、「時間量、親密さ、情緒的な強度、相互の助け合い」によって定義する。この定義に従えば、我々が取り結ぶ人間関係のうち、頻繁に時間を共有し、親しみを感じる親友や家族が強い紐帯であり、ごくたまにしか顔をあわせない関係性の薄い知人が弱い紐帯という訳だ。

　次に彼は強い紐帯のもつ「推移性」に着目する。推移性とはABCという3者から構成される関係で、「AとBが親しい友人（強い紐帯）で、AとCも親しい友人同士（強い紐帯）ならば、BとC

は思考、行動、価値観が互いに類似し、接触機会も多くなり、親しい友人となる圧力が働く」というものである。すなわち、AB、ACが強い紐帯で結ばれている場合、BCの間にも紐帯が形成される確率がAB、ACの両方あるいは片方が弱い紐帯である場合よりも高くなるという前提である。この性質から導かれるのは、強い紐帯はクリークを形成しやすく、強い紐帯で結合された集団間をつなぐ最短経路である「局所ブリッジ」になれないという命題である。さらにこの命題から、推移性が弱く、局所ブリッジとなる可能性が高い弱い紐帯には、①ネットワークの拡散、②下位集団間の結合、③転職情報収集などの実質的機能において有効性があると論証する。その結果、集団内の連帯感や凝集性を高める点で優位な強い紐帯に対し、分化した社会の統合においては弱い紐帯が大きな役割を果たすとの結論を鮮やかに導き出した。

　ともすると我々は現代社会の人間関係の希薄化を悲観して、緊密で顔の見えるつきあいが成立していた伝統的共同体に対する郷愁を感じる傾向がある。しかしグラノヴェターは、むしろ人と人との弱いつながり、つまり弱い紐帯こそが、社会解体（アノミー）ではなく、全体的な社会統合をもたらすと主張した。つまりこの論文は弱い紐帯の機能的な「強さ」を描き出し、これまでの社会学の通念をひっくり返す逆転的な発想を鮮烈に提示したのである。

　論文公刊から30年余を経た現在、この理論のもつ着眼のユニークさに刺激され、様々な分野で「弱い紐帯の強さ」仮説の検証が進んだ。この展開を追う上では、まずグラノヴェター自身が論文発表後約8年間の研究展開を振り返った再訪論文（Granovetter 1982）が参考になる。オリジナル論文とあわせて是非読んでほしい論文である。

　この論文では、1973年の論文発表以降に行われた新たな実証研究の知見に基づき、彼自身いくつかの論点を付け加えている。特に重要なのは強い紐帯と弱い紐帯の間の役割分業についての視点である。彼はオリジナル論文が弱い紐帯の強みを強調するためバランスを欠いていたと考えた。そこで、この再訪論文では弱い紐帯、強い紐帯両者の役割を整理した。確かに弱い紐帯は、自分自身の社会圏では

手に入らない情報や資源にアクセスする上で機能的に有利である。また社会集団の境界を越えた「情報」伝達にも弱い紐帯が優位である。しかし強い紐帯には弱い紐帯よりも容易にアクセスでき、援助を提供するより強い動機づけに支えられているという特徴がある。このため失業中や貧困層の場合の職探しやソーシャル・サポートの提供などには強い紐帯が「強さ」を発揮する。また意思決定への「影響力」についても強い紐帯が機能的に優位であることを示した。またミクロとマクロの統合についても、弱い紐帯が集団間の一時的な情報伝達を可能にしてマクロな統合を支える反面、凝集的な一群の強い紐帯が集団内の定期的な情報伝達を可能にしてミクロな統合を支えるという考えを示した。再訪論文は、これらの分業を理解した上で、私たちの生活の中で橋渡し機能を持つ弱い紐帯がどのように形成され、どのような状況で圧倒的に有利に働くのかを明確化することを今後の課題として投げかけている。

　弱い紐帯の強さに着目したネットワーク分析の応用可能性は、情報伝達、職業移動の機会、コミュニティの組織化と多岐に渡る。グラノヴェター自身はその中でも、職探しにおける弱い紐帯の効果に着目している。彼自身による実証研究としては Granovetter (1995［初版1974］=1998) があるが、これも「弱い紐帯の強さ」論文のエッセンスをより深く理解するうえで最適のガイドになろう。また日本の労働市場における弱い紐帯の機能性を検証し、日本ではむしろ「強い紐帯」が転職に効果を及ぼすことを発見した渡辺 (1991) や渡辺 (1999) も併せて読むことを薦めたい。文化環境の違いが社会関係の機能性にもたらす影響を比較検討することができるはずだ。弱い紐帯を巡る議論が孕む「紐帯の弱さの多義性」、「推移性に対する過度の強調」、「数の優勢」などの問題点については鹿又 (1991) が参考になるだろう。

　ところで最近ではインターネットの普及に伴う、ヴァーチャル空間で形成される社会関係の拡大との関連で、弱い紐帯理論に注目が集まっている。電子メールや電子掲示板などのオンライン・コミュニティへの参加は、橋渡し機能を持つ弱い紐帯の形成、維持、活性化にどの程度役立っているのか。ネット上で形成された開放的で弱

いつながりの人間関係は「社会関係資本」として、オンラインを超えた日常空間（個人の健康、消費者行動、市民参加など）にどのような効用をもたらすのか。IT時代の「弱い紐帯の強さ」を検証する新たな研究展開が見られる（Joinson, 2002 = 2004：宮田2005）。グラノヴェター自身の関心は、その後も経済行動における社会的ネットワークの構造的影響に焦点が絞られている。しかし弱い紐帯が喚起する知的好奇心はこの理論のさらなる精緻化を進め、理論の応用可能性は今後も社会心理学、社会学、経済学、組織論などの多様な分野に広がり続けるだろう。

（大岡栄美）

【参考文献】

Granovetter, Mark, 1982, "The Strength of Weak Ties: A Network Theory Revisited," Marsden, Peter and Lin, Nan, *Social Structure and Network Analysis*, Sage, 105-130.

Granovetter, Mark, 1995 [1974], *Getting a Job*, 2nd edition, University of Chicago Press.［グラノヴェター, M.（渡辺深訳）, 1998,『転職──ネットワークとキャリアの研究』ミネルヴァ書房.］

渡辺深, 1991,「転職──転職結果に及ぼすネットワークの効果」『社会学評論』42 (1): 2-16.

────, 1999,『「転職」のすすめ』講談社現代新書.

鹿又伸夫, 1991,「弱い紐帯の強さ──社会関係のネットワーク」小林淳一・木村邦博編『考える社会学』ミネルヴァ書房.

Joinson, Adam N., 2002, *Understanding the Psychology of Internet Behaviour: Virtual Worlds, Real Lives*, Palgrave Macmillan.［ジョインソン, A.N.（三浦麻子訳）, 2004,『インターネットにおける行動と心理──バーチャルと現実のはざまで』北大路書房.］

宮田加久子, 2005,『きずなをつなぐメディア──ネット時代の社会関係資本』NTT出版.

第5章　コミュニティ問題
——イースト・ヨーク住民の親密なネットワーク[1]

バリー・ウェルマン
(野沢慎司・立山徳子訳)

Wellman, Barry. (1979). "The Community Question: The Intimate Networks of East Yorkers." *American Journal of Sociology*, 84: 1201-31.

　コミュニティ問題（the Community Question）は、社会学の多くの領域に関わる論点を設定する。大規模な社会システム上の分業が、第一次的紐帯（primary ties）ひとつひとつの性質や全体の組織のされ方にどのような影響を与えているのか、という問いがそれである。コミュニティ問題への有効な接近方法として、ネットワーク分析を提案する。ネットワーク分析は、リンケージ（linkages）に焦点をあてるため、連帯的な集団や一定地区内だけを分析の対象にするという先験的な前提を回避できるからである。そして、この問いをめぐる三つの学説、すなわちコミュニティ喪失論、コミュニティ存続論、コミュニティ解放論を検討する。さらに、トロントのイースト・ヨークに住む成人845人の「親密な（intimate）」ネットワークが、どのような構造を持ち、どのように使われているかを調査したデータを提示する。親密なネットワークは、広く存在している。それは、親族（kin）と非親族（nonkin）の双方を含む、非地域的な（nonlocal）ネットワークであり、非対称的な（asymmetric）紐帯を含む、まばらな密度（sparse density）のネットワークであることがわかった。緊急時と日常時の問題対処に関わる援助は、ほとんどの親密なネットワークから入手可能であるが、ネットワークのなかの一部の紐帯のみがそれを提供している。この調査データは、存続論の一部を支持してはいるものの、全体的には解放論を支持する結果となった。

ネットワークとしてのコミュニティ

　コミュニティ問題（the Community Question）は、社会学の多くの領域に関わる論点を設定する。大規模な社会システム上の分業は、第一次的紐帯ひとつひとつの性質や全体の組織のされ方にどのような影響を与えるのか、という問いがそれである。この問いは、巨視的分析と微視的分析との間をつなぐ肝要な社会学的結び目をなしている。そして、社会システムの構造的統合とそのメンバーが稀少な資源にアクセスするための人間関係的手段に関する問題を提起している。

　社会学者たちは、コミュニティ問題を考察する際、近隣、親族集団、利益関心集団、職場などにみられる様々な第一次的紐帯に対して、産業化や官僚制化がどのような影響を及ぼすかを評価することに並々ならぬ関心を寄せてきた。こうした関心がとりわけ強かったのが都市社会学者たちである。テンニエース（Tönnies [1887] 1955）からフィッシャー（Fischer 1977）に至る社会学者たちは、産業化した官僚制的な社会システムが共同的な（communal）関係構造に与える効果を研究してきたが、とくに以下のような点に注目してきた。(a)国家事業の規模が拡大したため、それに付随して地域コミュニティの自律性と連帯性が低下したこと（Tilly 1973, 1975 など）、(b)手段的機能のみに限定された生産と再生産の官僚制的な諸機構が発達したこと（Castels 1976 参照）、(c)都市が大規模化すると、人口量およびその人口が組織化される可能性も拡大し、多様な利益関心集団を生み出すこと、(d)社会を構成する人口の諸部分において、（空間的密度が低い場合でさえも）そこに含まれる人々同士の社会的な相互作用密度が高くなっているので、組織的・生態学的な意味で人々はますます複雑にグループ分けされていること[2]、(e)移動性の上昇という条件のもとで、都市住民の接触相手が多様になったこと、(f)安価で効率的な交通網の普及にともなって、接触を維持することがきわめて容易になり、遠距離の接触維持が可能になったこと（Meier 1968 参照）、などである。要するに、交流の高速化は相互作用の密度を上昇させる。大都市に気軽に出かけられるようになり、中央集権化された統制はより効果的なものになり、多様なネットワークへの連結を維持することがこれまでよりも容易になっている。

　しかし残念ながら、コミュニティを分析する多くの研究において、コミュニ

ティ問題の基本となる構造的な関心が、二つの別の社会学的関心と混同されてきた。第1に、長年にわたって社会学における最大の関心が規範的な統合や合意という点にあったことを反映して、連帯感が維持される条件にばかり眼を奪われてしまった。そして第2に、都市社会学がとくに空間的配置に関心を寄せてきたことを反映して、第一次的紐帯は地域内にあるものとみなす考え方に囚われてきたのである。

　このような混同のために、そもそも構造的な問いであったはずのコミュニティ問題がしばしば地域的な連帯の探究へとすり替えられてしまい、現に機能している様々な第一次的紐帯が、どの地域にあるか、どれほど連帯的であるかにかかわらず探索されることもなかった。（私に言わせれば、社会学者が関心をもつべきなのは、社会構造および社会的リンケージの分析なのであって、社会的な感情や空間的配置の問題は重要ではあっても二次的な関心であるべきなのだ。）これまでの分析は、はじめに〔行政区域など〕外的な基準によって地域の境界線を引いてしまい、次にこうした境界線内に共同的な相互作用と感情がどの程度存在するかを探索する調査へと進むことが多かった。このようにして、先験的に、都市居住者の第一次的紐帯の大部分が地域を基盤にして作られたものであると仮定してしまうわけである。このような空間領域的な視角は、境界づけられた人口の内部にのみコミュニティ問題の解答を求めようとする視点であり、価値の共有という点でコミュニティの連帯をどう評価できるかにとくに神経を尖らせてきた（Friedmann 1974; Howard 1974 の議論を参照）。したがって、地域を基盤とした連帯的な行動や感情がほとんど観察されない場合には、「コミュニティ」は衰退しているのだと安易に想定されてきたのである。頻繁な居住地移動および空間的に分散したネットワークや活動に特徴づけられた現代の環境においては、このように想定されたコミュニティの喪失はいたるところでみられるものとなった。

　都市居住者の生活における人間関係的側面を概念的に把握する場合、隔絶した連帯的集団への所属という視点から見るのと、相互に連結してできあがっている複合的ネットワーク構造の中心に位置する結節点（node）という視点から見るのとでは、導かれる分析関心がまったく異なってくる。それゆえ、私はネットワーク分析的な視角からコミュニティ問題を検討することを提案したい。

ネットワーク的視角の利点は、地域的なものであれ親族的なものであれ、そもそも連帯性を前提にせず、存続する連帯感を見つけ出して論じようとしているわけではない点にある。ネットワーク論の視点は、個人を単位とした調査が内在させている社会心理学的な説明図式、すなわち個人に内面化された態度が社会関係を規定するという考え方をできるだけ避けようとする。

　そのかわりに、社会的ネットワーク分析は、関係の構造を析出し、そこでやり取りされる活動を明らかにしようとする。ネットワーク論的視角は、連帯にではなくリンケージに直接眼を向けることによって、コミュニティ問題が提起した構造に関する基本的論点に直接照準することを可能にする[3]。こうしたアプローチを使えば、コミュニティ研究を規範と空間への偏愛傾向から自由にしてやることができるだろう。

　この論文では、トロントのイースト・ヨークにおける親しい紐帯（close ties）（「親密な（intimate）」紐帯）に関する調査データを使って、都市社会学におけるコミュニティ問題に関する論争をめぐって、社会的ネットワーク分析の結果を提示してみたい。まず、コミュニティ問題に関してこれまでに提案された三つの学説をネットワーク分析の視角から振り返ってみよう。それら三つの学説とは、コミュニティはいまや「喪失」されたという主張、いまでも「存続」しているという主張、いまでは「解放」されているという主張である（これらの学説については Wellman and Leighton 1979 で詳細に論じている）。そして次に、データに照らしてこれら三つの学説を検討する。最後に、こうした研究史の整理と調査知見がコミュニティ問題の分析にとってどのような意義をもつか、少し大きな視点から論じてみたい。

コミュニティの喪失・存続・解放

コミュニティ喪失論（Community Lost）

　喪失論は、コミュニティ問題に対する都市社会学の最初の応答であり（例えば Tonnies [1887] 1955）、今なお現代の論争において強い影響力をもっている[4]。この学説では、様々な都市的現象を、産業化した官僚制社会の特徴が具体的・集約的に現れたものと考えている。そして喪失論は、こうした社会における分

業体制がコミュニティの連帯を衰弱させてきたと主張する。都市における第一次的関係は、いまや「非人格的で、一時的で、断片的なもの」になってしまったというのだ（Wirth 1938, p.12）。都市居住者は、ひとつの連帯的なコミュニティにどっぷりと取り込まれているのではなくて、まばらに編まれ、ゆるやかに境界づけられた多数の社会的ネットワークに限定的に帰属しているとみられている。このように狭く意味づけされたばらばらの弱い紐帯は、困った事態が生じた場合に頼りにされたり、役に立ったりすることはめったにない。したがって、都市に住む人々は、二次的な（secondary）所属関係の網の目によって都市に結びつけられていることになる。

　ジェファソンの反都市主義に始まり、進歩的改革主義（Woodsworth [1911] 1972 など）や「シカゴ学派」都市社会学（Park 1925a; Wirth 1938 など）を経て、最近の学者（Nisbet 1969 など）やポピュラー・カルチャー（例えば、映画『狼よ さらば（*Death Wish*）』[1974]）が「大衆社会（mass society）」を嘆く傾向に至るまで、喪失論は北米思想史のなかに重要な位置を占めてきた。喪失論は、コミュニティの連帯が弱まると社会解体的な結果をもたらす点を強調するのだが、このような説は集合行為、犯罪、移民、貧困、郊外など多様な研究領域でも繰り返し主張されてきた（Valentine 1968; Feagin 1973; Mostacci 1976 の批判的検討を参照）[5]。

　喪失論は、官僚制化した産業社会における分業と第一次的紐帯の構造との関係がどのようなものになりえるかという問題への関心を先鋭化することには成功した。しかし喪失論は、人間関係が密に編まれた自己充足的な（self-contained）連帯のなかでのみ、第一次的な強い紐帯が自然発生する、という考え方を前提としてしまったために、産業化した官僚制の社会システムにおいても、第一次的紐帯は必ずしも衰微せず、その構造が変形しただけかもしれない、という疑問を不当に無視してしまった。

コミュニティ存続論（Community Saved）

　多くの都市研究者は、喪失論が都市の解体的側面を強調してばかりいるので嫌気がさしていた。その結果として、過去30年間にわたって次のような存続論の論点が形成されてきた。すなわち、近隣や親族の連帯は産業的・官僚制的社

会システムにおいても依然として力強く繁茂しているという主張である。こうした共同的連帯がなぜ存続したかと言えば、それがサポートや交際相手の有効な供給源であり続け、コミュニティもインフォーマルな社会統制を希求しており、さらには生態学的な選別過程によって同質的な居住・職業空間が形成されたためである、と存続論は主張する (Keller 1968; Suttles 1972 参照)。現代の都市的環境が限定的な関わりに基づく多数の社会的ネットワークに帰属する状態を促進すると認めつつも、こうしたネットワークの多くは連帯的側面を発達させる傾向もある、と存続論は論じる。つまり、インフォーマルな関係が発達し、新たにいろいろな側面でのつきあいが生じるにしたがって、単一送信型の紐帯が幅広い関係へと変化することも多い (Craven and Wellman 1973; Pickvance 1975 参照)。また、当初はまばらだったネットワークが、密に編まれた紐帯によって構成された自己充足的なクラスター (cluster) へと次第に姿を変えることも少なくない。そのようなネットワークのメンバーは重要な援助源となることが多く、フォーマルな官僚制機関への仲介をしてくれたり、不慮の事故に対処するのを手助けしてくれたりする (Young and Wilmott 1957; Gans 1962,1967; Liebow 1967; Stack 1974 など)[6]。

　存続論の主張点の多くが依拠しているのは、死亡宣告された都市の第一次的紐帯がまだ生命力を保ち続けていることをまさに経験的に証明するような研究である。都会人は互いにつながりのないばらばらな個人の集合体であると分析してみせただけの喪失論とは対照的に、存続論は共同的な関係構造を広範に記述してきた。喪失論の支持者たちのなかには、共同的な組織の解体は貧困と関連していると断じるものもいた (Valentine による批評[1969]を参照)。しかし、存続論を展開した論者たちは、貧困層や伝統的な社会層、あるいは少数民族など、中央集権化した国家が突きつける諸要求に抗して自らの資源を維持しようとしている人々の間に連帯的なネットワークが存在する証拠を数多く見つけ出してきた (例えば Tilly 1978)。存続論は、そもそも人間というものは群れ集うことが好きで、どのような環境のもとでもコミュニティを組織しようとするのだと考える。1960年代の初め頃までには、「都市の村 (urban village)」を研究したガンズ (Gans 1962)、戦後調査研究によって理論を発展させたグリア (Greer 1962)、多種多様なものが密集する都心の生命力を強調したジェコブス

(Jacobs 1961)などの著作が出版され、存続論は新たな正統派理論となった。

連帯的な紐帯の問題——都市における社会解体を唱えた喪失論の主張は、理論的にも経験的にも反証されたのだが、この反証という仕事を成し遂げたのは、境界づけられた共同的連帯が永続していることを強調する諸研究であった。それらの研究は、喪失論が導いた結論に対して正当な疑義を提示したのではあるが、残念なことに、喪失論の出発点にあった有意義な論点を充分考慮に入れなかった。すなわちそれは、現代社会の分業が第一次的紐帯の構造に強い影響を及ぼしているのではないかという論点である。存続論側の研究者たちは、近隣地区や親族システムや職場において今なお存続している共同的な連帯のみを探し求め、それに眼を向けてきたために、連帯的な紐帯が社会的ネットワーク全体のなかでどのような位置にあるかをうまく評価することができなかったのである[7]。相対的に弱い紐帯、まばらに編まれた紐帯、境界の曖昧な紐帯などは、いずれも存続論的な研究ではあまり取り上げられなかった(Granovetter [1973]の議論を参照)。存続論の分析のなかには外部とのリンケージに強い関心を示すものもあったが、そのようなリンケージは小規模の領域や近隣地区など、境界づけられた共同的基盤から放射状に拡がるものとみなされてきた(Janowitz 1952; Greer 1962; Suttles 1972; Hunter 1975; Warren and Warren 1976; Warren 1978など)。

したがって、基本的に第一次的紐帯の構造とその使われ方を問うコミュニティ問題は、喪失論と存続論のいずれにおいても、連帯感や領域内凝集性の存続に関する問いと混同されてきた。ただし、喪失論が第一次的紐帯の死滅を哀惜するのに対して、存続論はその長命を賛美するわけである。

コミュニティ解放論 (Community Liberated)

解放論は、喪失論と存続論の分析が並存している状況から生まれた。解放論は、第一次的紐帯がいたるところに存在しており、その重要性を失っていないことは認めるが、いまやそうした紐帯のほとんどは、密に編まれ、しっかりと境界づけられた連帯というかたちで組織されることはなくなっていると主張する。この学説の主張を列挙すると次のようになる。(a)住居と職場と親族集団が分離したことによって、都市居住者は連帯的愛着の弱い複数の社会的ネットワ

ークとの関わりを持つようになる。(b)居住地の移動率が高まったために、既存の紐帯が弱まり、新たな強い紐帯の形成が阻害される。(c)安価で効率のよい交通機関やコミュニケーション技術によって、空間的距離がもたらす社会的コストが低減され、分散した第一次的紐帯の維持が容易になった。(d)都市や国家の規模・密度・多様性が大きくなり、相互交流を促進する施設・設備が普及したため、境界が不明確な複数の社会的ネットワークに接する可能性が増大する。(e)第一次的紐帯が空間的に分散しており、都市人口の異質性が高いために、都市居住者同士が密に編まれたネットワークを作ったり、連帯したコミュニティを形成したりする傾向は弱まる。

　解放論が体系的に展開され、検証されるようになったのは、この10年間ほどのことにすぎない[8]。その転換点となったのは、都市居住者の地域コミュニティへの関わりが部分的なものであることに着目し、都市居住者が地域境界を越えて維持している外部リンケージに注目した存続論の研究業績にある（Merton 1957; Kasarda and Janowitz 1974; Taub et al. 1977 も参照）。解放論は、こうした研究をさらに先へ推し進めて、コミュニティ問題を分析する際に地域コミュニティを出発点とすることを放棄し、第一次的紐帯の構造を直接に探究していったのである。

　いまや第一次的紐帯は密に編まれた単一の連帯へと束ねられているのではなく、まばらに編まれ、空間的に分散し、枝分かれした（ramifying）構造をもつようになっている、と解放論は主張する（Kadushin 1966; Shulman 1972,1976; Granovetter 1973; Laumann 1973; Breiger 1974; Shorter 1975; Fischer 1976; Walker 1977 参照）。このような紐帯は、親族であると同時に居住地も職場も同じであるような紐帯に比べると関係の要素（strands）が少ないわけだが、私たちの周囲に数多く存在していて、交際相手やサポートの源泉としても重要である。

　第一次的紐帯は、ゆるやかに相互結合した複数の社会的ネットワークのなかに、分散して存在している場合が多いことを、この学説は示唆している。このようなネットワークは、その特性からして「制度的に完結した（institutionally complete)」(Breton 1964) ものではないし、自己充足的な「都市の村」でもない。しかし、まばらに編まれ、枝分かれした構造のために、産業化した官僚制社会システム上に分化して点在する様々な資源への直接的・間接的なつながり

を広く提供することができる。そのようなまばらに編まれたネットワークを介して資源を手に入れる場合には、連帯したメンバーの場合のような義務感は問題にならない。むしろ、それは特定の二者関係の質や接触維持の容易さの問題になる。そして、ネットワーク内の誰かが別の資源への間接的なつながりを紹介してくれるかどうか、手を貸してくれる別の誰かをネットワーク内で動員できるかどうかが問題である。さらに言えば、それは複数のネットワーク間の結合の問題なのである（Cohen 1969; Lee 1969; Bott 1971; Boissevain 1974; Granovetter 1974; Howard 1974; Walker 1974; Jacobson 1975; Fischer et al. 1977; Wireman 1978 参照）。

答えと問い——解放論のおかげで、コミュニティ問題はそのルーツである地域から自由になることができた。しかしながら、下記のようないくつもの問いが残されている。なぜならば、はじめから連帯を探し求めるべきではないと主張することと、そのような連帯が存在しないと主張することとはまったく別のことだからである。第1に、存続する親族関係と地域システムは、どの程度まで第一次的紐帯を形作っているのだろうか。第2に、遠距離の紐帯を維持するのにコストはかからないと見てよいのか。また、即座に物理的接触が可能な近距離の相手との関係に利点はないのか。第3に、連帯を作り上げる方向へと作用する構造的圧力というものは存在するのだろうか。例えば、友だちの友だち同士が互いに友だちになり、次第に密度が高まったクラスターにおいては、ネットワーク境界を越えた相互作用は少なくなり、境界内部の相互作用が多くなるのだろうか。あるいは、ネットワークのメンバー相互の関係に多くの新たな要素が付加されるということが起こるのだろうか（White 1965 参照）。第4に、高密度で境界の明確な連帯の維持を可能にするような環境というものはあるのだろうか。例えば、物理的移動が少ない場合や物質的資源が稀少である場合、文化が異なる場合などはどうだろうか。そして第5に、連帯感が維持されるためには、密に編まれ、境界が明瞭な、ただひとつの共同的な構造に対して確固たる愛着感を抱いていることが必要なのかどうか。

これらの問いを立てることによって、解放論の価値を下げようとしているのではない。むしろこれらの問いによって明確にしたいのは、コミュニティ問題をネットワーク分析的に設定し直したことで、喪失論や存続論に対する有効な

批判が可能になっただけでなく、今も継続中の問題関心に経験的データによって応えるための新たな構造論的視点が手に入ったということである。

トロントにおけるコミュニティ問題

　ここまでコミュニティ問題をめぐる論争を分析してきたが、このような分析は私たち調査グループがトロントで行った第一次的紐帯に関する調査研究と連動するかたちで進展してきた。この調査は、三つの学説を貫く、いくつもの論点に関わっている。すなわち、産業化した官僚制的な都市社会において、第一次的紐帯はどれくらい一般的な存在なのだろうか。友人関係と比べて、親族関係や近隣関係に基づく連帯はどれくらいの比率を占めているのだろうか。都市住民の第一次関係ネットワークは、どれくらい同質的なのだろうか。どれくらい自己完結的であったり、枝分かれしたりしているのだろうか。また、どれくらい密に編まれているのだろうか。あるいは、これら第一次的紐帯によって結ばれた人々同士の助け合いを促す構造的な条件とは、どのようなものだろうか。喪失論と存続論と解放論は、こうした問いに対してそれぞれまったく異なった答えを用意する。

　さて、このような点を明らかにしようとするトロント調査は、調査票による調査（survey）を基本にし、補足的にフィールドワーク（field work）と焦点を定めたインタビュー（focused interview）を行ったものである。この論文で扱うデータは、1968年にトロントのイースト・ヨーク区（the Toronto borough of East York）に住む（18歳以上の）成人845人を対象として実施した無作為抽出サンプルに対するサーベイ調査から得られたものである。イースト・ヨーク（1971年の人口104,646人）は、上層労働者階級および下層中間階級の英国系カナダ人が住民の大多数を占める、都心近接の郊外住宅地である。住民のほとんどは、小さめの戸建て住宅か高層集合住宅に住んでいる。3人以上の成人を含む世帯はほとんどない（Gilles and Wellman 1968; Wellman 1976 参照）。イースト・ヨークは、トロントでもっとも連帯の強い地域のひとつであると言われている。その点、コミュニティ問題を調査するにはとりわけ興味深い場所である。

　この調査では、対象者に対して自分にとってもっとも親しい人（「あなたのご

家庭以外の方でもっとも親しい（closest）と感じる方」）6人について詳細な情報を教えてほしいと尋ねている。そして、その6人に関して、対象者と親しい順に順位をつけてもらい、性別や社会経済的地位、関係の種別（例えば、母親なのか、近隣の人なのか）、どこに住んでいるか、どれくらい頻繁に（どんな方法で）接触するか、相手との関係から得られる援助の種類は何かなどを尋ねた。こうして得られた小規模で個人中心の親密なネットワーク（egocentric intimate networks）の構造に関する情報は、名前の挙がった親密な相手全体（N = 3,930）のなかで相互に親しい関係にあるのは誰と誰かを対象者に答えてもらうことによって得られた[9]。

　後続の二つの節では、親密な紐帯に関するこの調査から得られた知見を提示することにしよう。この調査データは、親密で強い紐帯に関する数量的な一事例研究という分析上の限界はあるが、コミュニティ問題をめぐる論争に資する情報を提供することはできる。第一次的紐帯の特性を明らかにするための調査は、現在もトロントで継続中である。バリー・レイトン（Barry Leighton）と私は、元のサンプルから小規模なサブサンプルを取り出し、今回は詳細な再インタビュー（in-depth reinterview）を実施している。今後モノグラフを出版予定であるが（Wellman, Shulman, Wayne, and Leighton, in preparation）、そこでは、親密とまでは言えない、もう少し弱い紐帯の特性や第一次的紐帯を活用する際のネットワークの動態、さらには第一次的関係ネットワークの長期的な変化（Crump 1977 も参照）やネットワーク構造と連帯感情との関連など、この論文で扱えなかった論点が補足的に論じられるだろう。

親密性の社会的基盤

関係の基盤

　イーストヨーク住民のほとんど全員（98%）が少なくとも1人の親密な紐帯を持っていると回答しており、さらに過半数の人々（61%）は5人以上の親密な紐帯を持っている。ほとんどの人は、親族と友人のどちらとも親密な紐帯がある。サンプル全体に関して言えば、全ての親密な紐帯のうちの約半数は親族との関係であり、もう半分は親族関係にない個人との関係である。そして、後

表5-1　回答者との関係ごとにみた親密な関係の強さ

関係の強さ（順位）	関係							
	（親族計）	子ども	親	きょうだい	その他の親類	友人	隣人	同僚	合計
1 ………	525	106	153	167	99	226	32	28	811
	(27.1)	(46.7)	(45.0)	(28.2)	(12.7)	(15.3)	(13.1)	(13.0)	(20.9)
2 ………	448	61	94	119	174	279	43	27	797
	(23.1)	(26.9)	(27.6)	(20.1)	(22.3)	(18.9)	(17.6)	(12.5)	(20.6)
3 ………	352	30	38	128	156	298	55	36	741
	(18.2)	(13.2)	(11.2)	(21.6)	(20.0)	(20.2)	(22.4)	(16.7)	(19.1)
4 ………	265	18	28	77	142	280	38	43	626
	(13.7)	(7.9)	(8.2)	(13.0)	(18.2)	(19.0)	(15.5)	(19.9)	(16.2)
5 ………	193	8	20	52	113	227	42	46	508
	(10.0)	(3.5)	(5.9)	(8.8)	(14.5)	(15.4)	(17.1)	(21.3)	(13.1)
6 ………	155	4	7	49	95	166	35	36	392
	(8.0)	(1.8)	(2.1)	(8.3)	(12.2)	(11.2)	(14.3)	(16.7)	(10.1)
N ………	1,938	227	340	592	779	1,476	245	216	3,875
全体中の%	50.0	5.9	8.8	15.3	20.1	38.1	6.3	5.6	100.0
順位の平均値	2.8	2.0	2.1	2.8	3.4	3.3	3.5	3.7	…

注）$\chi^2=441.3$, $P<.001$; gamma＝.27。（　）内の数値はパーセント。欠損データは55。

者のうちの圧倒的多数が、現在は隣人でも同僚でもない「友人」との関係で占められている（表5-1）。

親密さがもっとも強い紐帯（世帯外の親密な相手に対して回答者が相対的にどれくらい強い親しさを感じるかという意味で）は、たいていの場合、近親者（成人した子ども、親、きょうだい）との関係であり、これは伝統的に連帯的紐帯の基盤と考えられているものである。さらに、近隣や同僚が親密な相手とみなされる場合でも、紐帯は比較的弱いものであることが多い（表5-1）。

イースト・ヨーク住民の大半は、親密な関係が、親族か友人いずれかひとつのタイプに特化しているが、別のタイプの親密な紐帯もひとつかふたつ維持している。全体の19%が親族だけを、そして18%が非親族だけを挙げており、少数とは言ってもこれらかなりの割合の人々を「超特化した人々（super-specialists）」と呼ぶことができる。親密な相手のうち親族と非親族とは、親密なネットワークのなかの別々のクラスターに属する傾向があり、互いが親密な紐帯で結ばれることもない。しかしながら、イースト・ヨークに住む回答者にとって親密な人々同士はすべてその回答者を通じて間接的につながっているし、その多くは親密ではないにせよ互いに直接のつながりもあるだろう。

親密な紐帯に複数の基盤（親族関係、友人関係など）があることや、関係タイプの異なる親密な相手相互には直接的な結合がないことは、解放論の主張に一致している（Laumann 1973; Verbrugge 1977; Fischer et al. 1977 参照）。しかし、複数の基盤があるからといって、それらがみな対等であるわけではない。イースト・ヨーク住民のほとんどは、親密な相手のうちの非親族より親族に対して、強い親しさを感じており、彼らの親密な紐帯の大半はひとつのタイプの関係に集中する傾向にある。

親族関係が広く存在しており、重要性を失っていないという点は、存続論の主張と合致する（Litwak 1960; Adams 1968; Klatzky 1971; Gordon 1977 など）。しかし、そうした存続論も、親族システムだけを切り離して分析対象としたために、現代都市の親密なネットワークが複数の基盤を持っている点をきちんと主張することができなかった。私たちのデータは、解放論と存続論が統合されるべきであることを示唆している。すなわち、親密な紐帯が多様であるために多様な資源への接近可能性が高まっている一方、親族との深い関わりのおかげで

表5-2　回答者との関係ごとにみた親密な相手の居住地

居住地	関係						合計
	子ども	親	きょうだい	その他の親類	友人	隣人	同僚	
同じ近隣地域	9 (4.0)	23 (6.8)	25 (4.2)	54 (6.9)	194 (13.1)	182 (74.3)	18 (8.3)	505 (13.0)
イースト・ヨーク内の他の地域	23 (10.1)	35 (10.3)	63 (10.6)	85 (10.9)	211 (14.3)	38 (15.5)	28 (13.0)	483 (12.5)
トロント市内	26 (11.5)	94 (27.6)	130 (22.0)	176 (22.6)	441 (29.9)	10 (4.1)	83 (38.4)	960 (24.8)
トロント大都市圏内の他の地域	108 (47.6)	50 (14.7)	147 (24.8)	227 (29.1)	359 (24.3)	10 (4.1)	71 (32.9)	972 (25.1)
トロント大都市圏以外	61 (26.9)	138 (40.6)	227 (38.3)	237 (30.4)	271 (18.4)	5 (2.0)	16 (7.4)	955 (24.6)
N	227	340	592	779	1476	245	216	3875
全体中の%	5.9	8.8	15.3	20.1	38.1	6.3	5.6	100.0

注：$\chi^2=12030$, $P<.001$；gamma$=-.32$（関係の順番は親族・非親族ごとの親しさ順位平均値による［表5-1参照］）。（　）内の数値はパーセント。

多少なりとも連帯したシステムとの結びつきが維持されているのである。

空間的な拡がり

　親密な相手の居住地分布を見てみると、イースト・ヨーク住民の強い第一次的紐帯は、トロント大都市圏内、さらにはその外側の広大な交流圏の範囲に分布していることがわかる。イースト・ヨーク住民の親密な相手の大多数はトロント大都市圏内に居住しており、ごく少数（13％）の者のみが回答者と同じ近隣地区に居住している（表5-2）。したがって、実質的な交流圏の範囲は近隣地区内ではなくて、むしろ大都市圏内なのである。しかし、親密な相手の4分の1はトロント大都市圏の外側に居住しており、なかにはバンクーバーやニューデリーのような遠方に住んでいるものもいる。

　親密な連結がどれくらいの距離で維持されるかは、紐帯の関係基盤の違いによってはっきりと異なる。遠距離の紐帯は、友人との関係であるよりも親族との関係であることのほうがはるかに多い。親密な親族の34％はトロント大都市圏の外側に居住しており、これは親密な非親族の割合の2倍以上になる（表5－2）。さらに、遠距離の親密な紐帯のなかでもとくに親族との紐帯は、非常に頻度の高い対面的接触や電話のやりとりによって活発に維持されている。

　親密なネットワークの空間的な拡張は、電話の利用によって促進されている。事実、親密な関係にあるもの同士の電話による接触は、対面的な接触よりも頻繁であることが多い（表5-3）。ただし、この二つのコミュニケーション方法は、相互補完的なものであって、代替的なものではない。互いに親密なもの同士が、電話では頻繁に話すのにめったに会わないというのはまれなことである[10]。

　おそらく、顔を合わせて話すことによって得られる多岐にわたるコミュニケーション内容は、日常的に電話で維持されている関係を再確認したり、補強したり、再調整したりするために必要な情報を含んでいるのだろう。電話によるコミュニケーションだけで維持されている親密な紐帯は一例もない。

　遠距離の紐帯━━現代の交通機関や通信機器は、親密な接触を維持するうえでの距離の制約を縮小するけれども、完全になくしてしまうわけではない。イースト・ヨークから遠く離れて住む親密な相手との関係は、電話や対面での接触頻度がはるかに少ないという点で、近距離の関係とは異なる[11]。遠く離れた

表5-3 親密な相手の居住地を統制した二つの接触様式への依存度

接触の様式と頻度	居住の場所				
	同じ近隣地域	イースト・ヨーク内の他の地域	トロント市内	トロント大都市圏内の他の地域	トロント大都市圏以外
対面週1回以上・電話週1回以上	51.9	53.4	43.0	38.8	6.8
対面週1回以上・電話月2回以下	31.5	15.5	13.1	11.6	4.8
対面月2回以下・電話週1回以上	4.8	9.5	20.9	20.8	21.8
対面月2回以下・電話月2回以下	11.9	21.5	23.0	28.8	66.7
合計	100.1	99.9	100.0	100.0	100.0
N	505	483	975	984	947
$\chi^2 (P<.001)$	31.0	95.2	85.9	123.8	53.5
条件付きガンマ係数（各居住地ごとの対面と電話の相関）	.61	.77	.56	.64	.63

注）0次のガンマ（居住地を統制しない対面と電話の相関）＝.67、偏ガンマ（居住地を統制した対面と電話の相関）＝.62。

　親密な相手と久々に接触を持つことは、互いの絆が再確認され、必要なときにはいつでも役に立つような関係が維持されることを意味する。遠距離の親密な相手のうちでも頻繁な交流のある少数の人たちとは、電話によって接触が維持されている傾向が見られる（表5-3）。

　遠距離にある親密な紐帯の多くは、ときどき接触が持たれており、構造的に埋め込まれている（structural embeddedness）ために維持されているものの、実際の機能面では明らかに休眠状態にある（F. Katz 1966; P. Katz 1974 も参照）。にもかかわらず、こうした半ば休眠状態の紐帯が存在しているからこそ、イースト・ヨーク住民は、いざというときに役立つほかの人々とのつながりを保てると言えるのかもしれない。さらに言えば、これらは親密な紐帯であり、単に遠方に住む親類や友人がいるというのとは違う。そこにはかつての交流の記憶があり、いずれまた頼りにすることがあるだろうという期待がある。必要とあれば、緊急事態のために距離によるコストが乗り越えられてしまうことがある。たとえば、調査回答者のひとりは、それ以前の10年間はカルガリーに住む母親

に日曜日に電話するだけで充分だったが、その母親が病気になったときは看病のために2,100マイルという長距離を飛行機で飛び越えたのである（Boswell [1969]のザンビアでの事例も参照）。

地域的な紐帯——イースト・ヨーク住民の親密なネットワークの大多数は、地域的な連帯として組織化されているわけではない。自分の住む近隣地区内に親密な相手を2人以上持っている人はほとんどいない。

にもかかわらずイースト・ヨーク住民が地域コミュニティの紐帯（local community ties）を誇りに思っているのは、まったく理由のないことではない。イースト・ヨーク区の人口はトロント大都市圏人口の5％以下にすぎないが、調査回答者の親密な紐帯の4分の1が同じイースト・ヨーク住民との関係であり、非親族の親密な相手に関してはその比率はより一層高くなる（表5-2参照）。さらに、現在は遠距離の紐帯になっているものも、その多くはかつて地域内でできた関係である（Shulman 1972）。

近隣の人々との関係は親密と言えるほどの強いものになることはめったにないが、ほとんどのイースト・ヨーク住民は近隣住民との間に何らかの役に立つ紐帯を結んでいる。平均すれば、近隣に住む5人の人たちと定期的に話をし、3人とは家を訪問する関係にある（Gates, Stevens, and Wellman 1973）。このような地域的紐帯は、時間をかけずに直接対面できることが重要であるような場面で、手軽な交際相手や援助源として活用されている。

親密な相手の空間的分散に関するデータは、解放論と存続論を統合した見解を支持している。イースト・ヨークは、ガンズたちが言うような「都市の村」でもなければ、「物理的近接性をもたないコミュニティ（community without propinquity）」（Webber 1963）でもない。地域的な紐帯は、現実に存在し、重要でもあるが、それも多種多様な関係の一部であるという意味で重要であるにすぎない。親密な紐帯が親族システムの連帯へと編成されていることはめったにないが、地域的な連帯へと組織化されていることはさらにまれである。確かに、自動車、電話、航空機のおかげで多くの親族的紐帯を維持できるようになった。それでも、空間はいまだに制約となっている。ひとつひとつの紐帯には、それぞれこれ以上離れれば接触を維持するコストが大きくなりすぎ関係を続けられなくなる距離の限界点が存在する。

表5-4 密度の段階別にみたネットワーク内の親族と友人

ネットワークの密度 (段階) (%)	N	%	累積 %	ネットワーク内 親族比率(%)	ネットワーク内 友人比率(%)
0-25	388	47.1	47.1	36.4[a]	53.2[a]
26-50	261	31.7	78.8	56.9	35.9
51-75	65	7.9	86.7	56.9	37.0
76-100	110	13.3	100.0	73.7	20.1
合計	824	…	…	49.5	42.1
F (3,820)	…	…	…	48.6*	36.6*

注) a 同僚と隣人が含まれていないので、行の合計は100％にならない。
 * $P<.01$。

ネットワーク構造

密度（density）——イースト・ヨーク住民の親密なネットワークにおける密度の平均値は33％である。つまりこれは、調査回答者にとって親密な人々相互の間に存在しうる関係すべてのうちの3分の1が実際に親密な紐帯であると回答されたことを意味する。親密な相手の多くはもっと弱い紐帯で相互に連結してはいるのだが（Granovetter 1973参照）、密度が50％以上になったネットワークは全体の5分の1にすぎない（表5-4）。したがって大多数の回答者は、ひとつの連帯した集団内に包摂されているわけではなく、親密な関係にある人々を介して、強固に結合していない複数の社会的ネットワークへと連結している。一般的にネットワーク密度がまばらであるという点では、解放論の主張が支持されている[12]。

しかし、ネットワークの内部には密度の高い、重要なクラスターがいくつか存在する。親族システムはその親族メンバー間に親しい紐帯が育つことを促すので、おもに親族によって構成された親密ネットワークは、緊密に編まれたネットワークとなりやすい（表5-4参照）。また、親密なネットワーク内の親族メンバーは、まばらな全体ネットワークの内部に緊密に編成されたクラスターを成していることが多い。これとは対照的に、親密な友人たちは、他の親密な相手たちと連結がないか、連結があるとしても単独の二者関係であることが多い。

双方向性（reciprocity）——本研究と連携したシャルマンによる研究（Shulman 1972, 1976) では、私たちの調査回答者サンプルのサブサンプル (N=71) となった回答者たちが親密である相手として指名した198人に対してインタビューを行った。そこでは、逆に彼らにとって親密な相手は誰かを質問している。全体的に見ると、調査の対象となった親密な相手のうちの36％のみが、自分を指名してくれたイースト・ヨーク住民を親密な相手として双方向的に指名している。最も親密な相手（双方の回答者によって第1位に位置づけられた人）は、一致してお互いを親密な相手とみなす傾向が顕著に高い。それ以外の回答者たちも自分を指名したイースト・ヨーク住民との紐帯を逆指名していたが、親密というほどではない弱い紐帯と認知していた。もちろん彼らも親密な関係を持っているのだが、それは自分を指名してくれたイースト・ヨーク住民とは別の相手との関係である。このように、枝分かれし、非双方向的な紐帯の状況は、解放論の主張と合致し、緊密に結合した双方向的な連帯という考え方に立つ存続論の主張に反する[13]。

分枝性（ramifications）――これまでの議論をまとめると、親密な紐帯の種類が多様であり、ネットワークの密度が希薄であり、親密な絆がしばしば非双方向的な性格を持っていることは、第一次的紐帯が、緊密に編まれ、明確な境界を持った連帯的コミュニティとなっているわけではなくて、むしろ枝分かれして、ゆるやかに境界づけられた網目をなしていることを強く示唆している。イースト・ヨーク住民が指名した親密な相手のうち少数のものだけが自分も相手に対して親密さを感じていると答え、親密な相手たちのなかのごく一部だけが相互に親密な相手と見なしている。したがって、親密な関係の全体構造は、解放論の主張と整合している。

しかしこのデータからは、存続論が主張するような、より緊密な構造的統合の存在にも一定の妥当性があることが示されている。と言うのも、まばらに編まれたネットワークの内部に緊密なクラスターが見られることが多かったのである。さらには、互いに親密な結合関係にあるわけではない人々の多くが、友人、知人、隣人、同僚、あまり親密ではない親族など、別のかたちで相互に連結していることも重要な点である。このように、取り上げる関係の基準をゆるめていけば、構造上の結合も多くなる。

親密な相手からの援助の利用可能性

　イースト・ヨークの住民たちは、喪失論が言及していたような、フォーマルな官僚制機関が提供する資源への直接的依存に陥らないのだとすれば、第一次的紐帯から援助を入手できなければならない。こうした援助は多くの紐帯を通じて得られるだろうが、親密な相手、すなわち非常に親しいと感じる世帯外の人々からの援助に大きく頼ることになると予測するのは理にかなっているだろう[14]。

　連帯した集団ではなく、むしろまばらなネットワークを媒介にして親密な相手と連結しているイースト・ヨーク住民の構造的な状況は、利用可能と回答された援助の性質にも表れている。解放論を支持しているのは、イースト・ヨーク住民の大多数（81％）が、緊急時の援助を自分の親密なネットワーク内のどこかから調達可能であると回答している点である。また、それよりは少ないが、過半数の人々（60％）が、日常的な問題に関する援助を親密なネットワークから入手できると回答している。このような日常生活上の援助は、あまり深い関係ではない相手（知人、隣人、同僚など）に頼ることが多く、親密な関係はあまり使われない。

　親密な相手のネットワーク単位で見れば、その大多数は緊急時の援助を提供できるのだが、ネットワークに含まれる個々の親密な関係の大半は緊急時の援助を提供できない。親密な相手のうちわずか30％のみが緊急時に手助けをしてくれ、22％のみが日常的問題をこなすのに手を貸してくれる。したがって、イースト・ヨーク住民は、自分の親密な相手のうち少なくとも1人からはほとんどいつでも援助をあてにできるが、親密な相手のほぼ全員が助けてくれるなどと期待することはできない。

　これらのデータは、援助的な第一次的紐帯が衰弱していることを懸念する喪失論の主張とある程度一致する。しかし、より強くデータが支持しているのは、親密性という概念を細分化して理解すべきだということである。この点は、第一次的紐帯のネットワーク内において分業が成り立っているという解放論の分析と一致する。親密性（あるいは親しさ）は、一次元的な概念ではない。「援助」は、親密な関係を定義づける諸側面の一部にすぎず、交際、構造的・規範

表5-5　パス・ダイアグラムのための0次相関行列

	親子関係	トロント大都市圏内居住	同僚	中心性	対面接触	親しさの強さ	電話接触	緊急時援助
トロント大都市圏内居住	−.100							
同僚(図5-2のみ)	−.102	.101						
中心性	.236	−.079	−.092					
対面接触	−.028	.346	.437	−.012				
親しさの強さ	.267	−.011	−.098	.044	.035			
電話接触	.205	.282	.008	.098	.337	.212		
親密な相手からの緊急時援助(図5-1)	.180	.105	−.021	.054	.147	.280	.197	
親密な相手からの日常的援助(図5-2)	.112	.134	.093	.065	.202	.221	.248	.444

的義務、近接性などに基づく親密な関係もあるだろう（Leyton 1974 参照）。この節の後半では、回答者が親密な相手を援助提供者と見なすかどうかという点に、このように分化したネットワーク内の関係的・構造的要因が与える効果を検討していく。〔後出の〕二つのパス・ダイアグラム（path diagrams）が変数間の相互連関を要約しており、表5-5はその二つのダイアグラムに関する相関行列を示している[15]。

親族関係（kinship）

　パス・モデルのなかでもっとも先行する変数（antecedent variable）は、親族間の紐帯の持続的な効果を捉えたものである。特別な援助提供者という拡大家族の役割は、イースト・ヨーク住民に関する限り、親密な関係にある両親や（成人した）子どもに限定されている。きょうだい、祖父母、叔母など、他の親密な親族は、友人と同程度の援助提供者でしかない。

　親子間のサポートは、緊急時の援助において顕著である。親子間紐帯の50％には何らかの緊急時援助が見られるが、それ以外の親密な紐帯には26％しか見られない。親や子どもは、（ほかの親密な相手に比べて遠方に住んでいる傾向があるが）どこに住んでいるかにかかわらず、また対面的接触の頻度にかかわらず、

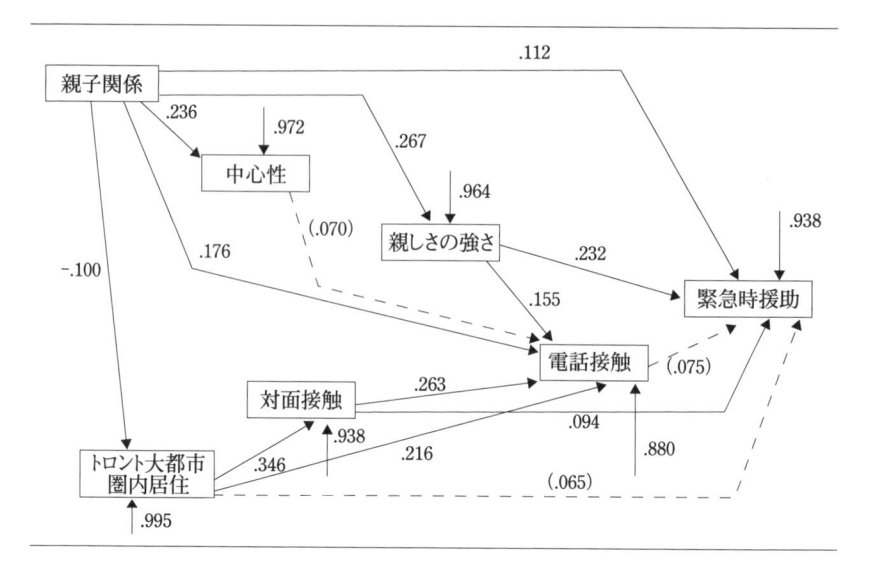

図5-1 親密な相手からの緊急時援助に関するパス・モデル

相関を（ ）で示している点線は、有意ではないが、元の相関行列を.05にまで再現するのに必要なパスを表している。

ほかの親密な相手よりも緊急時に頼られやすい（図5-1）。この直接効果とは別に、イースト・ヨーク住民の親密な親や子どもは、他の親密な相手に比べて、より親しく、より頻繁に接触する相手であるために援助提供者になりやすいという傾向もある。

日常的な事柄に関して援助する傾向も、同僚（37％）以外のあらゆる人々（19％）に比べて、親密な親子間で（34％）顕著に高い（Wellman 1977）。ただしここでは、親族関係の直接効果は見られない（図5-2）。しかし、親密な親子関係の絆が強く、電話接触の頻度が高いことによる間接効果が存在する。

親族関係に関するデータは、存続論と解放論の説明モデルの両方をそれぞれ部分的に支持している。親族であることは、それ自体が直接の効果を及ぼすとともに、親しさや電話接触の頻度を促進するという理由によって、援助提供の重要な基盤であり続けている。しかし、とくに重要な援助源となる親密な相手は、親と子どもなのであって、連帯した拡大親族関係の大きなネットワークな

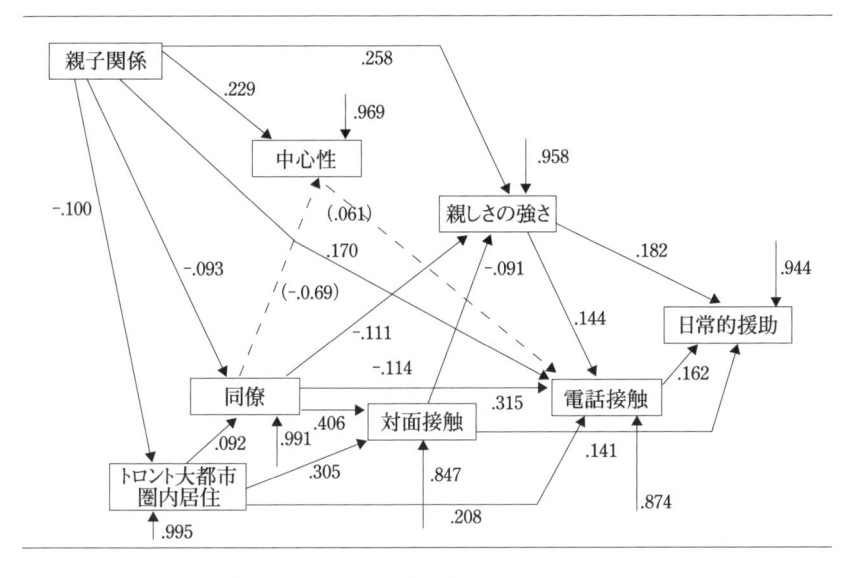

図5-2 親密な相手からの日常的援助に関するパス・モデル

相関を（　）で示している点線は、有意ではないが、元の相関行列を.05にまで再現するのに必要なパスを表している。

のではない。

近接性（propinquity）

　これまでの私たちの分析（Wellman 1977）では、地域的連帯を強調する喪失論や存続論の主張に反して、援助の入手可能性と親密な相手の近隣居住との間には有意な関連が見られなかった。したがって、地域内に居住しているかどうかという変数は最終的なパス解析から除去されている。

　親密な相手から援助が得られるかどうかという点で近接性が重要なのは、近隣においてよりも職場においてであるようだ。イースト・ヨーク住民の同僚との絆は、親密度の点で比較的弱いものであるにもかかわらず、対面的接触が頻繁であるために重要な日常的援助源となっている。

　援助の入手可能性の点で居住地が違いをもたらすのは、トロント大都市圏内に住んでいるかどうかという点である。これは、電話で言えば同一局番の範囲

であり、自動車ですぐ行ける距離である。トロント大都市圏内に住んでいることは、援助の可能性に対して弱いながらも正の直接効果があり、親密な相手との接触頻度を明らかに増大させる。(イースト・ヨークに住む回答者を援助し続けられるように、親密な相手がトロント大都市圏内に引っ越すというような、逆の効果が作用している可能性もある。)この調査データは、解放論を多少修正した改訂版を支持していると言えるだろう。明らかになった限りでは、援助的な関係が存在しうる空間的な限界域が消滅してしまったとは言えない。しかし、それは大都市圏全域を覆う程度にまで拡大していると言えるようだ。

中心性(centrality)**と密度**

　純粋に構造的な変数と言えるもののひとつに、回答者のネットワーク内における、ある親密な相手の中心性という変数がある（これは、特定の親密な相手が、回答者のほかの親密な相手たちのうち何人と親密な紐帯でつながっているかによって測定される）。この変数は、電話接触の頻度にわずかながら影響を及ぼし、またそれを媒介にして援助の提供に影響している。一般的には、親密な相手が構造上の中心に位置しているほど援助提供する傾向がある。しかし実のところは、援助提供能力の高さが彼らのネットワーク中心性を高めているのかもしれない。

　構造上の中心人物が援助を動員する潜在能力は、ネットワークが連帯性を帯びているかどうかとは関連しない。私たちの分析では、回答者の親密な相手のネットワーク密度とある親密な相手から援助が得られる可能性との間には、有意なパスはひとつも見いだせなかった。その結果、密度という変数は最終的なパス・モデルからは除去された。さらに、密度の効果が有意ではなく、中心性の効果も弱いことから、親や子どもが援助的であることは、親族ネットワークが潜在的に連帯的であることとは独立の事象であると論じることができる。つまり、親子関係の援助性は、親子という二者間の関係に内在する要素なのである。要約すれば、中心性と密度に関するデータは、存続論よりも解放論を支持している。

接触頻度(frequency of contact)

　親密な相手との接触頻度が高いほど、とりわけ対面的な接触頻度が高いほど、

その関係が援助を提供する傾向が高まる[16]。頻繁な接触は、ごくありふれた日常的援助の提供にとくに結びつきやすいが、そのような援助は即座に利用可能であることが動員の要因になりやすいためであろう。

親しさ（closeness）

親密な相手との関係が、（回答者が親密な相手の順位を付けるという測定法において）より親しい（強い）ほど、認知された援助利用可能性がその紐帯を明確に定義づける要素になりやすい。親しさは、援助的で親密な関係を定義づけるもっとも重要な特性であることは明らかである。そして親しさは、パス・モデルのなかのもっとも強い直接要因でもある[17]。たとえば、イースト・ヨーク住民が第1位に順位づけた親密な相手のうちの56％が緊急時に頼られているのに対して、第6位に挙げられた親密な相手は16％しか頼られていない。そして、親しさからは、2番目に強力な要因である接触頻度変数に対してもパスが存在する。さらには、ほかのすべての有意な変数が、親しさに対して直接あるいは間接の効果を及ぼしている。

データは、イースト・ヨーク住民が親密な相手から援助を入手する過程が、存続論よりも解放論の主張に合致することを示している。二つのパス・ダイアグラムは、二つの社会的過程を示しているが、いずれも親密なネットワーク全体の構造よりもむしろ親密な二者間の絆の性質に強く関連していることがわかる。ひとつには、相対的に強力な「交流」関連のパスが、空間的近接性による交流促進（同一大都市圏内居住あるいは職場の同僚）から交流頻度へ、さらには援助利用可能性へと達している。一方、「家族」関連のパスが、親子間の紐帯から紐帯の親しさの強度へ、そしてそこから援助利用可能性へとつながっていることが確認できる。

親子間紐帯に援助を頼れるかどうかは、その紐帯が援助的で強い親族関係のなかに埋め込まれているかどうかとは関係ない。さらに言えば、中心性や密度といった構造に関する変数は、援助の可能性ともほとんど関連していない。したがって、援助の利用可能性は、ネットワーク全体が潜在的に連帯的であるかどうかよりも、二者間の紐帯の性質がどのようなものかということに密接に関連していると言える。

データは、親密な相手から援助が得られるかどうかに対するネットワークの効果を実証しているが、このパス・モデルによる分散の説明力は大きくない。残念ながら、説明されなかった分散の大部分は、特定されなかった「心理学的諸要因」という残差変数として処理するしかなかった。説明されなかった分散の一部は、おそらく変数の定義づけや測定方法の粗雑さに起因するものだろう。さらに言えば、稀少な資源を個人間でやりとりすることに影響を及ぼすと考えられる構造的変数や属性変数をもっと考案して、このモデルに追加する可能性も開かれている。

イースト・ヨークにおけるコミュニティ
——喪失か、存続か、それとも解放か

　コミュニティは喪失したのか——イースト・ヨークにおいて親密で強い紐帯が広く存在していることは、喪失論の基本的論点に対する異議申し立てになる（議論を要約した表5-6参照）。親族や近隣が親密な相手でなくなっている場合でも、代わりに友人や同僚が親密な相手になっているように見える。しかし、イースト・ヨークの住民たちは、自分の親密な相手のうちのごく一部だけに援助を頼ることができると回答している。互いに援助的で親密な関係によって構成される共同的なネットワークは見られなかった。イースト・ヨークにもかつては極めて援助的なコミュニティが存在していたと仮定するならば、いまや親密な紐帯はそれよりはるかに分化したネットワークというかたちでのみ存在するようになった。しかし、こうしたネットワークにおいても、多くの親密な紐帯の重要な関係にはサポートという要素が含まれており、ほとんどすべてのイースト・ヨーク住民が親密な相手から援助を入手することができている。

　コミュニティは存続しているのか——現代の社会状況からいろいろな影響を受けているにもかかわらず、データは、存続論のいくつかの側面を支持している（表5-6の要約を参照）。親子間の紐帯は、親密なネットワーク全体のなかでも特別な役割を果たしている。親子の紐帯は、ほかの親密な紐帯に比べて、物理的に遠く離れていても社会的な親しさの程度が強い。親子間では、危機時のみならず日常時の援助も提供される傾向にある。しかし、ほかの親密な親族は、

表5-6 コミュニティ問題──喪失論、存続論、解放論の主張点とイースト・ヨーク調査の知見の比較

論点	コミュニティ喪失論	コミュニティ存続論	コミュニティ解放論	イースト・ヨーク調査知見（おもな傾向）
親密性の基盤：				
入手可能性	稀少	豊富	豊富	5人強の親密な相手
関係性	フォーマルな役割	親族・近隣	友人関係・職場関係	親族・友人関係
空間性	地域的	地域的	大都市圏域的・全国的	大都市圏域的
接触の様式	対面	対面	対面・電話	電話・対面
共同性の構造：				
密度	まばら	緊密	まばら	まばら
双方向性	なし	あり	不均衡	不均衡
結合性	分枝的	結束的	分枝的	分枝的
援助性の基盤：				
援助源の拡がり	最小	豊富	中程度	中程度
援助源との関係	フォーマルな紐帯	親族・近隣	友人関係・職場関係	親子関係・職場関係
基盤となる居住地	地域的*	地域的	大都市圏域的・全国的	大都市圏域的
密度	緊密*	緊密	まばら	N.S.
供給源の構造	第二次的	連帯的集団	ネットワークの紐帯	ネットワークの紐帯

＊第一次的紐帯が存在する限りにおいて。

親密な友人よりも頼りにされることが少ない。ネットワーク密度が援助動員の要因となっていないことをデータが示していたことからも、たいていの親密な親子が維持している重要な親族的義務関係は、独立した二者間の関係として作用していることは明らかである。援助的な親族が連帯して、大きなネットワークをなしていることはほとんどない。

居住地が近接していることは援助提供を促す要因であり続けているが、同じ地域に住んでいると言っても、その地域が意味するのはいまや近隣地区ではなくて、大都市圏まで拡大している。このことは、近隣地区の連帯に基づく活動が重要なのではなく、(自家用車、公共交通機関、電話などを使って)物理的に援助を入手できるかどうかが重要になっていることを意味している。親族であることと、同じ大都市圏内に居住していることは、いずれも接触頻度を増加させる要因となっている。そして、頻繁に接触している人たちほど、互いを親しいと感じ、いざというときには助け合う傾向がある。

近所の人との関係は、広く見られるものであり、多くのイースト・ヨーク住民にとって大切なものである。この点だけを見れば、イースト・ヨーク住民が自分たちは地域コミュニティの交流に深く関わっていると言っていたことを裏付けている。しかし、近隣の紐帯は、様々なタイプの関係のなかのひとつの構成要素にすぎないのがふつうであり、親密な深い関係にはめったにならないことをデータは示している。イースト・ヨーク住民よりも移動性の低い人々、あるいはネットワーク内にある資源の動員に関心のない人々を調査対象にしていたら、関係の多くの部分が密に束ねられて連帯した集団をなしていたかもしれない (Wolf 1966; Wellman and Leighton 1979 参照)。第一次的紐帯を、形成し、維持し、利用し、変形し、喪失するということがどのような動的過程なのか、さらなる研究が必要とされていることは明らかである。

コミュニティは解放されたのか——イースト・ヨーク住民が持っている親密な関係は、ひとかたまりの連帯をなしているのではなく、分化したネットワークとなっている点で、私たちの調査知見は解放論の主張にもっともよくあてはまる。親密な絆帯の性質とその使われ方は、様々に分化している。構造上の位置も、たいていは居住地域も異なる(あるいは職場で交流する)多種多様な人々との間に連結が存在し、それはまた様々な頻度の電話や対面による接触によっ

て維持されている。

　相手から援助が得られるかどうかは、個々の関係の質に規定されるのであって、構造的な連帯の程度に影響されるのではない。そして、すべての親密な紐帯が同じような使われ方をするわけではない。緊密に編み込まれた紐帯同士でさえ、使われ方が異なる。親密な相手のなかには、日常的な問題に関して頼りにされるものもある。もちろんすべての相手というわけではないが、かなり多くの相手が非常時に援助を提供してくれる。イースト・ヨーク住民の親密な相手には、それ以外にも親族的な義務、交際相手、仕事上の仲間など、別な理由で交流する人たちが含まれている。

　親密な関係を構成する多くの要素間の関係は、必ずしも整然としていない。親密性という「役割枠」(role frame) のなかには、複雑に組み合わされてパッケージされた関係の束がいくつも含まれている（Nadel 1957参照）。たとえば、親密な友人と言っても、交際を楽しむためだけに会う友人もいるし、日頃から助け合う友人もいる。親密な親族のなかには、どんな問題であれ緊急時に頼りになる人もいれば、そうでない人もいる。毎日顔を会わせる親密な親族もいれば、年に1度しか会わない親密な友人もいるといった具合である。このように、種々の関係がその質的な諸側面において不揃いであることによって、リンケージはますます分化することになる（Mitchell 1969; Litwak and Szelenyi 1969; Gordon 1976参照）。1日単位、1週間単位、1年単位の時間の流れのなかで、様々な偶然の出来事や社会的状況を経験することによって、イースト・ヨークの住民たちは、大勢の人々との多種多様な結合関係のなかへ織り込まれていく。

　ここで分析されたデータは、連帯が存続していることを様々に例証してきたコミュニティ存続論の主張と、分化したネットワークの姿を描き出す解放論の主張との間にある対立を解消する助けになるかもしれない。そして、この対立が解消できるかどうかは、分析対象の範囲をどう設定するかにかかっているように思える。親族システムや近隣関係に焦点をあてるならば、密に編まれ、明確に境界づけられたネットワークが見えてくるだろう。それ以外のものからきれいに分離して眺めてみれば、このようなネットワークはしっかり連帯していると見えるだろうし、これが社会システムのなかに生きる都市居住者に何らかの愛着感を抱かせてくれるとも思えるだろう。しかし、もしもある都市居住者

が関わりを持つすべての人々にまで視野を拡大すれば、連帯と見えたものは、むしろまばらに編まれ、境界がゆるやかなネットワークのなかのクラスターであると見えてくるかもしれない。

コミュニティ——連帯か、ネットワークか

　パーソナル・ネットワークは、その捉え方によってまったく異なった姿を見せることも珍しくないが、親密なネットワークもその多様な姿のひとつにすぎない。近隣や同僚のような比較的弱い紐帯には、あまり多くのことを頼るわけにはいかないのがふつうだ。しかし、そのような弱い紐帯は、社会的な同質性に基づく強い紐帯に比べて、多様な資源に接近する間接的な回路となりやすい（Granovetter 1973）。

　ある個人と直接結合している人たちは、その全員がその個人を通じて間接的に連結しあっている。ひとりひとりの個人は、自分と連結しているすべての人がひとりひとつずつ持っている独自のパーソナル・ネットワークに所属しているわけである。そして、これらすべてのネットワークに同時に所属していることで、その個人はいくつもの社会圏（social circles）を連結する役割を果たしている（Craven and Wellman 1973 参照）。このように、ネットワークの結節点を共有することによって、究極的には、連鎖やクラスターを複合的に含むネットワークがいくつも相互に連結しあっている。このような視点から分析してみると、社会的連帯というものは、一緒に社会化されることによって培われた感情を共有しているから生じるものではなく、ネットワークが生成・作動する過程でともに協調的な活動を行った結果として生じるものだと言えるのではないだろうか。

　紐帯が多様であり、ネットワークの密度が隙間だらけであることは、共同的な連帯性を低減することにはなるものの、いろいろな偶発的出来事に対処するための構造的な基盤を提供してくれることにもなる。一方、緊密に編まれたネットワークからなるクラスターは、協働的な活動の基盤となる。多岐に枝分かれしたネットワークと互酬性の面で非対称的なリンケージは、そうしたクラスターの外にある別の社会圏への接続を促してくれる。

複数のネットワークが連なることで、社会システムの組織化も促進される。個人の視点ではなく、システムの視点で考えれば、資源が配分されたり、共通の利害・関心に基づく連携が生成したりするのは、連結やネットワークが様々なレベルで混じり合うためであると言える。個人間ばかりではなく、クラスター間や集合体間もネットワークの紐帯によって連結されている（Granovettor 1976; Rytina 1977; Laumann, Galaskiewicz, and Marsden 1978 参照）。つまり、ネットワークのネットワークが、個人やクラスターや集合体を、複合的に結びつけているのである。

　このように様々な面での結合が存在するにもかかわらず、しかも自分自身も多くの人と結合しているというのに、なぜこれほど多くの都市生活者が喪失論の主張を信じてしまうのかという点についても、私たちの調査データはヒントを与えてくれる。イースト・ヨーク住民たちは、凝固してしまいそうなほど連帯性の強い単一のコミュニティにどっぷりと帰属しているのではなく、いまや生活が複数のネットワークの間で分割されてしまっている。そして、複数のネットワーク間の相互連結が少ないということは、一枚岩の連帯が生じにくく、メンバーに対して一致した要求を突きつけたり、強制したりすることが困難であることを意味している。これは、うまく世渡りするための構造上の抜け道（structural room）があるという意味で、ある種の解放であると言えなくはない。しかし、自分の所属する集団は（多数あるうちの）どれなのかを単純明快に決められない状況は、生きる意味やアイデンティティの喪失をもたらさないとも限らない。都市生活者は人々や資源との共同的つながりを失ったわけではない。そうした結合の範囲はむしろ拡大してさえいる。だがその反面、単純で整然としたヒエラルヒー的な集団構造のなかに連帯を希求する人々にとっては、いまやコミュニティはすっかり失われてしまったと感じられるのではないだろうか。

　しかし、都市に暮らす者にとって、空間的・社会的に枝分かれしたネットワークを持つということは、連帯のなかに保護されていては入手することのできない、専門分化した多様な資源を手に入れるための有効な方法となっている。都会人の紐帯は、「分断された（decoupled）」小世界（White 1966）のなかに包み込まれているのではなく、むしろもっと大きな都市圏全体に拡がる網の目の

なかの構成要素なのである。そしてこれらの紐帯は、ネットワーク内の各メンバーにとっては、紐帯で結ばれた相手を通じて接続しているさらに別の人々との結合を利用するための基盤である。このことは、解放されたネットワークというものが、大規模な社会システムの変動から生じた圧力に反応して、第一次的紐帯を単に受動的に再編成しただけのものではないことを示唆している。それどころかむしろ、社会システムの分化と分業が進展した状況下で、現代の都市生活者たちがシステム内の資源に接近し、それを制御しようと能動的に行動した結果として、解放されたネットワークが作られていると見ることも充分可能であろう[18]。

【注】

1 本稿は何度かの改訂を経ているが、そのいずれかの段階において以下の方々には多岐にわたるコメントをいただいたことを感謝する——S. D.バーコヴィッツ、Y.マイケル・ボウドマン、L. S.ブールン、ロナルド・バート、ボニー・エリクソン、リントン・フリーマン、ハリエット・フリードマン、ジョセフ・ガラスキウィッツ、レスリー・ハワード、ナンシー・ハウエル、エドワード・リー、バリー・レイトン、J.クライド・ミッチェル、リヴィアナ・モスタッチ、ウォルター・フィリップス、クリス・ピックヴァンス、ノーマン・シャルマン、チャールズ・ティリー、ジャック・ウェイン、ベヴァリー・ウェルマン、ハリソン・ホワイト、およびAJS誌の匿名レフリーの方々。また、この調査に対して以下の機関から研究助成を受けた。カナダ評議会、カナダ労働力・移民省、クラーク精神医学研究所、レイドロー財団、オランダ先端研究所、オンタリオ州保健省、カナダ社会科学・人文学研究評議会、都市住宅市場プログラム（トロント大学・都市コミュニティ研究センター）。

2 この論点は、以前は空間的密度の高さという観点から論じられていたが、郊外が拡大したこと、および密集と密度の社会的効果に対する疑義が提示されたことによって、そのような議論の立て方は疑問視されるようになってきた。いずれにせよ、空間的密度の分析は、その媒介変数として相互作用の密度を用いることが多いので（Freeman 1975参照）、たとえ問題とされる前提の根拠が怪しいとしても、このように結論づける意義は依然として残されている（Abu-Lughod 1969; Tilly 1970参照）。

3 ネットワーク分析は、一群の分析テクニックにすぎないと誤解されることが多いが、実際には、諸個人あるいは諸集合体の間の関係構造に焦点を定めた分析視角である。これまでのところ広く合意された定義はないが、ネットワーク分析の顕著な特徴は、次のような着眼点にある。(a)ユニット間の相互関係を無視して、個々のユニットの特徴を総計したものを分析するのではなく、ユニット間の関係が構造化されているパターンに注目する。(b)二者間の関係だけではなく、複雑なネットワーク構造に着目する。

(c)権力、従属、調整の具体的なシステムを通して、稀少資源が配分される点に注目する。(d)ネットワーク境界（network boundaries）、クラスター（clusters）、橋架け結合（cross-linkages）などに着目する。(e)対称的な関係や単純なヒエラルヒーだけではなく、双方向的関係の複雑な構造に目を向ける。ネットワーク論の視角を概説したものとしては、Emerson (1962)、White (1965)、Mitchell (1969, 1974)、Barnes (1972)、Kemper (1972)、Craven and Wellman (1973)、White, Boorman, and Breiger (1976) を参照せよ。Wellman and Whitaker (1974)、Freeman (1976)、Klovdahl (1977) などの文献目録も参照のこと。

4　Stein (1960)、Nisbet (1969)、Gusfield (1975)、Castells (1976) などのレビューを参照せよ。都市以外の文脈で喪失論を社会学的に主張した好例としては、Kornhauser（例えば 1968）と Gurr（例えば 1969）による政治学的分析がある。Tilly（例えば 1978）による批判も参照のこと。

5　White and White (1962) や Marx (1964) による、アメリカの反都市主義の歴史学的分析を参照。

6　この点と、官僚制的な職場においても連帯的な紐帯が重要であることを示す分析との間には、明らかな類似点がある（例えば Benyon 1973; Braverman 1974）。

7　連帯的な紐帯を見つけようと調査に出かけて、それを見つけられなかったのは、おそらく Edward Banfield (1958) だけではないだろうか。

8　初期の学者たちのなかには、おもに喪失論を主張していたにもかかわらず、このような変化がコミュニティ構造にもたらす帰結に関しては、ときとしてかなり楽観的な見解を示すものもいた。都市においては複数のネットワークのなかからいずれかを選択する可能性が出てくることを礼賛した点で、彼らは解放論の先駆者であった。たとえば、ゲオルク・ジンメル（Georg Simmel）は、都会人は、単一の包括的連帯から解き放たれているので、「活動の自由を獲得し……［さらに］明確な個性を獲得するが、それに機会と必要性を与えるのは拡大した集団内の分業である」と論じる（[1902-3]1950, p. 417; [1908] 1971, p. 121 も参照）。ロバート・パーク（Robert Park）の著作（例えば 1925a, [1925b] 1967）からは、都市の喧噪のなかにこそ個人としての行為の可能性があるということを興奮気味に語る感覚が伝わってくる。

9　本稿に関わる質問群は、次の通りである。「あなたのご家庭以外にお住まいの方々のうち、もっとも親しいと感じている方々について、いくつかお尋ねします。友だち、隣人、親類のいずれであっても結構ですので、もっとも親しいと感じている方の名前のイニシャルを1行目に、その次に親しいと感じる方のイニシャルを2行目に、というようにさらにつづけて書いていってください。次に、お書きになった方々とあなたとの関係について教えてください。……では、リストの最初の方に関して、……その方はどこに住んでいますか。どれくらい頻繁に会いますか。どれくらい頻繁に電話あるいは手紙で連絡しあいますか。……日常生活上の手助けに関しては、これらの方々のうち誰に頼りますか。緊急時の手助けに関しては、これらの方々のうち誰に頼りますか。……［親密な相手6人について終えたところで］これらの方々のうち、お互いに親しいのは誰と誰かを教えてください。まず、最初の方について教えていただけますか。この方と親しい方は、ほかの方々のなかで誰でしょうか。2番目の方と親しい

のは誰でしょうか。［後略］」このデータは、もともとはドナルド・B・コーツ（Donald B. Coates）が主査となり、バリー・ウェルマンが副査となった調査において収集されたものである。Coats et al. (1970, 1976) を参照。Wayne (1971) も参照。

10　単純な例外としては、同じブロックに住む親密な人同士は接触手段として電話を使うことはめったにない、ということがある。

11　実際には、関係の性質が紐帯の空間的拡がりに影響を与えることもある。たとえば、年老いた母親が娘の家の近くにアパートを借りることにした、というような場合である。

12　このような状態は、「まばらな密度（sparse density）」（あるいは「まばらに編まれている（sparsely knit）」）と呼ばれている。なぜなら、すべての可能な相互結合のうち、実際に見られたのは半数以下だったからである。しかし、ハリソン・ホワイト（Harrison White）は、何らかの比較の規準がなければ、もっと密度が高いこともあると考えるための確固たる理論的・経験的根拠がないことになり、親密な強い紐帯を研究する場合はなおさらそう言える、と指摘している（私信）。本稿と同じ算出方法を使ったジャック・ウェイン（Jack Wayne）によれば、タンザニアの内陸部（キゴマ）において、親密な相手たちの間にあると回答された紐帯の密度は76％であった（私信）。調査回答者とその親密な相手との間にある紐帯は、密度の定義からして必ず存在することになるので、密度の計算から除外してある。計算する際に、連結は対称的なものとみなした。つまり、回答者が親密な相手の1番目が2番目と親しいと回答した場合は、同時にその回答者は親密な相手の2番目が1番目に対しても親しいと認知していると想定したのである。

13　シャルマンの知見（Shulman 1972,1976）は、親密な紐帯だけを考察の対象とした場合、紐帯が対称的であると仮定してしまうと、おそらくネットワークの密度が実際より高めに出てしまうことを示唆している。ただし、回答者が親密な相手ふたりの間の紐帯に非対称性が存在することを認知しえたかどうかは定かではない。ひとりの都市居住者がどれくらい多くの人から親密な相手として選ばれるのかは人によってずいぶん偏りがあるが、その構造的基盤となっているのがこの双方向性の欠如である（Rapoport and Horvath［1961］の偏向した友人ネットワークに関する研究を参照）。さらにこのことは、構造上に「仲介者（brokerage）」的な結節点が数多く存在していること、そして多数の人から選択されて結節点の位置を占める人物がいくつもの社会的ネットワークを連結していることを示している。

14　私たちが行った詳細なインタビューによれば、回答者たちは、親密な相手とのつながりを、一般的に幅広く役立つタイプの関係と見ることが多い。回答者たちは、親密な関係にある人々からいつか助けてもらう必要が生じるだろうと考えており、そのためもあって関係を維持しつづけているのだが、将来助けを必要とするようなどんな事態が実際に起こりそうかという点については具体的なイメージがあるわけではなかった。ただし、手助けが得られる相手を一般化された資源と見なしてしまうと、親密な相手からの手助けの利用可能性を過小評価してしまうことになる。特殊な問題に直面した場合、イースト・ヨーク住民たちは、相手との関係および利用可能な資源をよく考慮したうえで、必ずしも全般的な援助者だと見なしていないような別の親密な相手

に頼ることもあるからだ。しかし、ここでの関心の焦点は、私たちの詳細なインタビューとフィールドワークから浮かび上がった「援助者（helper）」という一般化された役割関係にある。このような幅広い目的に役立つ援助関係を使うことは、援助に関する市場モデルに対抗する考え方を含んでいる。市場モデルとは、援助を求める人がニーズを合理的に判断し、利用可能なすべての援助源を探索し、予測される有効性が高い方から順に依頼していくという方法である。それに対して、全般的目的に役立つ助け合い関係を使う場合は、援助の供給がネットワークによって決定されるだけではなく、利用可能なルートの認知や利用もネットワークに規定されることがある。実のところ、潜在的な要援助者の被援助欲求が、援助供給後に生じたり、明確化されたりすることもある。

15　これまでの分析（例えば Wellman et al. 1971）では、年齢や社会経済階層などの社会的カテゴリー変数と援助利用可能性変数との間にははっきりした直接の関連は見られないことが示されている。したがって、それらの点は本稿では割愛されている。ネットワーク変数と援助利用可能性との関連についての詳細な情報を含むクロス表は、Wellman（1977）を参照。

16　パス解析のために、もともとカテゴリーとして記録された接触頻度データを、1年あたりの日数として概算した数値に変換した。たとえば、「週に1回くらい」は「52」に変換した。このような変換は、計算を単純化するため、1回の接触で費やされる時間の長さは同じであると仮定している。

17　ここでは、回答された援助利用可能性の規定要因を探ることに焦点をしぼっている。しかし、頼りになる相手だと認知されることで、親密な人同士がさらに強く親しさを感じるようになるという、双方向的な規定関係も充分ありそうなことである。

18　本稿の議論は、産業化・官僚制化が進んだ現代の状況に限定されており、異文化間の比較や長期間にわたる変動という複雑な問題にはあえて触れなかった。しかしながら、産業化、官僚制化、都市化が推し進める共同性の転換が、つねに存続型あるいは喪失型の構造を起点として起こると考える発展史観はかなり疑わしい。資源への接近やその制御に関して一定の構造的条件が整っていれば、産業化されていない環境においても解放されたネットワークの存在は充分可能である。ひとつには、電話や自家用車が普及していない第三世界においても、親族システムや同郷集団のなかに構造的に埋め込まれてさえいれば、分化した長距離の紐帯が維持されることが、最近の研究から明らかになっている。バスやトラックに乗って長距離の移動をしたり、同じ村に住む人や旅行者に伝言を託したり、手紙の代書屋や代読屋を雇ったりと、様々な手法を使って接触を保っている（例えば、Cohen 1969; Jacobson 1973; Howard 1974; Mayer and Mayer 1974; Ross and Weisner 1977; Weisner 1973）。もう一方では、産業化以前の西欧や北米の多くの地域社会において、まったく連帯的ではない側面が数多くみられることを歴史家たちが報告している。そこには、地位集団間の分裂状況、かなりの空間移動、異質な外部の人々との紐帯を維持した複雑な世帯などが存在していたと言われる（例えば、Laslett 1971; Scott and Tilly 1975; Shorter 1975; Tilly 1975; Bender 1978）。

【文献】

Abu-Lughod, Janet. 1969. *The City is Dead——Long Live the City*. Berkeley: Center for Planning and Development Research, University of California.

Adams, Bert N. 1968. *Kinship in an Urban Setting*. Chicago: Markham.

Banfield, Edward. 1958. *The Moral Basis of a Backward Society*. New York: Free Press.

Barnes, J. A. 1972. *Social Networks*. Reading, Mass.: Addison-Wesley.

Bender, Thomas. 1978. *Community and Social Change in America*. New Brunswick, N. J.: Rutgers University Press.

Benyon, Huw. 1973. *Working for Ford*. London: Allan Lane.

Boissevain, Jeremy F. 1974. *Friends of Friends*. Oxford: Basil Blackwell. ジェレミー・ボワセベン（岩上真珠・池岡義孝訳）『友達の友達——ネットワーク、操作者、コアリッション』未来社 1986.

Boswell, David. 1969. "Personal Crises and the Mobilization of the Social Network." Pp. 245-96 in *Social Networks in Urban Situations*, edited by J. Clyde Mitchell. Manchester: University of Manchester Press. D. M. ボズウェル「個人的危機と社会的ネットワークの動員」J. クライド・ミッチェル（編）（三雲正博ほか訳）『社会的ネットワーク——アフリカにおける都市の人類学』国文社 1983.

Bott, Elizabeth. 1971. *Family and Social Network*. 2d ed. London: Tavistock.

Braverman, Harry. 1974. *Labor and Monopoly Capital*. New York: Monthly Review Press. H. ブレイヴァマン（富沢賢治訳）『労働と独占資本——20世紀における労働の衰退』岩波書店 1978.

Breiger, Ronald. 1974. "The Duality of Persons and Groups." *Social Forces* 53 (December): 181-89.

Breton, Raymond. 1964. "Institutional Completeness of Ethnic Communities and the Personal Relations of Immigrants." *American Journal of Sociology* 70 (September): 193-205.

Castells, Manuel. 1976. "Is There an Urban Sociology?" Pp.33-59 in *Urban Sociology: Critical Essays*, edited by C. G. Pickvance. London: Methuen.

Coates, Donald B., and associates. 1970. "Yorklea Social Environment Survey Research Report." Mimeographed. Toronto: Clarke Institute of Psychiatry, Community Studies Section.

Coates, Donald B., S. Moyer, L. Kendall, and M. G. Howatt. 1976. "Life-Event Changes and Mental Health." Pp. 225-49 in *Stress and Anxiety*, edited by C. D. Spielberger and Irwin G. Sarason. Vol. 3. New York: Halsted Press.

Cohen, Abner. 1969. *Custom and Politics in Urban Africa*. Berkeley: University of California Press.

Craven, Paul, and Barry Wellman. 1973. "The Network City." *Sociological Inquiry* 43 (December): 57-88.

Crump, Barry. 1977. "The Portability of Urban Ties." Paper presented at annual

meeting of the American Sociological Association, Chicago, September.
Death Wish. 1974. Directed and coproduced by Michael Winner. Written by Wendell Mayes. Produced by Hal Landers and Bobby Roberts. A Dino De Laurentis production. From the novel by Brian Garfield. 邦題「狼よさらば」マイケル・ウィナー監督の映画作品.
Emerson, Richard. 1962. "Power-Dependence Relations." *American Sociological Review* 27 (February): 31-41.
Feagin, Joe.1973. "Community Disorganization." *Sociological Inquiry* 43 (Winter): 123-46.
Fischer, Claude S. 1976. *The Urban Experience*. New York: Harcourt Brace Jovanovich. クロード・フィッシャー（松本康・前田尚子訳）『都市的体験——都市生活の社会心理学』未来社 1996.
——. 1977. "The Contexts of Personal Relations: An Exploratory Network Analysis." Working Paper no. 281. Berkeley: Institute of Urban and Regional Development, University of California.
Fischer, Claude S., Robert Max Jackson, C. Ann Steuve, Kathleen Gerson, and Lynne McCallister Jones, with Mark Baldassare. 1977. *Networks and Places*. New York: Free Press.
Freedman, Jonathan. 1975. *Crowding and Behavior*. San Francisco: Freeman.
Freeman, Linton C. 1976. *A Bibliography of Social Networks*. Exchange Bibliographies nos. 1170-71. Monticello, Ill.: Council of Planning Librarians.
Friedmann, Harriet. 1974. "Are Distributions Really Structures? A Critique of the Methodology of Max Weber." Research paper no. 63. Toronto: Centre for Urban and Community Studies, University of Toronto.
Gans, Herbert. 1962. *The Urban Villagers*. New York: Free Press. ハーバート・ガンズ（松本康訳）『都市の村人たち——イタリア系アメリカ人の階級文化と都市再開発』ハーベスト社 2006.
——. 1967. *The Levittowners*. New York: Pantheon.
Gates, Albert S., Harvey Stevens, and Barry Wellman. 1973. "What Makes a Good Neighbor?" Paper presented at the annual meeting of the American Sociological Association, New York, August.
Gillies, Marion, and Barry Wellman. 1968. "East York: A Profile." Mimeographed. Toronto: Clarke Institute of Psychiatry, Community Studies Section.
Gordon, Michael. 1976. "Kinship Boundaries and Kinship Knowledge in Urban Ireland." Mimeographed. Storrs: University of Connecticut, Department of Sociology.
——. 1977. "Primary Group Differentiation in Urban Ireland." *Social Forces* 55 (March): 743-52.
Granovetter, Mark. 1973. "The Strength of Weak Ties." *American Journal of Sociology* 78 (May): 1360-80. マーク・グラノヴェター（大岡栄美訳）「弱い紐帯

の強さ」(本書4章).

――. 1974. *Getting a Job*. Cambridge, Mass.: Harvard University Press. マーク・グラノヴェター (渡辺深訳)『転職――ネットワークとキャリアの研究』ミネルヴァ書房 1998.

――. 1976. "Network Sampling: Some First Steps." *American Journal of Sociology* 81 (May): 1287-1303.

Greer, Scott. 1962. *The Emerging City*. New York: Free Press. スコット・グリア (奥田道大・大坪省三共訳)『現代都市の危機と創造』鹿島研究所出版会 1970.

Gurr, Ted Robert. 1969. *Why Men Rebel*. Princeton, N.J.: Princeton University Press.

Gusfield, Joseph R. 1975. *Community: A Critical Response*. New York: Harper & Row.

Howard, Leslie. 1974. "Industrialization and Community in Chotanagpur." Ph.D. dissertation, Harvard University.

Hunter, Albert. 1975. "The Loss of Community: An Empirical Test through Replication." *American Sociological Review* 40 (October): 537-52.

Jacobs, Jane. 1961. *The Death and Life of Great American Cities*. New York: Random House. ジェーン・ジェコブス (黒川紀章訳)『アメリカ大都市の死と生』鹿島出版会 1977.

Jacobson, David. 1973. *Itinerant Townsmen: Friendship and Social Order in Urban Uganda*. Menlo Park, Calif.: Cummings.

――. 1975. "Fair-Weather Friend." *Journal of Anthropological Research* 31 (Autumn): 225-34.

Jacowitz, Morris. 1952. *The Community Press in an Urban Setting*. Glencoe, Ill.: Free Press.

Kadushin, Charles. 1966. "The Friends and Supporters of Psychotherapy: On Social Circles in Urban Life." *American Sociological Review* 31 (December): 786-802.

Kasarda, John D., and Morris Janowitz. 1974. "Community Attachment in Mass Society." *American Sociological Review* 39 (June): 328-39.

Katz, Fred. 1966. "Social Participation and Social Structure." *Social Forces* 45 (December): 199-210.

Katz, Pearl. 1974. "Acculturation and Social Networks of American Immigrants in Israel." Ph.D. dissertation, State University of New York at Buffalo.

Keller, Suzanne. 1968. *The Urban Neighborhood*. New York: Random House.

Kemper, Theodore D. 1972. "The Division of Labor: A Post-Durkheimian Analytical View." *American Sociological Review* 37 (December): 739-53.

Klatzky, Sheila R. 1971. *Patterns of Contact with Relatives*. Washington, D.C.: American Sociological Association.

Klovdahl, Alden S. 1977. "Social Networks: Selected References for Course Design and Research Planning." Mimeographed. Canberra: Australian National University, Department of Sociology.

Kornhause, William. 1968. "Mass Society." Pp. 58-64 in *International Encyclopedia of the Social Sciences*. Vol. 10. New York: Macmillan and Free Press.

Laslett, Peter. 1971. *The World We Have Lost*. 2d ed. London: Methuen. ピーター・ラスレット（川北稔ほか訳）『われら失いし世界――近代イギリス社会史』三嶺書房 1986.

Laumann, Edward O. 1973. *Bonds of Pluralism*. New York: Wiley.

Laumann, Edward O., Joseph Galaskiewicz, and Peter Marsden. 1978. "Community Structures as Interorganizational Linkages." *Annual Review of Sociology* 4: 455-84.

Lee, Nancy Howell. 1969. *The Search for an Abortionist*. Chicago: University of Chicago Press.

Leyton, Elliott, ed. 1974. *The Compact: Selected Dimensions of friendship*. Newfoundland Social and Economic Papers, no. 3. St. John's Institute of Social and Economic Research, Memorial University of Newfoundland.

Liebow, Elliot. 1967. *Tally's Corner*. Boston: Little, Brown. エリオット・リーボウ（吉川徹監訳）『タリーズコーナー――黒人下層階級のエスノグラフィ』東信堂 2001.

Litwak, Eugene. 1960. "Occupational Mobility and Extended Family Cohesion." *American Sociological Review* 25（February）: 9-21.

Litwak, Eugene, and Ivan Szelenyi. 1969. "Primary Group Structures and Their Functions." *American Sociological Review* 35（August）: 465-81.

Marx, Leo. 1964. *The Machine in the Garden*. New York: Oxford University Press. L. マークス（榊原胖夫・明石紀雄訳）『楽園と機械文明――テクノロジーと田園の理想』研究社出版 1972.

Mayer, Philip, and Iona Mayer. 1974. *Townsmen or Tribesmen*. 2d ed. Capetown: Oxford University Press.

Meier, Richard L. 1968. "The Metropolis as a Transaction-maximizing System." *Daedalus* 97（Fall）: 1293-1313.

Metron, Robert. 1957. "Patterns of Influence: Local and Cosmopolitan Influentials." Pp. 387-420 in *Social Theory and Social Structure*. Rev. ed. Glencoe, III.: Free Press. ロバート・マートン「影響の型式――ローカルな影響者とコスモポリタンな影響者」（森東吾ほか訳）『社会理論と社会構造』みすず書房 1988.

Mitchell, J. Clyde. 1969. "The Concept and Use of Social Networks." Pp. 1-50 in *Social Networks in Urban Situations*, edited by J. Clyde Mitchell. Manchester: University of Manchester Press. J. クライド・ミッチェル「社会的ネットワークの概念と使用」J. クライド・ミッチェル（編）（三雲正博ほか訳）『社会的ネットワーク――アフリカにおける都市の人類学』国文社 1983.

――. 1974. "Social Networks." *Annual Review of Anthropology* 3: 279-99.

Mostacci, Livianna. 1976. "The Degree of Multiplicity of Relationships in the Urban Setting." Typescript. Toronto: University of Toronto, Department of Sociology.

Nadel, S. F. 1957. *The Theory of Social Structure*. London: Cohen & West. S. F. ネ

ーデル（斎藤吉雄訳）『社会構造の理論——役割理論の展開』恒星社厚生閣 1978.
Nisbet, Robert, 1969. *The Quest for Community*. New York: Oxford University Press. ロバート・ニスベット（安江孝司ほか訳）『共同体の探求——自由と秩序の行方』梓出版社 1986.
Park, Robert E. 1925*a*. "The City: Suggestions for the Investigation of Human Behavior in the Urban Environment." Pp. 1-46 in *The City*, edited by Robert E. Park, Ernest W. Burgess, and Roderick D. McKenzie. Chicago: University of Chicago Press. ロバート・パーク（笹森秀雄訳）「都市——都市環境における人間行動研究のための若干の示唆」鈴木広（編）『都市化の社会学［増補］』誠信書房 1978.
——. (1925*b*) 1967. "The Urban Community as a Spatial Pattern and a Moral Order." Pp. 55-68 in *Robert E. Park on Social Contol and Collective Behavior*, edited by Ralph H. Turner. Chicago: University of Chicago Press.
Pickvance, C. G. 1975. "Voluntary Associations and the Persistence of Multiple Ties." Mimeographed. Manchester: University of Manchester, Department of Sociology.
Rapoport, Anatol, and William J. Horvath. 1961. "A Study of a Large Sociogram." *Behavioral Science* 6: 279-91.
Ross, Mark Howard, and Thomas S. Weisner. 1977. "The Rural-Urban Migrant Network in Kenya." *American Ethnologist* 4（May）: 359-75.
Rytina, Steve. 1977. "Sampling and Social Networks: Relational Measures in a Small Population." Working Paper no. 166. Ann Arbor: Center for Research on Social Organization, University of Michigan.
Scott, Joan, and Louise Tilly. 1975. "Women's Work and the Family in Nineteenth-Century Europe." *Comparative Studies in Society and History* 17（January）: 36-64.
Shorter, Edward. 1975. *The Making of the Modern Family*. New York: Basic. エドワード・ショーター（田中俊宏ほか訳）『近代家族の形成』昭和堂 1987.
Shulman, Norman. 1972. "Urban Social Networks." Ph.D. dissertation, University of Toronto.
——. 1976. "Network Analysis: A New Addition to an Old Bag of Tricks." *Acta Sociologica* 19（December）: 307-23.
Simmel, Georg. (1902-3) 1950. "The Metropolis and Mental Life." Pp. 409-24 in *The Sociology of Georg Simmel*, edited and translated by Kurt Wolff. Glencoe, III.: Free Press. ゲオルク・ジンメル（居安正訳）「大都市と精神生活」（酒田健一ほか訳）『橋と扉』白水社 1998.
——. (1908) 1971. "Group Expansion and the Development of Individuality." Pp. 251-93 in *Georg Simmel: On Individuality and Social Forms*, edited by Donald N. Livine and translated by Richard P. Albares. Chicago: University of Chicago Press. ゲオルク・ジンメル「集団の拡大と個性の発達」（居安正訳）『社会学——社会化の諸形式についての研究』白水社 1994.
Stack, Carol B. 1974. *All Our Kin*. New York: Harper & Row.

Stein, Maurice. 1960. *The Eclipse of Community*. Princeton, N. J.: Princeton University Press.

Suttles, Gerald D. 1972. *The Social Construction of Communities*. Chicago: University of Chicago Press.

Taub, Richard P., George P. Surgeon, Sara Lindholm, Phyllis Betts Otti, and Amy Bridges. 1977. "Urban Voluntary Organizations, Locality Based and Externally Induced." *American Journal of Sociology* 83 (September): 425-42.

Tilly, Charles. 1970. "Community: City: Urbanization." Rev. version. Ann Arbor: University of Michigan, Department of Sociology.

——. 1973. "Do Communities Act?" *Sociological Inquiry* 43 (December): 209-40.

——. 1975. "Food Supply and Public Order in Modern Europe." Pp. 380-455 in *The Formation of National States in Western Europe*, edited by Charles Tilly. Princeton, N. J.: Princeton University Press.

——. 1978. *From Mobilization to Revolution*. Reading, Mass.: Addison-Wesley. チャールズ・ティリー（小林良彰ほか訳）『政治変動論』芦書房 1984.

Tönnies, Ferdinand. (1887) 1955. *Community and Association*. Translated by Charles P. Loomis. London: Routledge & Kegan Paul. フェルデイナンド・テンニエス（杉之原寿一訳）『ゲマインシャフトとゲゼルシャフト――純粋社会学の基本概念』岩波書店 1979.

Valentine, Charles. 1968. *Culture and Poverty*. Chicago: University of Chicago Press.

Verbrugge, Lois M. 1977. "Multiplexity in Adult Friendships." Rev. version of paper presented at the 1976 annual meeting of the American Sociological Association, New York, September.

Walker, Gerald. 1977. "Social Networks and Territory in a Commuter Village, Bond Head, Ontario." *Canadian Geographer* 21 (Winter): 329-50.

Walker, Robert L. 1974. "Social and Spatial Constraints in the Development and Functioning of Social Networks: A Case Study of Guildford." Ph.D. dissertation, London School of Economics.

Warren, Donald I., and Rachelle B. Warren. 1976. "The Helping Role of Neighbors: Some Empirical Findings." Mimeographed. Detroit: Oakland University, Department of Sociology.

Warren, Roland L. 1978. *The Community in America*. 3d ed. Chicago: Rand McNally.

Wayne, Jack. 1971. "Networks of Informal Participation in a Suburban Context." Ph.D. dissertation, University of Toronto.

Webber, Melvin. 1963. "Order in Diversity: Community without Propinquity," Pp. 23-54 in *Cities and Space: The Future Use of Urban Land,* edited by London Wingo, Jr. Baltimore: Johns Hopkins Press. 「多様性のなかの秩序――物理的近接性をもたないコミュニティ」（佐々波秀彦訳編）『都市と空間――都市開発の展望』鹿島研究所出版会 1969.

Weisner, Thomas S. 1973. "The Primary Sampling Unit: A Nongeographical Based Rural-Urban Example." *Ethos* 1 (Winter): 546-59.

Wellman, Barry. 1976. "Urban Connection." Research Paper no. 84. Toronto: Centre for Urban and Community Studies, University of Toronto.

——. 1977. "The Community Question." Research Paper no. 90. Toronto: Centre for Urban and Community Studies, University of Toronto.

Wellman, Barry, Paul Craven, Marilyn Whitaker, Sheila Dutoit, and Harvey Stevens. 1971. "The Uses of Community." Research Paper no. 47. Toronto: Centre for Urban and Community Studies, University of Toronto.

Wellman, Barry, and Barry Leighton. 1979. "Networks, Neighborhoods and Communities: Approaches to the Study of the Community Question." *Urban Affairs Quarterly* 15 (March): in press.

Wellman, Barry, Norman Shulman, Jack Wayne, and Barry Leighton. In preparation. *Personal Communities in the City*. New York: Oxford University Press.

Wellman, Barry, and Marilyn Whitaker, eds. 1974. *Community-Network-Communication: An Annotated Bibliography*. Bibliographic Paper no. 4. 2d ed. Toronto: Center for Urban and Community Studies, University of Toronto.

White, Harrison C. 1965. "Notes on the Constituents of Social Structure." Mimeographed. Cambridge, Mass.: Harvard University, Department of Social Relations.

——. 1966. "Couplng and Decoupling." Mimeographed. Cambridge, Mass.: Harvard University, Department of Social Relations.

White, Harrison C., Scott A. Boorman, and Ronald L. Breiger. 1976. "Social Structure from Multiple Networks. I. Blockmodels of Roles and Positions." *American Journal of Sociology* 81 (January): 730-80.

White, Morton, and Lucia White. 1962. *The Intellectuals versus the City*. Cambridge, Mass.: Harvard University Press.

Wireman, Peggy. 1978. "Intimate Secondary Relations." Paper presented at the Ninth World Congress of Sociology, Uppsala, August.

Wirth, Louis. 1938. "Urbanism as a Way of Life." *American Journal of Sociology* 44 (July): 3-24. ルイス・ワース（高橋勇悦訳）「生活様式としてのアーバニズム」鈴木広（編）『都市化の社会学［増補］』誠信書房 1978.

Wolf, Eric B. 1966. "Kinship, Friendship and Patron-Clint Relations in Complex Societies." Pp. 1-22 in *The Social Anthropology of Complex Societies*, edited by Michael Banton. London: Tavistock.

Woodsworth, J. S. (1911) 1972. *My Neighbor*. Toronto: University of Toronto Press.

Young, Michael, and Peter Willmott. 1957. *Family and Kinship in East London*. London: Routledge & Kegan Paul.

◆著者紹介・文献解題

　　　バリー・ウェルマン（Barry Wellman）

　ニューヨーク出身のバリー・ウェルマンは、ハーバード大学大学院に進み、グラノヴェターなど幾多の俊英を育てたハリソン・ホワイト（Harrison White）とチャールズ・ティリー（Charles Tilly）の指導を受け、構造分析の視点を学んだ。1960年代末以降、彼は一貫してカナダのトロント大学でネットワーク分析の研究・教育を主導してきたが、同大学にはホワイトやティリーの教え子が集まって構造分析の一拠点となった（Tindall and Wellman [2001]およびウェルマンのウェブサイト http://www.chass.utoronto.ca/~wellman/を参照）。

　1979年に発表されたこの論文は、いわば彼の出世作である（同年に発表された姉妹編に Wellman and Leighton [1979]がある）。トロント大都市圏のイースト・ヨーク住民を対象とした調査データに基づくこの論文は、現代都市居住者のパーソナル・ネットワーク研究の代表例のひとつとなっている。彼とその共同研究者たちは、長年にわたってイースト・ヨーク調査データを駆使し、多角的な分析を試みて、膨大な数の研究論文を生産してきた（2004-2005年には第3次イースト・ヨーク調査も実施されている）。しかし、とりわけこの論文が都市コミュニティ論、ネットワーク論、ソーシャル・サポート論などの発展に与えた影響は計り知れず、現在に至るまで繰り返し参照・引用されている（2001年には、*Canadian Journal of Sociology* 誌が選ぶ20世紀の英語圏カナダ社会学における七つの最重要論文のひとつに選出されている）。日本の都市社会学界では、クロード・フィッシャーの著作（Fischer, 1982＝2002 など）とともにこの論文が源流となって、パーソナル・ネットワーク研究の潮流が生み出された（大谷, 1995; 松本, 1995 などを参照）。

　本論文の最大の貢献は、それまでの都市コミュニティ研究分野におけるおびただしい成果の蓄積を「コミュニティ問題」に対する解

答群として再定義し、しかもその解答群を三つの類型に明快に整理した点にある。『失楽園（Paradise Lost）』をもじった「コミュニティ喪失（Community Lost）」という命名のセンスも心憎いが、現代のコミュニティ状況を「喪失」と見るか「存続」と見るかという学問的な対立に、「解放」というもうひとつの視点を導入したことで広く注目を集めることになった。そして、「パーソナル・ネットワーク」という概念こそが、この第3の解答を導くための方法論的基盤であり、コロンブスの卵であった。ウェルマンは、居住地域を基盤とした伝統的な「コミュニティ」概念に疑問を投げかける。そのような偏った視点に拘束されていることが「コミュニティ喪失」という誤った見解を導くことになったのだと彼は強く主張する。現代人の住むコミュニティは、個人を中心に置き、その重要な人間関係（第一次的紐帯）の全体像を捉えることによってこそ精確に捉えることができると主張し、ソシオセントリックからエゴセントリックへとネットワークの「地」と「図」を反転させてみせた（つまり、伝統的な「コミュニティ」概念に対して、「パーソナル・コミュニティ（personal community）」という概念を対置させた）。

　ウェルマンが提示する3類型は、同時に経験的データによって検証されるべき三つの仮説でもある。とりわけ第3の仮説「コミュニティ解放」仮説をトロントの調査データからどこまで論証することができるか、がこの論文のもうひとつのポイントである。論文の後半では、現代都市居住者のネットワークは、空間的に拡散し、構造的に分枝的で、親族のみならず多様な非親族との紐帯を含むネットワークになっていることを具体的なデータから描き出す。もちろん当時のイースト・ヨーク住民のネットワークは、完全に「連帯性」を失っているわけではない。その意味ではデータによる論証は必ずしも純粋な「解放論」を支持しているわけではないが、この仮説は充分な説得力を獲得したように見える。

　「解放論」的なパーソナル・コミュニティを、地縁と連帯を前提とする「伝統的な」コミュニティと同列に扱って議論することに対しては批判も可能だ。しかし、ウェルマンは、コミュニティ喪失論者のように、かつてあった（はずの）コミュニティを追慕しない。

「解放」という言葉が示唆しているように、現代のコミュニティの変化（解放化）をむしろ肯定している。紐帯の形成・維持における個人の自律性の拡大をよしとする価値観が垣間見える。

この論文が書かれた70年代末以降の社会変化を振り返ると、コミュニティはますます「解放」化の度合いを強めている。なかでも1990年代以降のインターネット、電子メール、携帯電話の普及は、パーソナル・ネットワーク形成・維持の方法を大きく様変わりさせた。近年のウェルマンの仕事が、こうした新しいメディアの普及とコミュニティ・ネットワークとの関連に関心を移していることは、ある意味で当然の展開なのかもしれない（Wellman and Haythornthwaite, 2002）。

1976年に社会的ネットワーク分析研究者の国際的・学際的な組織 *International Network for Social Network Analysis* (http://www.sfu.ca/~insna/) を創設し、1988年までその「代表」を務め、現在もその「国際コーディネータ」の役職を担うウェルマンは、世界中に分散するネットワーク研究者を組織化し、ネットワーク分析を制度化するために中心的な役割を果たしてきた。また、多くの国の様々な専門領域の研究者たちと共同研究をしてきてもいる（日本の研究者とも幅広い交流がある）。ネットワーク分析の理論的エッセンスを説いた彼自身の名論文「構造分析——方法・比喩から理論・実証へ」を含む多彩なネットワーク論集（Wellman and Berkowitz, 1988）や、欧米以外の社会に関するネットワーク研究論文などを集めた編著（Wellman, 1999）にその一端を見ることができる。バリー・ウェルマンは、実にエネルギッシュなネットワーキング・ソシオロジストである。

（野沢慎司）

【文献】

Fischer, Claude. (1982). *To Dwell among Friends: Personal Networks in Town and City*. University of Chicago Press.［フィッシャー, C.（松本康・前田尚子訳）(2002)『友人のあいだで暮らす——北カリフォルニアのパーソナル・ネットワーク』未来社.］

松本康（編）(1995)『増殖するネットワーク』勁草書房.

大谷信介 (1995)『現代都市住民のパーソナル・ネットワーク——北米都市理論の日本的解読』ミネルヴァ書房.

Tindall, David and Wellman, Barry. (2001). "Canada as Social Structure," *Canadian Journal of Sociology*, 26 (3): 265-308.

Wellman, Barry. (Ed.). (1999). *Networks in the Global Village: Life in Contemporary Communities*. Westview Press.

Wellman, Barry and Berkowitz, S. D. (Eds.). (1988). *Social Structures: A Network Approach*. Cambridge University Press.

Wellman, Barry and Haythornthwaite, Caroline. (Eds.). (2002). *The Internet in Everyday Life*, Blackwell.

Wellman, Barry and Leighton, Barry. (1979). "Networks, Neighborhoods, and Communities: Approaches to the Study of the Community Question." *Urban Affairs Quarterly*, 14 (3): 363-390.

第6章　人的資本の形成における社会関係資本

ジェームズ・S・コールマン[1]

（金光　淳訳）

James S. Coleman. (1988). "Social Capital in the Creation of Human Capital." *American Journal of Sociology*, 94: S95-S120.

　この論文では、まず社会関係資本（social capital）という概念を導入し、それについて説明する。また、社会関係資本の諸形態を記述し、社会関係資本が生起する社会構造的な条件を検討する。さらに、この概念を使って高校の中途退学者を分析する。社会関係資本という概念を使用するのは、本稿において論じられる一般的な理論戦略の一環である。つまり、合理的行為を出発点とするが、それに付随しがちな極端な個人主義的前提を退けるという戦略である。行為のための資源としての社会関係資本という概念は、合理的行為論パラダイムのなかに社会構造を導入するひとつの方法である。そこで、社会関係資本の三つの形態、すなわち恩義と期待、情報チャンネル、社会規範を検討する。社会関係資本の第1と第3の形態を促進する社会構造の閉鎖性の役割を論述する。社会関係資本が不足することによって、高校1年生の中途退学にどのような影響が現れるのかを分析する。家族内の社会関係資本、および家族外のコミュニティにおける社会関係資本の効果を検討する。

　社会的行為を記述し、説明するのに二つの代表的な知的潮流が存在する。ひとつは、大部分の社会学者の研究に特徴的なものであるが、行為者は、社会規範、規則、恩義によって社会化され、その行為はそれらに支配されているとするものである。このような知的潮流の利点は、主として、行為を社会的な文脈において記述することができ、行為が社会的な文脈によってどのように陶冶さ

れ、制約され、新たな方向を与えられるかを説明できる点にある。

　もう一方の知的潮流は、大部分の経済学者の研究に特徴的なものであるが、行為者とは、おのおの独立に到達される目標をもち、独立に行動し、まったく自己利益的なものであるとみる立場である。そのような見方の利点は、主として、行為の原則を持っているという点にある。その原則とは、功利性を最大化するというものである。この行為の原則は、ひとつの経験的一般化（限界効用の低下）と一緒になって、功利主義、契約主義、自然権などのいくつのかのバラエティーをもった政治哲学の成長をもたらすと同時に、新古典派経済理論の大成長をもたらした[2]。

　私は、以前に書いたもののなかで（Coleman 1986a, 1986b）、これらの知的潮流の両方に由来する要素を含んだ社会学理論の方向性を発展させるべきだと論じ、それを試みている。そのような方向性は、合理的、合目的的行為の原則を受け入れるものであると同時に、行為をその社会的文脈と結びつけてみれば、その原則によって、その文脈における個人の行為を説明できるばかりではなく、社会組織（social organization）の発展をも説明できることを示そうと試みる。この論文では、このような理論的な企図のもとに、ひとつの概念ツールを導入する。それが社会関係資本である。この概念を導入する背景説明として、この二つの潮流に対するいくつかの批判と修正の試みを概観しておくのがよいだろう。

批判と修正

　これら二つの知的潮流はともに大きな欠陥をかかえている。社会学的潮流の方は、行為者は「行為のエンジン」を持たないという、理論的な企てとしては決定的な欠陥をもっている。行為者は環境によって陶冶されるが、行為者に目的や方向を与えるような行為の内的なバネが存在しないのである。デニス・ロング（Wrong 1961）が「近代社会学における過度に社会化された人間概念」と言ったように、行為が完全に環境の所産であるという考え方そのものが、社会学者たち自身をこの知的潮流に対する批判へと向かわせることになった。

　他方、経済学的な潮流の方は、次のような経験的な現実に直面すると逃げ出

してしまうことになる。すなわち、人間の行為は社会的文脈によって陶冶され、方向づけ直され、制約されるものであり、規範 (norm)、個人間の信頼 (trust)、社会的ネットワーク (social networks)、社会組織というものは社会だけでなく経済が機能する際にも重要である、という経験的現実である。

両潮流の多くの研究者がこれらの難点を認識し、一方の知的潮流の知見や方向性を他方の潮流に継ぎ合わせようと試みた。経済学において、ヨーラム・ベン゠ポラス (Ben-Porath 1980) は、交換システムにおいて彼が「F-結合」と呼ぶもののはたらきに関する考えを展開した。F-結合とは、家族 (family)、友人 (friend)、企業 (firm) であり、ベン゠ポラスは経済学だけでなく、人類学、社会学の文献を引きながら、これらの社会組織が経済に影響を与える様を示した。オリバー・ウィリアムソンは数々の著作において (Williamson 1975, 1981)、経済的な活動が、企業や市場などの異なる制度的形態によって、どのように組織されるかを検討した。経済学においては、一群の新しい研究、「新制度学派経済学 (new institutional economics)」があり、それは古典経済学理論の枠内において、特定の経済的制度がどのような条件で生起し、これらの制度がシステムの働きにどのような影響を与えるかを示そうとしている。

社会組織が経済活動の働きに影響を与える様子を研究するような新しい試みが社会学者によってなされている。ベーカー (Baker 1983) は、高度に合理化されたシカゴ先物取引市場においてさえ、フロア・トレーダー間に関係が発展し、それが維持され、取引に影響を与える様を示した。より一般的には、グラノヴェター (Granovetter 1985) が、経済学者の経済行動の分析によくみられる「充分に社会化されていない (undersocialized) 人間概念」を全面的に批判した。ある経済制度の存在をその制度が経済システム全体に対して遂行している機能によってのみ説明することが多いので、新制度学派経済学の多くは粗っぽい機能主義であると、当初グラノヴェターは批判した。彼は、信頼を生み出し、期待を形作り、規範を創出・強化するうえで、具体的な人間関係および関係のネットワーク――彼はそれを「埋め込み (embeddedness)」と呼ぶ――が重要であることを、新制度学派経済学でさえもが認識しそこねていると論じている。

グラノヴェターの埋め込みという概念は、単に経済的機能を果たすために突

如登場する構造としてではなく、経済システムの機能に独立した効果を及ぼす歴史と継続性をもった構造として社会組織と社会関係を経済システムの分析に導入する試みだとみてよいだろう。

　経済学者、社会学者双方によるこれらの研究は、経済システムの機能の修正主義的な分析をなしている。そのような修正は、おおまかに言えば、合理的行為（rational action）の概念を維持する一方で、この合理的な行為概念の上に社会的・制度的組織を重ね合わせようとするものと言える。そして、その社会的・制度的組織は、一部の新制度経済学者による機能主義的な説明のように内生的なものとして、あるいはもっと因果関係的な解明を志向する一部の社会学者の研究のように外的な要因として、想定されている。

　私の目的はこれとは幾分異なる。経済システムを含むがそれだけに限定されない厳密な意味での社会システムの分析に使用するために、経済学的な合理的行為の原則を取り入れるのが目的だが、その際に社会組織を排除しないようにしたいのである。社会関係資本という概念は、このときに役立つツールである。この論文において、私はある程度一般的なかたちでこの概念を導入し、その後、特定の文脈において、つまり教育という文脈においてその有効性を検証することにする。

社会関係資本

　これら二つの知的伝統を代表する要素を混ぜ合わせて、まがい物を作るわけにはいかない。必要なのは、概念的に一貫した一方の枠組みから始め、その一貫性を破壊することなく、他方から別の要素を導入することである。

　画期的な性格を持っていたにもかかわらず、社会学に「交換理論（exchange theory）」を導入したこれまでの研究が抱えていた二つの大きな欠点を私はこうみている。ひとつは、それがミクロ社会だけに限定され、二者関係からシステムへのミクロ－マクロ間移行可能性という経済学理論の主要な長所を放棄してしまったことである。これはホーマンズ（Homans　1961）やブラウ（Blau 1964）の研究において明らかであった。もう一方は、「分配の公正（distributive justice）（Homans 1964, p. 241)」や、「互酬性の規範（norm of reciprocity）

(Gouldner 1960)」のような原則を場当たり的に導入しようとしたことである。前者の欠陥は理論の有効性を限定し、後者のそれは寄せ集めのまがい物を生み出してしまった。

　各行為者は特定の資源を支配しており、特定の資源と出来事に関心を有していると考える合理的行為理論を出発点とするなら、社会関係資本は行為者に利用可能な独自の資源であると言える。

　社会関係資本はその機能（function）によって定義される。それは単一のかたちをもつ存在ではなく、いくつかの異種があるが、それらに共通する要素が二つある。ひとつは、すべての社会関係資本は社会構造という側面を備えているという点である。もうひとつは、すべての社会関係資本が、個人であれ、団体という行為者であれ、その構造内における行為者の何らかの行為を促進するという点である。他の資本形態と同じように、社会関係資本は生産的なものであり、それなしでは不可能な一定の目的の達成を可能にする。物質的資本（physical capital）、人的資本（human capital）と同じように、社会関係資本も完全な代替性をもっているわけではなく、特定の活動に特化しているところがある。ある行為を促進するうえでは価値のある社会関係資本形態であっても、他の行為の促進には役立たなかったり、むしろ有害であったりすることがある。

　他の資本形態と異なり、社会関係資本は行為者間の関係の構造に内在している。それは行為者自身に宿るものではなく、物質的な生産手段に宿るわけでもない。個人同様、特定目的の組織も行為者（「団体的行為者（corporate actor）」）でありうるので、団体的行為者間の関係も自分たちにとっての社会関係資本となりうる（もっともよく知られた例は、団体的行為者間の情報の共有〔談合〕であり、それによって業界内の価格操作が可能になる）。しかし、この論文において私が注意を向けたい事例や応用領域は、個人の資源としての社会関係資本である。

　社会関係資本が何から構成されるかをより厳密に述べる前に、異なる形態のいくつかを例示しておくことが役立つであろう。

1．ダイヤモンド卸市場は、部外者にとっては驚くような特徴を示す。売買交渉の過程において、ある卸商は別の卸商に一袋のダイヤモンド石を渡し、後者が質の悪い石やそっくりな人造ダイヤとすり替えないという公式な保証が何もないのに、後者が暇なときに内々に吟味してもらうのである。ダイヤモンド石

は何千ドル、あるいは何十万ドルもする代物である。そのような査定のために自由に石を交換することは、この商品の市場のはたらきにとって重要である。それなくしては、この市場の稼働はずっと煩雑で非効率的なものとなるのである。

　ダイヤモンド石の査定という行為から、そこにある社会構造の特性が見えてくる。卸商のコミュニティは、通常、相互交流の頻度においても、民族的（ethnic）な紐帯や家族的な紐帯においても緊密である。例えば、ニューヨーク市のダイヤモンド卸市場は、ユダヤ系であり、相互に姻縁関係で結ばれている度合いも高く、ブルックリンの同じコミュニティに住み、同じシナゴーグ〔ユダヤ教の礼拝堂〕に通っている。

　ダイヤモンド卸商の観察からわかることは、家族、コミュニティ、宗教的所属を通じたこのような親しい紐帯（close ties）は、市場における取引を促進するのに必要な保証を与えるということである。このコミュニティのメンバーが、一時的に預かっている間に他の石とすり替えたり、盗んだりして裏切れば、彼は家族、宗教、コミュニティの紐帯を失うことになる。これらの紐帯の強さによって取引が可能になり、信頼が当たり前のこととされ、商売が容易におこなわれるのである。このような紐帯がないならば、出費のかかる込み入った契約関係や保証の仕組みが必要となる。さもなければ取引自体が起こらなくなってしまうのである。

２．1986年６月21〜22日の『インターナショナル・ヘラルド・トリビューン』紙は、韓国の急進的な学生活動家に関する記事を第一面に載せている。その記事は、その急進的な運動の展開を次のように述べている。「急進的な思想は、同じ高校、故郷、教会の出身者集団による秘密の『勉強サークル』を通じて伝えられる。これらの勉強サークルは、……デモなどの抗議運動のための基本的なユニットとして役立つ。発覚を防止するために異なるグループのメンバー同士は決して会うことはないが、任命された代表者を通じてコミュニケーションをとるのである。」

　急進的な運動の組織的基盤についてのこのような記述は、二つの種類の社会関係資本を例証している。「同じ高校、故郷、教会」は、後に「勉強サークル」が形成される土台となる社会関係を供給している。勉強サークル自体は、社会

関係資本の一形態となっている。それは、政治的な反対者に非寛容な政治システムへの抵抗を促進するのに資すると思われる細胞的な組織形態である。政治的な反抗が許容される場合であっても、政治的動機によるテロリズムや単なる犯罪など、許容されない活動がある。そのような活動を可能にするのは、特に強力な形態の社会関係資本である。

3．最近夫や子どもとともにデトロイト郊外からエルサレムに移住した6児の母親は、移住した理由のひとつは、エルサレムの方が幼い子どもたちがずっと自由に過ごせるからだと説明している。その母親は、8歳の子どもが6歳の子どもを連れて市バスに乗り、街の反対側にある学校に行っても安心だし、親の監視なく子どもが街の公園で遊んでいても安心だと感じている。彼女が以前住んでいたところではどちらもできなかったと言う。

なぜこのような違いが生じるかは、エルサレムとデトロイト郊外で利用できる社会関係資本の違いから説明することができる。エルサレムでは規範構造（normative structure）が存在するので、誰にも同伴されていない子どもでも近くにいる大人が「面倒を見てくれる」が、合衆国のほとんどの大都市地域ではそのような規範構造は存在しない。この家族は、合衆国の大都市地域には存在しないような社会関係資本をエルサレムでは利用できるのだと言える。

4．カイロのカーン・エル・カリリ市場では、商人の種別を分ける境界を部外者が見分けるのは難しい。例えば、皮革製品専門商店主のはずだった人物が、客に宝石はどこで売っているかと尋ねられると、突如として宝石（あるいは宝石に見えなくもないもの）も売っていると言い始める。というのも、そういうものを売っている親しい仲間がいて、直ちにその客を仲間のところへ連れて行くからである。あるいはまた、その商店主は、本当は両替屋ではないのに、即座に数軒先の商売仲間のところへ出向いて両替もする。客を仲間の店に連れて行くような場合には手数料が生じるが、両替のような場合には恩義（obligation）が生じるだけである。この市場では、所有権の安定性と同じように家族関係が重要である。市場全体が上述したような関係で満たされているので、百貨店が組織であるのと同じような意味で、この市場をひとつの組織と見なしてもよいだろう。別の言い方をすれば、市場は個々の商人の集合から成り立っており、各々が市場の諸関係を通じて利用可能な広大な社会関係資本を所有して

いるとみることもできる。

　上記の例は、数々の経済的、非経済的な結果をもたらすうえでの社会関係資本の有用性を示している。しかし、それがどのように生起し、人的資本の形成において利用されるかを理解するうえでは、とくに重要な社会関係資本の特性がある。そこでまず、これを人的資本と比較し、その後、社会関係資本の様々な形態を検討することが、これらを知るのに役立つであろう。

人的資本と社会関係資本

　過去30年間の教育経済学でおそらくもっとも重要かつ創意に富む発展は、道具や機械や他の生産的な設備というかたちをとった物質的資本という概念を拡張して、そこに人的資本も含めることができると考えるようになった点にあった（Schulz 1961; Becker 1964）。材料に変化を加えて生産に役立つ道具を作ることで物質的資本が創出されるのと同じように、人的資本も、人間に変化が生じて、技能や能力を身につけ、それまでとは違った仕方で行為できるようになることで創出されるのである。

　しかし、社会関係資本は、行為を促す人々の間の関係が変化することで創出される。物質的資本は、完全に有形で目に見える物質として具象化されている。それに比べると人的資本は、個人が獲得した技能や知識というものに具現化されているので有形性は低いと言える。とすると、社会関係資本はそれよりさらに有形性の程度が低いと言える。というのも、社会関係資本は個人間の関係のなかに存在しているからである。物質的資本と人的資本が生産的な活動を促進するように、社会関係資本も生産的な活動を促進する。例えば、信頼性（trustworthiness）や信頼（trust）が内部に遍く存在している集団は、そのような信頼性や信頼がない集団よりもずっと多くのことを成し遂げることができるのである。

社会関係資本の諸形態

　社会関係資本という概念は、第1に、社会構造（social structure）のある側

面を機能という観点から明確化できるという点で価値がある。それは、例えば「いす」という概念が、形態、外見、組み立てなどが多様な物体を含むにもかかわらず、その機能の点で共通する一定の物体を定義づけられるのと同じである。「社会関係資本」という概念によって明確化された機能とは、社会構造には行為者の利害関心を実現するために使用できる資源という側面があり、その意味で行為者にとって価値があるということである。

　社会構造のある側面にこのような機能があることを明示してみれば、社会関係資本という概念を使うことで、個人の行為者レベルおいて生み出される結果の違いが説明しやすくなるし、社会構造の詳細な検討をせずともミクロからマクロへの移行に向かいやすくなる。例えば、韓国のラディカルな学生の秘密勉強サークルは、学生が革命的な活動をするために使用できる社会関係資本であると言えば、この集団は、個人レベルの反抗が組織的な抵抗運動へと移行することを助長する資源となっていると主張していることになる。反乱の理論において、このような任務を遂行する資源が必要なものと位置づけられるなら、これらの勉強サークルは、別の文脈で革命を目標にした個人に対して同様の機能を果たしたという意味で、起源はまったく異なるが、他のいくつかの組織構造と同種であるとみなしてよいだろう。例えば、1968年のフランスの学生の反乱である「リセの反乱」や、レーニン（Lenin［1902］1973）によって提唱され、記述されたツアリズム・ロシアの労働者の細胞組織などと同じである。

　もちろん、別な目的があるならば、そのような組織的な資源の詳細を調べたくなるだろうし、そうした目的のための資源として役立つかどうかという点で決定的に重要な要素を知りたくなるだろうし、さらにそれらが個々のケースにおいていかにして存在するようになったかを検討したくなったりもするだろう。しかし、社会関係資本という概念を使えば、そのような資源を取り上げて、それが他の資源と組み合わせられるといかにしてシステム的に別のレベルの行動を生み出すか、場合によっては、個人に異なる結果をもたらすかを示すことができるのである。社会関係資本という概念は、そのような目的に使用するのに充分に吟味されているとは言えないが、このような資源を利用できる行為者にとって価値あるものが生産されたこと、そしてその価値は社会組織に根ざしていることを、分析者や読者に指し示すことができる。この概念を分解して検討

するのは分析の第2段階に入ってからであり、社会組織を構成するどの部分が価値を生み出すうえで貢献したのかを明らかにすることになる。

　リン (Lin 1988) およびデ・グラフとフラップ (De Graf and Flap 1988) の先行研究においては、本稿が採用している視点と類似した方法論的個人主義 (methodological individualism) の視点から、合衆国において（さほどではないが西ドイツとオランダにおいても）、職業移動を達成するためにインフォーマルな社会的資源がいかに役に立っているかが示された。リンは、このような役割を果たす社会的紐帯、とりわけ「弱い」紐帯（weak tie）に焦点をあてたのである。私はこれから、様々な種類の資源を検討しようと思うが、それらはすべて行為者にとっての社会関係資本となっている。

　人的資本の創出における社会関係資本の価値を経験的に検討する前に、個人にとって役に立つ資本的資源となりうる社会的関係とはいったい何であるのかをより深く検討してみたい。

恩義、期待、構造の信頼性

　いま、AがBのために何かを行い、Aは将来Bがそれに報いてくれると信頼しているとする。これによって、Aには期待が生まれ、Bには恩義が生まれる。この恩義を言い換えれば、Bによってなされるはずの行為に対するクレジット払い伝票をAが持っている状態と考えることができる。Aが自分と関係のある何人もの個人に対して大量のクレジット払い伝票を所有しているとすると、それはそのまま財的資本になぞらえることができる。これらのクレジット〔信用〕払い伝票は、必要があればAがあてにすることのできる信用の大きさを表していると言えるだろう。もちろんそれは、信頼をおくことが賢明な判断であり、それらが回収見込のない不良債権でないならばの話である。

　ある種の社会構造においては、「人はいつもお互いのためになることをしている」と言われる。そこでは、未決済のクレジット払い伝票が大量に存在し、しかもひとつの関係で結ばれた双方の側に存在することも多い（これらのクレジット払い伝票はどの活動領域でも通用する完全な代替性を備えていないことが多いので、Aによって所有されたBのクレジット払い伝票と、Bによって所有されたAのクレジット払い伝票は、完全に相殺されることはない）。先のカイロのカー

ン・エル・カリリ市場はそのような社会構造の極端な例である。個人がより自給自足的で、他人への依存が少ないような別の社会構造では、常時未決済状態のクレジット払い伝票はずっと少ない。

このような形態の社会関係資本は、二つの要素に依存している。ひとつは、社会的環境の信頼性であり、これは恩義がいずれ報われることを意味している。もうひとつは、負っている恩義が実際にどの程度かである。様々な社会構造はこれら両次元において多様であり、同じ構造内の諸個人は第2の次元において多様である。環境の信頼性の価値を説明する例としては、東南アジアなどの地域に見られる無尽講・頼母子講（rotating-credit association）がある。これは、友人や隣人が集まって毎月会合をもつ組合であり、全員が資金を拠出して一ヵ所に集め、それを（入札やくじで選ばれた）メンバーの1人に与えるのである。そして何ヵ月か後に、n人の全員がn回資金を拠出して、1回の支払いを受けることになるまで続けられる。ギアーツ（Geertz 1962）が指摘するように、これらの講は小規模な資本支出のために貯蓄を結集する効率的な制度であり、経済発展を助ける重要な手段でもある。

しかし、集団のメンバーの間に高度な信頼性が存在しなければ、このような制度は存在しえない。というのは、毎月の会合の早い回に支出金を受け取った人が密かに逃亡して他の人に損害を与えることもできるからである。例えば、高度な社会解体（social disorganization）に特徴づけられた大都市、言い換えれば社会関係資本が欠如する大都市においては、このような講の存在は考えにくい。

社会構造の両次元における差違は、様々な理由から生じる。人々の実際の援助ニーズは多様である。それ以外の援助資源（例えば政府の福祉サービス）の有無も、豊さの程度（によって他者からの援助ニーズが減少する）も多様であり、援助を与えたり求めたりする程度も文化によって多様である（Banfield 1967参照）。社会的ネットワークの閉鎖性も、社会的接触の仕方についての方略（Festinger, Schachter and Back 1963参照）も、さらにそれ以外の要因も多様である。しかし、どこから生じたものであれ、高レベルの常時未決済状態の恩義を内包する社会構造には、人々が利用できる社会関係資本が多いことになる。未決済恩義が高密度であるということは、実際には、その社会構造における有

形資源の有用性の総量が、それを必要としている人にとっての利用可能性の高さによって増幅されている状態を意味している。

　社会システムの中の個々の行為者は、常時利用可能な未決済クレジット払い伝票の数においても多様だ。もっとも極端な例は、ヒエラルヒー的な構造をもつ拡大家族である。そのような家族の家長（すなわち「ゴッド・ファーザー」）は、膨大な量に上る様々な恩義を保有し、貸しを作ってあるので、何かやってもらいたいことがあればいつでも支払いを要求できる。この極端な例に近いのが、伝統的な地域にある高度に階層化された農村である。そこでは、裕福な家族は、裕福であるがゆえに、いつでも支払い要求できる信用払い関係を幅広く築き上げている。

　同様に、立法府のような政治的な場では、（合衆国の下院議長や上院院内総務などのように）特別の資源を有する位置にいる政治家は、資源の効果的使用によって、他の議員に対して様々に貸しを作って恩義を蓄積しているために、さもなければ否決されかねない法案でも通すことができるのである。このように恩義が集積することは、この有力政治家にとって有用な社会関係資本となっているだけではなく、立法府にとっても行為水準を高めるのに役立っている。したがって、広範にクレジット〔信用〕を発行している立法府のメンバーは、その信用を使って、多くの争点に関して議員連合を組んで投票することができるので、当然ながらそのような幅広い信用貸しも借りもないメンバーよりも力を持っている。例えば、合衆国の上院には、いわゆる「上院クラブ」のメンバーである議員とそうでない議員がいることが知られている。要するにこれは、信用貸し・借りのシステムに埋め込まれている上院議員と、そうではない「クラブ」外の上院議員がいることを意味している。クラブのメンバーは部外者より力をもっているというのも周知の事実である。

情報チャンネル

　社会関係資本の重要な形態のひとつに、社会関係に内在する情報に対する潜在力がある。情報は行為をもたらす基盤となる点で重要である。しかし、情報を獲得するにはコストがかかる。少なくとも、情報に対して注意を払っていることが必要になるが、充分な注意が払われていない状態であることがつねであ

る。情報を獲得する手段のひとつは、別の目的のために維持されている社会関係を利用することである。カッツとラザーズフェルド（Katz and Lazarsfeld 1950）は、1950年頃の中西部において、この点が女性の様々な生活領域にどのような現象として見られるかを示している。彼らは、流行には関心があるが必ずしも時代の最先端であることには関心のない女性たちが、流行に遅れないために、友人を情報源として利用していることを明らかにした。同様に、世の中の出来事に特別な関心はないが、世の中の主要な動向を一応知っておきたいと思う人は、そのようなことに関心を払っている配偶者や友人に頼ることで、新聞を読む時間を節約することができる。関連領域の調査に関する最新情報に通じていたい社会科学者は、同僚との日常的なやりとりを利用して情報を得る。ただし、そのようなことは最新情報通であるような同僚の多い大学においてのみ見られた。

　これらはすべて、社会関係が行為を促進する情報を提供する社会関係資本の一形態であることを示す例である。この場合、関係が恩義というかたちの「クレジット払い伝票」を生み出し、それをもつ人が他者の行動を期待し、相手に信頼性を感じるから価値があるというだけでなく、提供する情報自体においてその関係には価値があるのである。

規範と効果的な制裁

　効果的な規範が存在する場合、それは、強力で、しかしときに脆弱な形態の社会関係資本となる。犯罪を有効に防止する規範があれば、都市部でも夜間自由に外を歩き回ることができるし、老人が身の安全を心配することなく外出することができる。また、コミュニティ内の規範が、学校でよい成績を上げた子どもにはきちんとしたご褒美が与えられるべきだと考え、実際にそれを与えるようなものであれば、学校の任務が大いに助けられる。

　集合体内における指令的な規範（prescriptive norm）は、社会関係資本の非常に重要な形態であるが、それによって人は自己利益的行動ではなく、集合体の利益のために行動できるのである。社会からの支持、地位、名誉、その他の報酬によって強化されたこの種の規範は社会関係資本であり、この社会関係資本が若い国民を鍛え上げる（が、やがて歳をとるとそういうことはなくなる）。ま

た、この社会関係資本が、家族のひとりひとりを私欲のない「家族の利益」のための行動へと導き、家族を強化する。さらにこの社会関係資本は、献身的で仲間意識の強い、互酬的なメンバーによる小集団から萌芽的な社会運動が発達するのを促す。そして、一般的に言えば、この規範という社会関係資本が、人々を公共の利益のために働かせるのである。こうした例のうちのいくつかにおいては、規範が内面化されていると言えるが、無私無欲の行為に対する外的な報酬や利己的な行為に対する外的な非難があるためにそのような行為をとったと言える例もある。しかし、この種の規範は、内的・外的な制裁（sanction）によるかどうかにかかわらず、集合体における様々な公共財の問題を克服する際に重要となる。

　これらのすべての例が示すように、効果的な規範は社会関係資本の有力な一形態である。しかし、この社会関係資本は、先に述べた形態の社会関係資本と同様に、特定の行為を促進するばかりでなく、別の行為を制約する。若者の行動に関して強力で効果的な規範をもったコミュニティは、若者たちの「勝手気ままな振る舞い」を許さない。夜一人で歩くことを可能にする規範は、犯罪者の活動を（ある場合には犯罪者以外の人の行動をも）制約する規範でもある。「スポーツが得意な男の子はフットボールをやるべきだ」というような規範がコミュニティ内に存在するような場合を考えればわかるように、特定の行為を推奨するような指令的な規範が、結果的にそれ以外の活動にエネルギーが向かわないようにさせてしまうことがある。ある領域に存在する効果的な規範が、別の領域の革新性を減少させることもある。しかも、他人に害を与えるような逸脱行為（deviant actions）を減少させるだけではなく、人に便益をもたらすような逸脱行為をも減少させるのである（これがどのようにして起こるかについては、Merton [1968, pp. 195-203]を参照）。

社会関係資本を促進する社会構造

　すべての社会関係と社会構造は、何らかの形態の社会関係資本を促進する。行為者は何らかの目的に基づいて関係を作り、その関係から何らかの利益を得られる限りにおいて関係を維持する。しかしながら、ある種の社会構造は、何

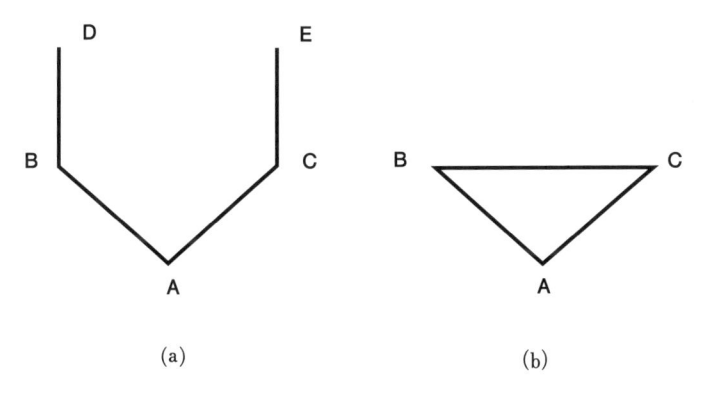

図6-1　閉鎖性のない構造(a)とある構造(b)

らかの形態の社会関係資本を促進するという意味でとくに重要である。

社会的ネットワークの閉鎖性

　効果的な規範が依拠している社会関係の特性のひとつが、ここで私が閉鎖性（closure）と呼ぶものである。一般的に、効果的な規範が発生する十分条件とは言えないが必要条件と言えるのは、他者に対して外的な効果を課すような行為である（Ullmann-Margalit 1977; Coleman 1987）。マイナスの外的効果を抑制しようとしたり、あるいはプラスの外的効果を促進しようとしたりすると規範が生じることがある。しかし、このような条件が存在するにもかかわらず、規範が出現しない社会構造も多い。その理由は、社会構造に閉鎖性が存在しないからだと言えるだろう。図6-2は、それがどうしてなのかを示している。図6-1aのような開放的な構造においては、行為者Aは、行為者BとCと関係をもっているので、BかCのどちらか、あるいは両方に対してマイナスの効果を外から及ぼすような行為を行うことができる。BとCは、他のもの（DやE）とは関係をもっているが、お互いに関係をもっていないので、その行為を抑止するために力を合わせてAに制裁を加えることはできない。BかCの一方が十分に損害を受けるか、Aに対して力が強く単独で制裁を与えられるのでない限り、Aの行為は弱められることはない。図6-1bのような閉鎖性のある社会構造では、BとCは力を合わせてAに対して集合的な制裁を課すことができる。またはA

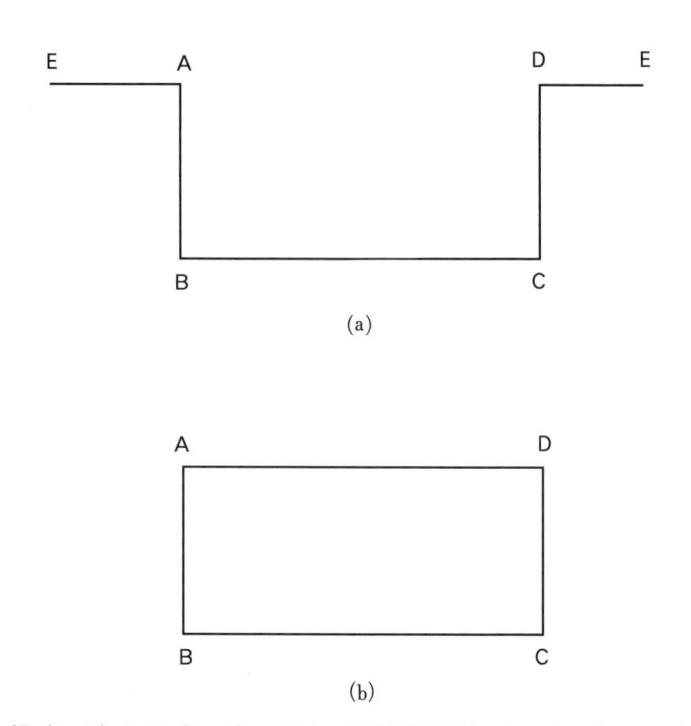

図6-2 親（A, D）と子（B, C）に関する世代間閉鎖性のないネットワーク(a)とあるネットワーク(b)

に制裁を与えることによって、どちらかがもう一方に報酬を与えることができる（社会構造の閉鎖性のうえに成り立つうわさ話というものが、いかにして集合的な制裁となりえるかを示す例についてはMerry［1984］を参照）。

　親が子どもに課す規範の場合、構造の閉鎖性はもう少し複雑な構造にならざるをえないが、それをここでは世代間閉鎖性（intergenerational closure）と呼んでおこう。世代間閉鎖性は、親子関係と家族外部との関係を表示した簡単なダイアグラムによって表現できるだろう。図6-2に示した二つのコミュニティを考察してみよう。タテの線は世代間の親子関係を表し、ヨコの線は、世代内の関係を表すとしよう。図6-2aと図6-2bの両方において、Aと書かれた点は子どもBの親を表し、Dと書かれた点は子どもCの親を表している。BとCの間の線は、学校内に存在する子ども同士の関係を表している。学校内のその他の関係は示していないが、仲間関係のある子ども同士には高レベルの閉鎖性が

存在しており、毎日顔を合わせ、互いに対する期待をもっており、お互いの行動に対する規範が形成されている。

しかしながら二つのコミュニティは、その学校の子どもたちの親同士の連結 (link) の有無が異なっている。図6-2bの学校には世代間閉鎖性が存在するが、図6-2aの学校には世代間閉鎖性が存在しない。わかりやすく言えば、下の図6-2bに示されたコミュニティでは、友だち関係のある子どもの親同士もまた友人であるが、上の図6-2aではそうではないということである。

このような閉鎖性は、ダイヤモンド卸売市場やそれに似たコミュニティの場合と同じように、行動を監視したり、誘導したりするような効果的な制裁をもたらす。図6-2bのコミュニティにおいて、親であるAとDは、子どもの行動について話し合い、行動の規準や制裁について何らかの共通了解を作ることができる。そして親Aは、自分の子どもの行為を叱るときに、親Dを味方につけることができる。そのうえ、親Dは自らの子どもCだけでなく、もう一方の子どもBの監視役にもなる。このようにして、世代間閉鎖性は、学校に関することに限らず様々な点で、子育てする親にとって一定量の社会関係資本となる。

社会構造の閉鎖性は、効果的な規範のために重要なばかりではなく、もうひとつ別の形態の社会関係資本にとっても重要である。恩義と期待を増大させる社会構造に対する信頼性がそれである。恩義のある関係から逃げ出すことは、相手に何らかのマイナスの外的効果を与えることになる。しかし、閉鎖性のない構造において、これに対して効果的な制裁を課すことができるとすれば、それは恩義を与えていた人だけである。開放的構造のなかでは、風評が立つこともなく、信頼性を保証する集合的制裁が発動されることもない。したがって、閉鎖性は社会構造への信頼性を生み出すといってよいであろう。

転用される社会組織

自発的な組織 (voluntary organizations) というものは、その創設者たちが抱いていた何らかの目的の達成を助けるために結成されたものである。第2次世界大戦中に合衆国東部のある都市で建設された住宅団地には、手抜き工事が原因で、配管の不具合やでこぼこの歩道など多くの物理的問題が生じたという (Merton, n. d.)。住民は、建設業者と直接対決したり、それ以外の方法でこの

問題に取り組んだりするために組織を作った。後に問題が解決されると、この組織は住民の生活の質を向上させるために利用される社会関係資本として存続した。そして住民たちは、以前に住んでいたところでは利用不可能であった資源を手にしたのである（例えば、コミュニティ内にはティーンエイジャーが少ないにもかかわらず、住民はティーンエイジャーのベビーシッターの利用に関して高い満足感を表す傾向があった）。

　モノタイプ〔自動鋳造植字機〕の操作に従事していたニューヨーク印刷組合の印刷工は、モノタイプ・クラブという社交クラブを結成していた (Lipset, Trow, and Coleman 1956)。その後、この組織は、雇用者が植字工を探す場合にも、また植字工が職を探す場合にも、どちらにとっても有用な雇用紹介サービスとして役立つと考えられるようになり、この目的のために転用されるようになった。さらに後になって、ニューヨークの組合において革新党が執行部を握ったときにも、執行部を追われた独立党の組織的資源としてモノタイプ・クラブが転用された。

　先の韓国の急進的な学生の例では、勉強サークルは同じ高校、故郷、教会の出身者からなるとされた。ここでも、上の例と同じように、ある目的のために結成された組織が、別の目的のために転用され、各メンバーにとって重要な社会関係資本となり、効果的な反体制運動のための組織的資源として活用された。これらの例から一般化できる論点は、ひとたび何らかの目的のために作られた組織が、他の目的にも役に立ち、利用可能な社会関係資本となりえるということである。

　マックス・グラックマン（Max Gluckman）は、単一的関係（simplex relations）と多重的関係（multiplex relations）を区別したが、その考え方を使えば、閉鎖性および転用可能な社会組織がいかにして社会関係資本をもたらすかを深く理解することができる[3]。多重的関係においては、人々は二つ以上の文脈（近隣、仕事の同僚、親同士、同一宗教など）によって連結しているが、単一的関係の場合は、人々は単一の関係によってしか連結していない。多重的関係の中心をなす特質は、ある関係で得られた資源が、別の関係で使用するために転用されることにある。ティーンエイジャーになった自分の子どもの行動について2人の親が情報を交換するような場合のように、資源はもっぱら情報的なもの

にすぎないことがある。しかし、乙という人がXという関係にある甲に恩義を与えたことがあるため、その恩義を使って乙がYという関係において甲の行為を制限できる場合もある。ある人がある文脈において恩義を与えた人たちというものは、実は、その人が別の文脈で問題をかかえた場合に助け求めることができる資源となることが多いのである。

人的資本の形成における社会関係資本

これまでの頁は、社会関係資本一般について定義し、例証するために費やされてきた。しかし、社会関係資本の効果のなかでもとりわけ重要な効果がある。それは次世代の人的資本の形成に及ぼす効果である。家族における社会関係資本と、コミュニティにおける社会関係資本の両方が、次世代における人的資本の創出において重要な役割を果す。それらについて順に検討してみよう。

家族内の社会関係資本

通常、学校における学業達成度に影響を及ぼす様々な要因の効果について検討する場合、「家族的背景（family background）」は、効果という点で、学校教育とは区別される単一の実体だと考えられている。しかし、唯一の「家族的背景」が存在するわけではなく、分析的には少なくとも三つの異なる構成要素に分解可能である。財的資本（financial capital）、人的資本、社会関係資本がそれである。財的資本は、家族の財産と収入によってほぼ測定できる。それは学業達成の助力となりうる物質的資源であり、家で勉強するための場、学習を助ける教材、家族の問題を円満に解決する財的な資源である。人的資本は、大まかには両親の教育程度によって測定され、子どもの学習を支援する認知的な環境を潜在的に提供する。しかし家族内の社会関係資本は、このいずれとも異なる。二つの例によって、それがどんなものであり、どのように働くのかを示そう。

ジョン・スチュアート・ミル（John Stuart Mill）は、学齢に達する前に、父であるジェームズ・ミル（James Mill）からラテン語とギリシャ語を習った。もう少し年長になると、まだ子どもであったにもかかわらず、父が書いた原稿

の下書きについて、父やジェレミ・ベンサム（Jeremy Bentham）と議論を交わすようになった。ジョン・スチュアート・ミルは、飛び抜けた遺伝的資質を受け継いでいたわけでもなく、父親の教育程度も当時の人々と比べてとりわけ高いわけではなかった。大きな違いは、知的な事柄に関して、彼の父がその子にかけた時間と努力の量である。

　合衆国のある公立学校区では、家族が教科書を購入しなければならなかったが、アジア系移民家族の多くが、子どもに必要な教科書をそれぞれ2部ずつ購入していたことを知った学校側は不思議に思った。詳しく調査をしてみると、それらの家族は、子どもが学校でうまくやっていけるようにと母親自身が勉強するために2冊目を購入していたことがわかった。これは、少なくとも教育年数という昔ながらの方法で測定した両親の人的資本は低いにもかかわらず、子どもの教育のために活用される家族内の社会関係資本が極めて高いという事例である。

　こうした例は、子どもの知的発達にとって家族内の社会関係資本が重要であることを示している。もちろん、子どもは両親のもつ人的資本によって大きな影響を受けることも確かである。しかし、両親が子どもの人生に深く関わっていなければ、つまり親の人的資本のほとんどが職場など家庭外の場で使われてしまうのであれば、この人的資本は子どもがどのように育つかに何ら影響を与えないであろう。家族の社会関係資本とは、親と子の関係のことである（家族に親以外のメンバーが含まれる場合には、そのメンバーたちとの関係も含む）。つまり両親の人的資本が多くても、あるいは少なくても、家族関係というかたちをとった社会関係資本によって補完されないなら、子どもの教育上の成長には無関係なのである[4]。

　ここでは、先に議論した社会関係資本の諸形態間の区別は問題にせずに、子どもが親から得る社会関係資本の測度として、単純に親子関係の強さを測定してみる。例えば、人的資本という概念を使って合理的な個人はどんな教育投資をするかを検討する際にはそうすることが多いのだが、私は社会関係資本の概念をあえて合理的行為論パラダイム的な意味では使用しないことにする。その理由のひとつは、社会関係資本以外のほとんどの形態の資本（それについては後の節で触れる）には見られないが、社会関係資本の多くが備えている特性に

表6-1　家族内社会関係資本の違いと第10学年〔高校1年〕末から第12学年〔高校3年〕末の間に生徒が中退する率
　　　——家族内の人的資本と財的資本の効果を統計的に統制後[a]

	中退率(％)	パーセント値の差
1．親の存在		
両親とも	13.1	6.0
ひとり親	19.1	
2．子どもの数		
きょうだいがもう1人	10.8	6.4
きょうだいがさらに4人	17.2	
3．親と子ども		
両親ときょうだい1人	10.1	12.5
ひとり親ときょうだい4人	22.6	
4．子どもの教育に対する母親の期待		
大学に行くことを期待する	11.6	8.6
大学に行くことを期待しない	20.2	
5．3要因の組み合わせ		
両親、きょうだい1人、母が大学を期待する	8.1	22.5
ひとり親、きょうだい4人、母が大学を期待しない	30.6	

　a　推定値は付録の表6-A1に詳しく報告されているロジスティック回帰分析から取った。

ある。それはいわば公共財的性格であり、それが過少投資を導くことになる。

　子どもが大人のもつ人的資本を利用できるという意味での家族内の社会関係資本は、家族内に大人が物理的に存在しているかどうか、そして大人が子どもに対して注意を払っているかどうかによって決まる。家族内に大人が欠けていることは、家族の社会関係資本における構造的欠如だといえる。近代家族における構造的欠如のもっとも顕著な例は、ひとり親家族（single parent family）である。しかし、どちらか一方あるいは両方の親が外で働いている核家族であっても、昼間の時間に親がいることによって、あるいは家庭内やその近所に祖

父母や叔父・叔母などがいることによってもたらされる社会関係資本が欠けているならば、そこには構造的な欠如があるとみられる。

　たとえ大人が物理的に存在していても、子どもと親との関係が強くなければ、社会関係資本は不足することになる。子どもが若者同士の仲間集団に埋め込まれている、あるいは親が子どもとは関わりのない大人同士の関係に埋め込まれているなどの原因から、親子関係が弱まってしまうことがある。その原因が何であれ、つまりどんな人的資本を親が身につけていようとも、子どもはその恩恵を受けることはできない。なぜなら社会関係資本がないからである。

　家族内の社会関係資本の不足がどのような効果を及ぼすかは、教育達成の結果変数として何を取り上げるかによっても異なる。とりわけ重要だと思われるのは、中途退学に対する効果である。表6-2は、「高校生活とその後（High School and Beyond）」調査の高校生サンプルを使って、家族内の社会関係資本と人的資本に関する様々な測度と、コミュニティ内の社会関係資本の一測度を統計的に統制したうえで、様々なタイプの家族出身の生徒の中途退学の期待率がどう異なるかを示したものである[5]。きょうだい数を社会関係資本の測度として使用することについては説明が必要である。ここでは、ある子どものきょうだいの数が多いほど、大人がその子どもに向ける注意が薄まると解釈している。これは学業達成度とIQに関する調査の結果と合致する。この調査では、家族成員総数を統計的に統制してもなお、きょうだいのうち生まれた順番が後になるほど試験の点数が低下し、また家族内の子どもの数が多いほど試験の点数が低下することがわかった。下のきょうだいと大家族の子どもは、大人からあまり手をかけられないので学業成績がよくないと言われるが、これらの結果はともにそうした見解と合致している。

　表6-1の項目1は、ほかの家族資源の効果を統計的に統制すると、高校1年生末の春と3年生末の春の間に中途退学した割合は、ひとり親家族出身の生徒の方が、6％高いことを示している。表6-1の項目2は、きょうだいが4人いる高校1年生は、きょうだいが1人であること以外には家族資源が同等である1年生よりも、中退率が6.4％高い。これら二つを合成して、子ども数に対する親の数の割合を、子どものうちの1人がその教育のために利用可能な家族内社会関係資本の測度であると考えることができる。表6-1の項目3は、きょう

だいが4人でひとり親と暮らす1年生は、その他の面では家庭的背景が平均的であるとすれば、中退率が22.6%であり、きょうだいが1人で両親と暮らしている1年生では10.1%であることを示している。その差は12.5ポイントである。

家族内の大人が子どもに気を配っている程度を示すもうひとつの指標は、必ずしも純粋な社会関係資本の測度ではないが、子どもの大学進学に対する母親の期待である。表6-1の項目4は、期待されていない1年生の方が、期待されている1年生より8.6ポイントも中退率が高いことを示している。項目5は、これら三つの家族の社会関係資本の源泉を一緒にして、きょうだいが1人で両親がいて母親が子の大学進学を期待する1年生は、（やはりほかの家族的資源の効果を統制した場合）8.1%の中退率であり、きょうだいが4人でひとり親、母親が子どもの大学進学を期待しない1年生の中退率は30.6%であることを示している。

家族内社会関係資本の効果を測定するために設計された調査ではないので、これらの分析結果は必ずしも十分な検証にはなっていない。さらに、付録の表6-A1に示したように、家族内の社会関係資本の測定に使えるもうひとつの変数と目される「個人的出来事について親に相談する頻度」は、中退率とは基本的に関係がない。にもかかわらず全体を要約すれば、財的資本、人的資本と同じように、家族内社会関係資本も子どもの教育資源であることを、データは示している。

家族外の社会関係資本

子どもの成長にとって価値のある社会関係資本は、家族の内部だけに存するわけではない。それは家族の外部、すなわちコミュニティのなかにも見いだすことができる。とくに、親同士が社会関係で結ばれているようなコミュニティであったり、その関係構造が閉鎖的であったり、親がコミュニティの諸機関と関わりを持ったりしている場合、そこには社会関係資本が存在する。

家族の外部の社会関係資本の教育的結果の効果の違いは、すでに取り上げた世代間閉鎖性という親側の社会関係資本の源泉にとくに注目して、その違いが子どもにどのような違いをもたらすかを調べることによって明らかにできる。データには、世代間閉鎖性を直接に測定している変数は含まれていないが、近

似的な指標はある。それは家族の引っ越しによる子どもの転校回数である。頻繁に移動する家族にとって、社会関係資本を構成する社会関係は移動するたびに破壊される。コミュニティのなかには、他の人にとって利用可能な世代的閉鎖性が様々な程度に存在しているとしても、移動的な家族の親はそれを利用することはできないのである。

以前に行ったロジスティック回帰分析を表6-A1に示してあるが、そこから明らかになるのは、小学5年生以降の転校回数に関する係数は、標準誤差の10倍であり、家族における人的資本と財的資本の尺度（社会経済的地位）、およびこれまでの分析で導入された社会関係資本の粗っぽい測度を含め、方程式内のすべての変数のなかでもっとも強い効果を持つ変数であるということである。これを中途退学への効果について言い換えると、家族が移動しなければ中退率は11.8%であり、一度移動すれば16.7%、2度移動した場合は23.1%になる。

「高校生活とその後」の調査データにおいて学校間に差がみられたもうひとつの点が、社会関係資本の有効な指標となるだろう。それは、公立高校、宗教系私立高校、非宗教系私立高校の区別である。このうち、宗教組織を基盤としたコミュニティに取り囲まれているのは、宗教系の私立高校である。こうした学校の生徒の家族は、多重的関係に基づいた世代間閉鎖性を形づくっている。他に何らかの関係を有しているかどうかは別にしても、大人たちは同じ宗教団体のメンバー同士であり、かつ同じ学校に通う生徒の親同士である。反対に、コミュニティとの接点がもっとも少ないのは、ふつうは独立系の私立学校である。というのは、その生徒全体は単に生徒の集合にすぎず、親同士に何ら接触がないからである[6]。これらの親の多くにとって私立学校を選択するのは個人主義的な理由からであり、親がどんなに多くの人的資本を使って子どもを支援したとしても、子どもを社会関係資本の欠乏した学校に送ってしまっていることに違いはないのである。

「高校生活とその後」の調査データにおいて、公立学校は893校、カトリック系は84校、その他の私立学校は27校である。その他の私立学校の多くは独立系であり、設立に宗教が絡んでいるものは少ない。この分析ではまず、家族外の社会関係資本の効果を検証するために、その他の私立学校を独立系私立学校と考えることにする。

表6-2 周囲のコミュニティにおける社会関係資本の違いと第10学年〔高校1年〕末から第12学年〔高校3年〕末の間に生徒が中退する率

	公立	カトリック系	その他の私立学校
1．粗中退率 ·································	14.4	3.4	11.9
2．公立校1年生[a]の平均値を基準に標準化した中退率 ·····················	14.4	5.2	11.6
		非カトリック宗教系	独立系
3．独立系と非カトリック宗教系私立学校生徒[b]の粗中退率 ·············		3.7	10.0

　a　標準化は、2群の学校に関して別々に行ったロジスティック回帰分析に基づいている。注5に挙げた変数と同じものを使用している。標準化のための係数と平均値はHoffer (1986, 表5と表24) に示されている。
　b　この比較は重みづけされないデータに基づいている。二つの中退率のいずれもが、この表中の項目1「その他の私立学校」の中退率（重みづけされたデータ）よりも低いのはそのためである。

　これらの比較結果は、表6-2に示されている。項目1は、1年生から3年生にかけての中退率が公立学校14.4%、カトリック系学校3.4%、その他の私立学校11.9%であることを示している。もっとも目立つのは、カトリック系学校の中退率の低さである。その比率は、公立学校の4分の1、その他の私立学校の3分の1である。
　カトリック系学校とその他の私立学校の生徒集団のサンプル特性を公立学校の生徒集団のサンプル特性にあわせて標準化することによって、三つの学校群間の生徒集団の財的資本、人的資本、社会関係資本の差違が中退率に及ぼす影響を調整しても、その差違の影響はほんのわずかしかなかった。さらに、生徒がどの宗教を信仰しているか、その宗教の教えにどれほど従っているか、によるのでもなかった。公立学校のカトリック系の生徒は非カトリック系の生徒よりも、ほんの少し中途退学しにくいだけである。宗教的儀式への出席頻度は、それ自体世代間閉鎖を通じた社会関係資本の測度であるが、中退率に強く影響する。礼拝などにめったに、あるいはまったく参加しない生徒の19.5%が中退するが、それに比べて頻繁に出席する生徒は9.1%しか中退しない。しかしこ

の効果は、学校の宗教的所属（religious affiliation）の効果とは別の効果、あるいは追加的効果である。カトリック系学校の生徒に関して同様に宗教儀式参加の程度別にみた中退率は、それぞれ5.9％と2.6％であった（Coleman and Hoffer 1987, p. 138）。

　カトリック系学校の中退率が低いことと、他の私立学校の中退率が低くないこと、そして宗教儀式参加に独立効果があることは、いずれも学校外の社会関係資本つまり学校を取り巻く親たちのコミュニティが、子どもたちの教育達成にとっていかに重要であるかを例証している。

　これについてはさらなる検証も可能である。というのは、宗教に基づいて創設された非カトリック系の学校（上記の分析では「その他の私立学校」にあたる）のサンプル内に、生徒の50％以上がその教徒である学校が8校あるからである。そのうち3校がバプティスト系、2校がユダヤ系、他の3校はその他の宗派の学校である。宗教的コミュニティが世代間閉鎖性をもたらし、したがって社会関係資本をもたらすと考えられ、中退率を低下させるうえで社会関係資本が重要であると推論できるならば、これらの学校は独立系学校に比べて低い中退率を示すはずである。表6-2の項目3は、その中退率が3.7％で、カトリック系学校の率と実質的に同じであることを示している[7]。

　これまでに提示したデータは、若者の成長における社会関係資本、言ってみれば、人的資本の創出における社会関係資本の重要性を示している。それでもなお、社会関係資本と他の形態の資本との根本的な相違が存在し、その相違点が若者の成長にとって重要な意味をもっている。次の節ではこの相違について触れよう。

社会関係資本の公共財的な側面

　物質的な資本は、通常私的な財である。財産権によって、物質的な資本に投資すればそれが生み出す利益を獲得することが可能になる。したがって、物質的資本への投資に対する誘因が低減させられることはない。物質的資本に投資する人は投資から利益を獲得できるので、最適でない状況で物質的資本に投資するというようなこともない。人的資本に関しても、少なくとも学校で生み出

されるような人的資本に限れば、資本形成のために時間と資源を投資した人は、より高収入の職業、より満足できる高威信の仕事、あるいは周囲の世界をよりよく理解する喜びというかたちの利益を獲得するのである。要するに、学校教育がもたらしてくれる利益のすべてを手に入れるのだと言ってもよい。

　しかし、社会関係資本のほとんどの形態に関しては、そのようなことは言えない。例えば、利益を生み出すために努力してもらう必要がある人ばかりにその利益が行かないように強制する力をもった社会規範や制裁を備えている社会構造では、そのような構造内に含まれるすべての人に利益をもたらすことになる。例えば、親たちの間に濃密な交際関係が存在する学校をみてみると、そのような関係を作り出したのは少数の人たち、たいていは家庭外にフルタイムの職を持っていない母親たちであることがわかる。しかしこの母親たち自身が享受しているのは、学校を取り巻くこのような社会関係資本がもたらす利益のほんの一部分にすぎない。もしそのうちの1人が、例えばフルタイムの職をもったりしてその活動をやめた場合、それ自体は、その個人にしてみれば、あるいは子どもを含む世帯の観点からしても、まったく理にかなった行動である。それによって得られる利益は、子どもの学校の他の親たちとの結びつきが切れてしまうことから生じる損失をはるかに上回るものかもしれない。しかし、この活動から身を引くことは、交流や接触をこの少数の親たちに依存しているすべての他の親たちにとっても損失をもたらすのである。

　同様に、例えば父親がよりよい職を得ようと、あるコミュニティから転居するのは、その家族にとってみればまったく正しいことである。しかし、社会関係資本というものは人々の間の関係から構成されているのだから、そのような関係が切断されれば、他の人は広範な損失を被る。しかも、それらの人々の側からは、関係の切断に関してどうすることもできない。こうした損失のなかには、学校の職務遂行を促進する規範と制裁の弱体化も含まれている。個々の家族からみれば、その家族および他の家族が下した決定の結果、その家族が負担することになるコストの総量が、自分たちに選択決定の余地がある少数の決定がもたらす利益を上回るかもしれない。しかし、その家族が下した決定のみによって引き起こされた小さな損失に比べれば、それらの決定の結果としてその家族が手にする利益の方が大きいのである。

この種の過少投資が起こるのは、PTAのような任意団体だけではない。ある人が誰かに頼み事をすれば、恩義を負うことになる。にもかかわらずそうするのは、それがその人にとって必要な利益をもたらすからである。必要なときに利用可能な社会関係資本の貯蓄高を増やしてあげるのだから、頼まれる相手にとっても利益になるのだ、と考えているわけではない。もしこの前者が、他の人から恩義を受けることなく、自分のニーズを自給自足的に満たすか、あるいは何らかの公的機関からの援助によって満たすことができるならば、彼はそうすることだろう。しかしそうすると、彼はコミュニティ内の未決済状態にある社会関係資本量の増大に貢献することはできないのである。

　社会関係資本としての信頼性に関しても同様のことが言える。ある行為者が信頼を維持するか否かを選択する場合（言い換えると、信頼を失わないための資源投入を選択するか否かを選択する場合）、それは彼自身が被る費用対効果計算に基づいて行われる。自分は信頼のある人間なので他者からの何らかの行為を引き起こしやすいとか、逆に自分は信頼のない人間なので他者からの働きかけがあまりないだろうといった点は、彼の決定過程に介入してこない。社会関係資本の一形態としての情報に関しても、より狭い条件つきではあるが、これと同じようなことが言える。他の人たちにとっての情報源となるような情報通の人は、彼を情報源として利用する他人のためでなく、たいていは自分自身のために情報を集めているものである。（これはつねに正しいとは限らない。カッツとラザーズフェルド（Katz and Lazarsfeld 1955）が示したように、ある分野の「オピニオン・リーダー（opinion leader）」は、オピニオン・リーダーとしての自分の地位を維持しようとして情報を獲得するという側面もある。）

　規範に関して言えることも限定的である。規範というものは、意図的に打ち立てられるものである。しかも、外部依存性を削減する手段として打ち立てられる。そして、それがもたらす利益は、通常その規範を確立するうえで責務を果たした人が手にする。しかし、効果的な規範を確立し、維持できるかどうかは、社会構造の特性（閉鎖性など）に依存しており、この社会構造は、一行為者が制御できるものではないものの、一行為者の行為からの影響を受けてもいる。このような特性は、構造が効果的な規範を維持することができるかどうかに影響を与えるが、ふつうは個人が何らかの決定を行う場合にその判断に影響

を及ぼすことはない。

　社会関係資本の諸形態のなかには、それに投資した人が利益を獲得するものもある。その場合には、合理的な行為者からのこの種の社会関係資本への投資が過少になることはない。私的な財を生産する組織が、その顕著な例である。その結果、市場向けに私的な財を生産している組織への投資量と、利益を回収できない交際や関係への投資量との間の不均衡が社会に現れる。これは、〔前者に依存することで〕後者の形態の社会関係資本によって創り出されたプラスの外部依存性を内部化できると、さらに不均衡の程度が大きくなる、という意味においての不均衡である。

　大部分の社会関係資本は、公共財的な性質を備えているので、意図的な行為かどうかという点で他のほとんどの形態の資本と根本的に異なっている。社会関係資本は、個人にとって重要な資源であり、行為能力や生活満足感にも大きな影響を与えることがある。個人は社会関係資本を創出する能力をもっている。しかし、社会関係資本を創出する行為によってもたらされる利益の多くはその行為者以外の人々によって享受されるので、自分の利益のためにそれを創出したわけではないことが多い。その結果、ほとんどの社会関係資本は、他の活動の副産物として作り出されたり、壊されたりする。このような社会関係資本は、誰かがそのように意図しなくても発生したり、消滅したりする。社会関係資本が、そもそも無形という性質のためにそうである以上に認知されにくく、社会的行為において考慮されないのはこのためである。

　この公共財的な性格は、子どもや若者の発達において重要な役割を果すという点で重要な意味を持っている。強靭な家族や強靭なコミュニティなどの公共財をいかに供給するかという問題を克服するための社会構造的条件は、かつてより現在の方が稀少であり、将来ますます希有になることは確実なので、他の状況が同じならば、後の世代になるほど人的資本の質が低下することになると予想されるのである。この問題の解決策は、子どもや若者のために活用される社会関係資本という公共財を供給するうえでの問題を克服する方策を見つけることであるのは明らかだろう。おそらくその方策とは、フォーマルな組織の代わりに、かつて若い人々にとって社会関係資本の主たる母胎であった自発的・任意的な社会組織を用意することにあると思う。

結論

　この論文において私は、財的資本、物質的資本、人的資本に並置する概念として、人々の間の関係に具現化される「社会関係資本」という概念を社会理論に導入しようとしてきた。これは、合理的行為論パラダイムを使った理論的戦略の一環として行ったものだが、人間というものを社会関係から引き剥がされた原子的要素とみなすような前提には立っていない。人的資本の形成を助けるような、家族内およびコミュニティ内の社会関係資本の効果を例示しながら、この概念の使い方を示してきた。そのために、人的資本形成を捉える測度として、高校を卒業できるか、それとも中途退学してしまうかという点だけを使用したが、この測度はとりわけ社会関係資本の供給状況の影響を受けやすいように見えた。学校を取り巻く大人たちのコミュニティにおける家族内の社会関係資本と家族外の社会関係資本のいずれもが高校中退の可能性を減少させるうえで大きな有効性を持つことが示された。

　社会関係資本概念を詳述した際に、それには三つの形態があることを示した。その3形態の第1のものは恩義や期待であり、これらは社会的環境の信頼性に依存している。次に、社会構造内の情報流通可能性、そして制裁を伴う規範である。ほとんどすべての形態の社会関係資本に共通しており、他の形態の資本とは異なる特性として、公共財的な側面がある。社会関係資本を創出した行為者は、通常その利益のごく一部しか手にしない。このために、社会関係資本に対して過少投資状態が生じてしまうのである。

付録

表6-A1　高校1年から3年（1980-82年）間の中退に生徒の基本特性が及ぼす効果のロジスティック回帰係数と漸近的標準誤差——公立学校のサンプル

	b	SE
切片	-2.305	.169
社会経済的地位	-.460	.077
黒人	-.161	.162
ヒスパニック	.104	.138
きょうだいの数	.180	.028
幼児期の母親の就労	-.012	.103
両親がいる世帯	-.415	.112
母親の大学進学期待	-.685	.103
親との会話	-.031	.044
小学5年生以降の転校回数	.407	.040

出典）Hoffer（1986）より。

【注】

1　初期草稿に対する批判をいただいたので改訂に大いに役立ったことを、マーク・グラノヴェター、クリストファー・ウィンシップに感謝する。抜刷の請求は、イリノイ州60637　シカゴ大学社会学部のジェームズ・コールマン宛になされたい。

2　経済学にとって経験的な一般化が重要であると論じている Black, Coats, and Goodwin（1973）を参照。

3　グラックマンがこうした区別をしていたこと、そしてそれが私の分析に関連していることを指摘してくれたスーザン・シャピロに大変感謝している。

4　子どもの成長にとって家族内の人的資本と社会関係資本が相補的であることは、この二つの資本量の効果を検証する統計的分析が一定の方法によらねばならないことを意味している。人的資本（親の教育程度）と社会関係資本（両親がそろっている家庭かどうか、きょうだい数、子どもの教育に対する親の期待などの測度の組み合わせ）との交互作用を考慮する必要がある。しかし、この論文で報告されている分析は、交

互作用を含まない単純な加法モデルである。
5 このサンプルのなかから公立学校の生徒4000人をランダムに抽出し、重みづけられたロジスティック・モデルを使って分析した。家族内の財的資本、人的資本、社会関係資本の測度としてモデルに含めたのは、社会経済的地位（親の教育程度、親の収入、父親の職業的地位、世帯財産から合成された1変数）、人種、ラテンアメリカ系かどうか、きょうだい数、小学5年生以降に転居による転校をしたかどうか、子どもの就学前に母親が働いていたかどうか、子どもの学業達成に対する母親の期待、個人的なことを親に相談する頻度、両親がそろっている世帯かどうか、である。回帰係数と漸近的標準誤差は付録の表6-A1に示してある。学年、宿題、欠席日数など、さらに多くの統計的な統制をかけた分析はHoffer（1986,表25）で報告されているが、表6-1とそれに続く本文に提示した効果も、母親の期待の効果が減少することを除けば、基本的に違いはない。ここおよびこれ以降に示されている結果は、Hoffer（1986）とColeman and Hoffer（1987）から引用。
6 この調査データには、この点を支持するための、特定の学校の親たちの世代間閉鎖性の程度を直接測定する変数が含まれていない。しかし、このデータのなか含まれており、世代間閉鎖性の測度のひとつとして使えるものとして、5年生以降の転校をともなう転居回数を見ると、この論述と一致する。公立学校の生徒の平均転居回数は0.57回、カトリック系学校のそれは0.35回、その他の私立学校の生徒のそれは、0.88回である。
7 ここには示していないが、カトリック系の学校においては、家族内の社会関係資本が少なくても中退率にほとんど差がないこともわかっている。すでに使った私の用語で言えば、コミュニティ内の社会関係資本は、家族内の社会関係資本の不足を部分的に補う、ということである。これについては、Coleman and Hoffer（1987, 5章）を見よ。

【文献】

Baker, Wayne. 1983. "Floor Trading and Crowd Dynamics." Pp. 107-28 in *Social Dynamics of Financial Markets,* edited by Patricia Adler and Peter Adler. Greenwich, Conn.: JAI.

Banfield, Edward. 1967. *The Moral Basis of a Backward Society*. New York: Free Press.

Becker, Gary. 1964. *Human Capital*. New York: National Bureau of Economic Research. ゲーリー・ベッカー（佐野陽子訳）『人的資本——教育を中心とした理論的・経験的分析』東洋経済新報社 1976.

Ben-Porath, Yoram. 1980. "The F-Connection: Families, Friends, and Firms and the Organization of Exchange." *Population and Development Review* 6: 1-30.

Black, R. D. C., A. W. Coats, and C. D. W. Goodwin, eds. 1973. *The Marginal Revolution in Economics*. Durham, N. C.: Duke University Press.

Blau, Peter. 1964. *Exchange and Power in Social Life*. New York: Wiley. ピーター・ブラウ（間場寿一ほか訳）『交換と権力──社会過程の弁証法社会学』新曜社 1974.
Coleman, James S. 1986*a*. "Social Theory, Social Research, and a Theory of Action." *American Journal of Sociology* 91: 1309-35.
──. 1986*b*. *Individual Interests and Collective Action*. Cambridge: Cambridge University Press.
──. 1987. "Norms as Social Capital." Pp. 133-55 in *Economic Imperalism*, edited by Gerard Radnitzky and Peter Bernholz. New York: Paragon.
Coleman, J. S., and T. B. Hoffer. 1987. *Public and Private Schools: The Impact of Communities*. New York: Basic.
DeGraaf, Nan Dirk, and Hendrik Derk Flap. 1988. "With a Little Help from My Friends." *Social Forces*, vol. 67 (in press).
Festinger, Leon, Stanley Schachter, and Kurt Back. 1963. *Social Pressures in Informal Groups*. Stanford, Calif.: Stanford University Press.
Geertz, Clifford. 1962. "The Rotating Credit Association: A 'Middle Rung' in Development." *Economic Development and Cultural Change* 10: 240-63.
Gluckman, Max. 1967. *The Judicial Process among the Barotse of Northern Rhodesia*, 2d ed. Manchester: Manchester University Press.
Gouldner, Alvin. 1960. "The Norm of Reciprocity: A Preliminary Statement." *American Sociological Review* 25: 161-78.
Granovetter, Mark. 1985. "Economic Action, Social Structure, and Embeddedness." *American Journal of Sociology* 91: 481-510. マーク・グラノヴェター「経済行為と社会構造──埋め込みの問題」（渡辺深訳）『転職──ネットワークとキャリアの研究』ミネルヴァ書房 1998.
Hoffer, T. B. 1986. *Educational Outcomes in Public and Private High Schools*. Ph.D. dissertation. University of Chicago, Department of Sociology.
Homans, George. 1974. *Social Behavior: Its Elementary Forms,* rev. ed. New York: Harcourt, Brace & World. ジョージ・ホーマンズ（橋本茂訳）『社会行動──その基本形態』誠信書房 1978.
Katz, E., and P. Lazarsfeld. 1955. *Personal Influence*. New York: Free Press. E. カッツ & P. ラザースフェルド（竹内郁郎訳）『パーソナル・インフルエンス──オピニオン・リーダーと人びとの意志決定』培風館 1965.
Lenin, V. I. (1902) 1973. *What Is To Be Done*. Peking: Foreign Language Press. V. I. レーニン（山内房吉訳）『何をなすべきか』改造図書出版販売 1977.
Lin, Nan. 1988. "Social Resources and Social Mobility: A Structural Theory of Status Attainment." In *Social Mobility and Social Structure*, edited by Ronald Breiger. Cambridge: Cambridge University Press.
Lipset, Seymour, M. Trow, and J. Coleman. 1956. *Union Democracy*. New York: Free Press.

Merry, Sally, E. 1984. "Rethinking Gossip and Scandal." Pp. 271-302 in *Toward a General Theory of Social Control*. Vol. 1, *Fundamentals*, edited by Donald Black. New York: Academic.

Merton, Robert K. 1968. *Social Theory and Social Structure*, 2d ed. New York: Free Press. ロバート・マートン（森東吾ほか訳）『社会理論と社会構造』みすず書房 1988.

———. n.d. "Study of World War II Housing Projects." Unpublished manuscript. Columbia University, Department of Sociology.

Schultz, Theodore. 1961. "Investment in Human Capital." *American Economic Review* 51 (March): 1-17.

Ullmann-Margalit, Edna. 1977. *The Emergence of Norms*. Oxford: Clarendon.

Williamson, Oliver. 1975. *Markets and Hierarchies*. New York: Free Press. O. E. ウィリアムソン（浅沼万里・岩崎晃訳）『市場と企業組織』日本評論社 1980.

———. 1981. "The Economics of Organization: The Transaction Cost Approach." *American Journal of Sociology* 87: 548-77.

Wrong, Dennis. 1961. "The Oversocialized Conception of Man in Modern Sociology." *American Sociological Review* 26: 183-93.

◆著者紹介・文献解題

ジェームズ・コールマン（James S. Coleman）

　ジェームズ・サミュエル・コールマンは、パーデュー大学で化学を学んだ後、マートンとラザーズフェルドのコンビが活躍した黄金時代のコロンビア大学社会学科で博士号を取得。シカゴ大学社会学科、ジョンズ・ホプキンス大学の社会関係学科を経て、1973年以降、再びシカゴ大学で教授として活躍した、戦後のアメリカ社会学を代表する大社会学者である。

　多方面で活躍したコールマンには、教育分野、特に高校生の学業達成に関する研究が多く、ジョンズ・ホプキンス大学時代に出したいわゆる『コールマン・レポート』――正式には『教育機会の均等』（Coleman, 1966）の影響もあって、一般には教育社会学者として知られているが、その知的活動は社会変動、社会（労働）運動、コミュニティ、（医薬品の）普及・社会的影響、統計モデル、ゲーム理論、公共経済学、集合的意思決定、社会学方法論など多方面に渡り、その幅広さは他の追随を許さない（コールマンの業績に関しては、Clark [1996] を見よ）。

　晩年のコールマンは、ノーベル経済学者のゲーリー・ベッカーとともに合理的選択理論を主導し、社会学の「経済学化」を推し進めたことで一部の社会学者の反発を買ったが、その成果は、1000頁近くにも及ぶ大著『社会理論の基礎』（Coleman, 1990 = 2004）に集約されている。そのテーマは、合理的選択理論に基づいた社会のメカニズムの解明、設計の可能性である（コールマンの合理的選択理論に関しては、金光 [2000] を見よ）。

　さて、この論文は、晩年期のコールマンの代表的業績であり、合理的選択理論を社会学へ導入する際の最もコアとなる戦略として、社会関係資本という概念を導入しようとしたものである。「各行為者は特定の資源を支配しており、特定の資源と出来事に関心を有している」とする合理的行為理論を社会システムに関連づけるために、

「行為者に利用可能な独自の資源」としての社会関係資本を導入するのである。社会関係資本は、他の資本形態と同じように、「生産的なものであり、それなしでは不可能な一定の目的の達成を可能にする」が、他の資本形態と異なり、「行為者間の関係の構造に内在している」点で極めてユニークであるとする（本書209頁）。コールマンにおいては、合理的選択理論の延長上に、社会関係に具現される資源として社会関係資本が導入され、後者は前者を補完する役割を果たしているのである。

コールマンの社会関係資本論の特徴は、社会関係資本を、恩義と期待、情報チャンネル、社会規範、という三つの形態に分類し、このうち第1と第3のものを促進する社会構造の閉鎖性の役割が重視されている点である。これは次章で紹介するバートの構造的隙間論とは反対の議論である。というのは、後者は社会構造の開放性を重視する議論だからである。

コールマンは、高校生に関するデータを分析し、親と子の閉鎖的なネットワークが形成された学校では生徒の中途退学率が低いことに依拠して自らのネットワーク閉鎖論（あるいは凝集論）を論証しようとしている。しかし、コールマンの議論では、社会関係資本をきょうだい数などのマクロな社会変数で代位しており、ミクロな視点を主とするネットワーク分析の観点からすれば、マクロ社会分析的で、やや粗い尺度という印象を拭えない。これは、バートがネットワーク分析的に厳密な変数定義を行っているのとは対照的である（本書7章参照）。この弱点はパットナムの議論にも言えることであり、パットナムも社会関係資本を信頼度や結社の数のようなマクロな社会変数を使用して定義づけているため、社会関係資本論の議論に混乱を招いている。

金光（2003）は、公共政策的な傾向を持ち、連帯的な社会関係資本の効果を強調する点で、コールマンとパットナムの議論を「連帯的社会関係資本論」と呼んでいる。これらの議論は経営学や社会学の議論とは一線を画している点を十分認識していないと社会関係資本論は一層錯綜するばかりである。このような錯綜を解決するためにも、コールマンの原点に返り、社会関係資本論を整理する必要が

ある。その意味で、この論文のもつ古典的価値はいまだに高いと言える。

(金光 淳)

【参考文献】

Clark, Jon., ed., 1996, *James S. Coleman*, Falmer Press.

Coleman, J. S., 1966, *Equality of Educational Opportunity*, US Government Printing Office.

Coleman, J. S., 1990, *Foundations of Social Theory*, Harvard University Press.〔コールマン, J.(久慈利武監訳)2004『社会理論の基礎』青木書店.〕

金光淳, 2000,「コールマンの『社会理論の基礎』は「新しい社会構造」研究のための基礎となりうるか?」『理論と方法』15(2): 387-391.

金光淳, 2003,『社会ネットワーク分析の基礎——社会的関係資本論にむけて』勁草書房.

Putnam, Robert D. (with Leonardi, R. and Nanetti, R. Y.), 1993, *Making Democracy Work: Civic Traditions in Modern Italy*, Princeton University Press.〔パットナム,ロバートD.(河田潤一訳)2001,『哲学する民主主義——伝統と改革の市民的構造』NTT出版.〕

第7章　社会関係資本をもたらすのは構造的隙間かネットワーク閉鎖性か

ロナルド・S・バート
（金光　淳訳）

Burt, Ronald S. (2001). "Structural Holes versus Network Closure as Social Capital." in Nan Lin, Karen Cook, & Ronald Burt (Eds.). *Social Capital: Theory and Research* (Pp. 31-56). Aldine de Gruyter.

　この章は、社会関係資本を創り出すと論じられてきた2種類のネットワーク構造を扱う。ネットワーク閉鎖論の主張によれば、社会関係資本は、相互に強く結合した要素間のネットワークから創出される。一方、構造的隙間論は、分離している部分間を唯一自分だけが仲介（broker）し、結合できるようなネットワークによって社会関係資本が創出される、と論じる。この章では、次の二つの論点を主張するために、私が別稿に書いた総合的なレビューを援用してみたい。論点のひとつは、構造的隙間（structural holes）が社会関係資本をもたらすことを示す経験的証拠が繰り返し提出されていることである。もうひとつの論点は、ネットワーク閉鎖論と構造的隙間論との矛盾は、より一般的な社会関係資本のネットワーク・モデルのなかで解消可能なことである。構造的な隙間を橋渡しして仲介することが付加価値を生み出す一方、閉鎖性も構造的隙間のなかに埋蔵されている価値を実現するために重要な役割を担うことがある。

社会関係資本という隠喩

　この二つの議論は、どちらも同じく社会関係資本という隠喩を基礎としているので、準拠枠組となっているこの比喩的概念の議論から始めるのがよいだろう。社会関係資本という概念は、様々なスタイルで用いられてはいるが（例えば、Coleman 1990; Bourdieu & Wacquant 1992; Puttnam 1993）、何らかの優位な立場がもたらされた状態を比喩的に表現していると言ってよいだろう。社会は、

人々が自分の利益を追求しながらあらゆる種類の物品やアイディアを交換する市場とみなすことができる。同じような努力をしているにもかかわらず、他よりも大きい報酬を手に入れているという意味で成功している人々や集団というものが存在する。他よりも高い収入を得ている場合もあれば、頭角を現すのが周囲よりも早いという場合もある。他の人々よりも重要なプロジェクトを率いることになる場合もある。利益が手に入る人もいれば、そうでない人もいる。人的資本（human capital）という考え方に基づいて不平等を説明すれば、成功する人とは有能な人であるということになる。つまり、高い知能を持ち、魅力的で、能弁で、優れた技能を身につけた人が成功するのである、と。

　一方、社会関係資本という概念は、人的資本とは違って文脈を重視するという点で対照的である。社会関係資本という概念が比喩的に表現しているのは、人より成功している人というのは、何らかのかたちで他の人々とうまく結合している人々である、という考え方である。人々あるいは集団は、一定の他者や集団とつながりを持ち、そのうちの誰かを信頼したり、助け合う義務があると考えたり、一定の他者との交換関係に依存して生活している。このような交換構造のなかにひとつの位置を占めていることが、それ自体ひとつの資産であると言える。このような資産こそがまさしく社会関係資本であり、多様に分化した市場のなかに占める位置の効果という考え方である。例えば、ブルデューは、社会関係資本を社会構造から生み出された資源であると定義していることがよく引用されるが、それについて次のように述べている（Bourdieu & Wacquant 1992: 119, これは Bourdieu 1980 における議論の拡大版である）。「社会関係資本とは、知り合い、承認し合っているもの同士の、多かれ少なかれ制度化された持続的関係のネットワークを所有することで、個人や集団に蓄積される現実的・仮想的資源の総和である」と。同様によく引用されるコールマンの文献では、社会関係資本を、社会構造が優位な状態を生み出す機能（function）として定義づけている（Coleman 1990: 302; 元の出典は Coleman 1988: S98〔本書6章209頁〕）。「社会関係資本はその機能によって定義される。それは単一のかたちをもつ存在ではなく、いくつかの異種があるが、それらに共通する要素が二つある。ひとつは、すべての社会関係資本は社会構造という側面を備えているという点である。もうひとつは、その構造内の個人の何らかの行為を促進するとい

う点である。他の資本形態と同じように、社会関係資本は生産的なものであり、それなしでは不可能な一定の目的の達成を可能にする」と述べている。パットナム（Putnam 1993: 167）は、影響力を持った自らの著作の基盤をコールマンの比喩の上に置き、社会構造によって促進される社会的行為という視点を維持している。「ここでは、社会関係資本とは、信頼（trust）、規範（norms）、ネットワーク（networks）など、協調的な行為を促すことによって社会の効率を高める社会組織上の特性を指している」。構造的隙間が競争において有利な状態をもたらすという自らの議論を始めようとすれば、私も上述の社会関係資本の隠喩に関する議論を繰り返すことになってしまう（Burt 1992: 8, 45）。

つまり、社会関係資本に関する一般的な合意点が存在するので、そこから議論を始めればよいのである。上に引用した社会関係資本についてのいくつかの視角は、その起源も、立証のスタイルも多様である。しかし、社会構造が一種の資本であり、個人や集団が自らの利益を追求することを目指す競争において、有利な状況を創出するという意味合いを暗に社会関係資本という概念に込めている点では一致している。すなわち、よりよい結合の仕方をしている人たちは多くの報酬を手にすることができる、というわけである。

二つのネットワーク・メカニズム

ところが、「よりよい」結合とは何を意味するかに関して、ネットワーク・モデルを使って示し、社会関係資本という比喩的概念を具体化しようとすると意見が分かれ始める。結合がどのようなものになるかは、ある市場がどのような歴史をたどってきたかに依存している。これまでに頻繁に顔を合わせてきたという人たちもいれば、お互い探し求めていた人にやっと出会えたという人たちもいるだろう。一方、かつて何らかの交換をしたことがあったが、そのような関係がすでに終わっている人たちもいる。図7-1に図示したように、ある一時点において、諸個人はそれまでの接触や交換、およびそれに付随した感情の結果として、お互い様々に結合してひとつのネットワークを成している。図7-1は、全体的なソシオグラム（sociogram）と密度の表を示し、あるネットワークの特性を描いたものである。人びとは点で示されている。その関係は線で表

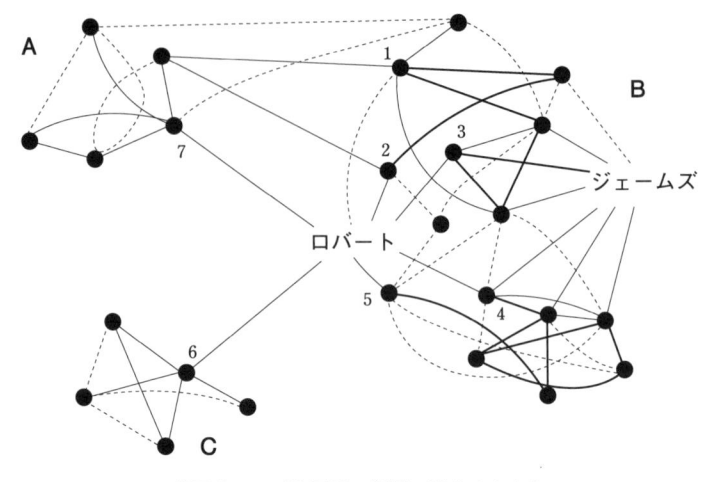

集団内および集団間の関係に関する密度表

.65			集団A（5人の間に紐帯8［強い紐帯5、弱い紐帯3］）
.05	.25		集団B（17人の間に紐帯41［強い紐帯27、弱い紐帯14］）
.00	.01	.65	集団C（5人の間に紐帯8［強い紐帯5、弱い紐帯3］）

図7-1　ロバートとジェームズを取り巻くネットワーク

されている。強い関係にある人同士は実線で、弱い関係にある人同士は破線で結んである。

　理論上は、昨日から持ち越されたネットワークは、明日の市場行動とは無関係である。私はもっとも魅力的な条件を提示した売り手から買うだけである。その売り手は、私が市場でよく会う売り手であるかもしれないし、そうではないかもしれない。あるいは、昨日私が買ったのと同じ売り手であるかもしれないし、そうではないかもしれない。そのような観点から見ると、図7-1のネットワークは、売り手と買い手が、過去にしたのと同じように再び相手と売買した場合にのみ、再現されることになる。ネットワークが再現されるかどうかにとって、過去のネットワークが原因となることはまったくない。連続性が生じるとすれば、それは、需要と供給の組み合わせの結果として、買い手と売り手がお互いを見つけ出して選んだことの副産物にすぎない。

　もっともよい交換取引を選ぶためには、選択可能な商品、売り手、買い手、

価格に関する情報をもっている必要がある。しかし、そのような情報は、集団間に流通するよりも前にまずは集団内部で流通するであろう。社会学および社会心理学研究における一般的な知見のひとつは、情報は作業集団間よりも作業集団内で、部門間よりも部門内で、業界間よりも業界内で、流通しやすいという点にある。例えば、図7-1のソシオグラムと図の下の密度表は、三つの集団（A、B、C）があり、それらの集団内の関係の方が集団間の関係よりも強いという全体的なパターンがあることを表している（密度表の対角線上にある数値は、対角線上にない数値よりも大きい。密度表の各セルは、行の中の個人と列の中の個人との関係全体についての平均値を示している）。この図から言えるのは、人々は、すべての集団内にある機会に一斉に気づくというわけでない、ということである。情報が質の高いものであっても、そしてそれがいずれはすべての人々に行き渡るとしても、普及するまでに一定の時間がかかるという事実は、より早く、より幅広い情報を手に入れた者が有利であることを意味している。

社会関係資本としての構造的隙間

構造的隙間という社会関係資本の根底には、情報の伝播に加担したり、それを制御したりすることが介在している（Burt 1992）。構造的隙間論は、社会関係資本を、仲介者になる機会（brokerage opportunity）の機能と捉えるのだが、このような考え方は1970年代に社会学に登場したネットワーク諸概念に依拠している。とくに著名なのは、グラノヴェター（Granovetter 1973）の弱い紐帯の強さ（the strength of weak ties）、フリーマン（Freeman 1977）の媒介中心性（betweenness centrality）、クックとエマーソン（Cook & Emerson 1978）の排他的交換相手がもたらす利益、そしてバート（Burt 1980）の複雑なネットワークによって創出される構造的自律性（structural autonomy）などである。さらに一般的に言えば、構造的隙間の議論は、葛藤を生じるような集団所属が自律性をもたらすというジンメル（Simmel 1955 [1922]）とマートン（Merton 1968 [1957]）が精緻化した社会学的な視点と、独占的勢力と寡占状態という伝統的な経済学的考え方を結合させて、競争上の有利性に関するネットワーク・モデルを生み出している。

図7-1において、集団間の結合が比較的弱くなっている部分に、市場の社会

構造における隙間がある。こうした社会構造のなかの隙間——要するに構造的隙間は、その隙間の部分に橋を架けるような関係をもっている個人に、競争上有利な状態をもたらす。二つの集団間に構造的隙間があるからと言って、それらの集団内の人々が互いの存在に気づいていないというわけではない。その人たちは自分たちの活動が忙しすぎて、他の集団に属する人々の活動にかまっている暇がないだけである。隙間は緩衝装置であり、電気回路における絶縁体のようなものである。構造的隙間を挟んで対する双方の人々は、それぞれ異なる流れのなかで情報を伝達したり、されたりしているのである。つまり、構造的隙間とは、こうした人と人との間の情報の流れを仲介できる機会であり、隙間の両側に位置する人々を結びつけようとするプロジェクトを制御できる機会である。

　構造的隙間は、冗長ではない（nonredundant）複数の情報源の間を分断するかたちで存在しており、こうした複数の情報源は互いに重複していないので、それぞれ別の情報をもたらす可能性が高い。冗長性（redundancy）を示す指標には二つある。凝集性（cohesion）と同値性（equivalence）である。凝集的な接触者たち（強く結合しているもの同士）は、同じような情報をもたらしやすく、したがって繰り返し同じような情報利益を提供していることになる。構造的に同値の接触相手たち（ある経営管理者を同一の第三者へと取り次いでくれる複数の接触相手）は、情報源が同じなので、結局は冗長な情報利益を供していることになるのである。

　図7-1のロバートとジェームズは、六つの強い紐帯とひとつの弱い紐帯という点で結合量は同じであるが、ロバートはそれ以上のものをもっている。ジェームズは集団Bの人々とつながり、それを通じて集団Bの内部にいる友だちの友だちのすべてにつながっている。そのため、ジェームズはクラスターB内の様々な活動についてよく知っている。ロバートもまた、友だちの友だちを通じて集団B内部のすべての人につながっているが、それに加えて、彼は「7」の人との強い関係をもっており、それが集団Aに関する情報を得る回路になっている。また、「6」の人との強い関係は、集団Cに関する情報入手の回路である。ロバートにとって7との関係は、それが集団Aへの唯一の直接的な結合だという点で、ネットワーク・ブリッジ（network bridge）になっている。彼の

6との関係は、グラフ理論におけるネットワーク・ブリッジの定義に合致している。その関係が壊れると、集団Bと集団Cとの間の結合が失われてしまう。さらに一般的な言い方をすれば、ロバートはこのネットワークにおける仲介者になっているのである。ネットワーク制約（network constraints）とは、その人の接触相手たちがどれくらい冗長であるかを測定する指標である（Burt 1992）。ジェームズの制約スコアの値はロバートの値の2倍であり（30.9対14.8）ロバートは図7-1のなかにおいてもっとも制約の少ない人物である（Zスコア値 -1.4）。フリーマン（Freeman 1977）によって提案されたネットワーク媒介性（network betweenness）は、ある個人があるネットワーク内のすべての他者間を仲介する間接的結合になっている程度を示す測度であるが、ロバートの47.0という媒介スコア値は、間接的結合のうちのほぼ半数が彼を経由したものであることを示している。彼のスコア値は図7-1のなかでもっとも高い値であり、平均よりはるかに高く（47.0というのはZスコアの値に置き換えれば4.0である）、平均を下回っているジェームズの5.2というスコア値よりはるかに高い。

　ロバートがもっている他の集団へのブリッジ結合は、情報入手という点で彼に有利な条件をもたらしている。彼は間接的に多くの人に到達できるので、より多くの情報に到達できるのである。さらに、かれが三つの異なる集団との多様な接触をもっていることは、彼のもつ大量の情報が冗長な情報を含んでいる可能性が小さいことを意味する。もっと言えば、ロバートは社会組織上の交差点に位置しており、そのため三つの集団がどのような活動をしているかについていち早く知ることができるのである。彼は、初期の普及研究（diffusion study）が新しいアイディアや行動を普及させる役割を担う個人を指す概念として提案した「オピニオン・リーダー（opinion leader）」に当たる（Burt 1999a, b）。さらに、ロバートが多様性に富んだ接触相手をもっていることは、何か新たな機会が生じたときにさて誰をメンバーに含めようかという話し合いのなかで候補者に挙げられやすいことを意味している。そのような利益を生み出すネットワークをもっているために、ロバートはさらに魅力を増し、他の人々が接触相手として自分のネットワークのなかに彼を含めたいと思うようになるという事実によって、彼の利益はますます膨張するのである。

　構造的隙間は、制御という意味でも有利な位置にある。ロバートは、彼がい

なければばらばらになってしまうような接触相手同士をつなぎ合わせる位置にある。そのために、接触相手たちがつながりをもった場合には誰の利害が優先されるべきかに関して彼は特段に大きな発言権をもつのである。さらに、彼が接触する複数の相手間に隙間があるということは、接触の相手ごとに自分の信念やアイデンティティを違った風に呈示してみせながら、コミュニケーションの仲介者になれることを意味している（Padgett & Ansel 1993における「頑健な行為（robust action）」である。構造的隙間との関連についてはBreiger 1995を参照）。ジンメルとマートンは構造的隙間から制御利益を得る人々の社会学を創案した。その理念型は、「漁夫の利（*tertius gaudens*）」（字義通りの意味は「利益を得る第三者」）であり、他者間のつながりを仲介することによって利益を得る人である（Burt 1992, 30-32のレビューを参照）。図7-1のロバートは、文字通りの起業家（entrepreneur）であり、人々の間のつながりを仲介することによって付加価値を生み出す人である（Burt 1992, 34-36; Aldrich 1999, 4章およびThornton 1999も参照）。そこにはひとつの緊張が生じているのだが、闘っているもの同士の敵対関係ではない。それは単に不確実性が生み出す緊張にすぎない。様々な好みが渦を巻き混じり合っているという特徴をもつ社会的ネットワークのなかでは、どのような要求も絶対的な権威をもたないので、第三者は自分の望む条件を手に入れようとして交渉するのである。構造的隙間は、第三者の戦略が展開される場であり、情報は資力である。第三者は、正確な情報、曖昧な情報、歪曲された情報などを、接触相手との間で戦略的にやりとりする。情報利益と制御利益はつねに相互に強化しあい、時間の経過とともに両方が蓄積されていく。

　このようにして、構造的隙間に富んだ接触相手のネットワークをもった人というのは、高い報酬を得られる機会をよく知っており、それに手が届きやすく、それをコントロールできる人である。そのような機会を開拓するような行動にはいろいろあるが、機会そのものはつねに社会構造上の隙間によって規定されている。この議論に沿って言えば、起業の機会となる構造的隙間をたくさん含んだネットワークこそが起業家的ネットワークであり、起業家とは、構造的隙間に個人間ブリッジを架けることに長けた人々であると言えるだろう。このような人たちは、官僚制組織の管理よりも効率良く情報を監視する。彼らはメモ

を回覧するようなやり方よりもずっと多くの情報を、より多くの人々の間に流すことができる。彼らは官僚制組織よりも反応が速く、ネットワーク上の時間とエネルギーを、ひとつの問題解決から別の問題解決へといとも簡単に振り向けるのである（麻薬の流通ネットワークについては Williams 1998 や Morselli 2000 が、また生命保険金詐欺については Tillman & Indergaard 1999 が、この点を生き生きと描いている）。図7-1のロバートのような仲介者は状況を制御する力が大きいので、フォーマルな官僚制機関が提供するような画一的な問題解決策ではなくて、その人の意見を聞きながらニーズに合わせた問題解決策を特別にあつらえてあげることができるのである。迅速でよりうまい問題解決という恩恵にコストの削減が加わるので、起業家的な操作を得意とする人は、官僚制的な機関のサービスを選んだ場合よりもお金のかからない解決の段取りを用意してくれる。構造的隙間に富んだネットワークをもつ人は、均衡状態に達して落ち着くまでの過程を迅速化しようとして、企業の権威による強制力と市場というものの抜け目なさとの狭間で、市場が分断されていてブリッジを架ける価値のある部分を見つけてはそれをつなぐ役割を果たしているのである。

　要約すれば、隙間理論に基づく予測では、図7-1のロバートとジェームズのように、他の点では類似した人間同士を比較してみると、もっている社会関係資本が多いのはロバートだということになる。彼がもっている構造的隙間を橋渡しするようなネットワークによって、より多様な情報に、より早く接することができ、またそのような情報を起業家のようにコントロールすることができるのである。

社会関係資本としてのネットワーク閉鎖性

　コールマン（Coleman 1988, 1990）の社会関係資本に対する見解は、仲介者となることにともなうリスクに焦点を当てている。私はコールマンの見解を、閉鎖論（closure argument）と呼ぶことにする。そこで鍵となる考え方は、閉鎖性のあるネットワーク、すなわち誰もが互いにつながっているので何をしてもすぐ誰かに気づかれてしまうようなネットワーク（操作的な言い方をすれば、緊密なネットワークと呼ばれることが多い）こそが、社会関係資本の源泉であるという考え方である。

ネットワーク閉鎖性（network closure）は、閉鎖的なネットワーク内の人々にとって二つの働きをする。第 1 に、それは情報のアクセスに影響を与える（Coleman 1990: 310; 1988: S104〔本書216-217頁〕も参照）。「社会関係資本の重要な形態のひとつに、社会関係に内在する情報に対する潜在力がある。……世の中の出来事に特別な関心はないが、世の中の主要な動向を一応知っておきたいと思う人は、そのようなことに関心を払っている友人からほしい情報が得られるならば、新聞を読む時間を節約することができる。」例えば、媒介する人の連鎖をたどって人から人へと情報が流れていくにしたがって、その情報の質は劣化することを指摘しながら、ベーカー（Baker 1984; Baker & Iyer 1992）は、直接的な結合の多いネットワークをもつ市場ほど、生産者間のコミュニケーションがよい状態にあり、それによって価格が安定すると論じた。これが、ベーカー（Baker 1984）による証券取引分析の主要な知見である。

　第 2 に、コールマンはこちらの方が重要な利点であると言うのだが、ネットワーク閉鎖性によって、制裁（sanctions）を加えることが容易になり、それがネットワーク内の人々が互いを信頼してしまってもそこに生じるリスクが小さくなる。無尽講・頼母子講（rotating-credit associations）というものが信頼関係をうまく利用していることを論じながら、コールマンは次のように言う（Coleman 1988: S103;〔本書215頁〕1990: 306-7; そのような結社がいかにして機能するかを詳述した Biggart 2000 参照）。「しかし、集団のメンバーの間に高度な信頼性が存在しなければ、このような制度は存在しえない。というのは、毎月の会合の早い回に支出金を受け取った人が密かに逃亡して他の人に損害を与えることもできるからである。例えば、高度な社会解体に特徴づけられた大都市、言い換えれば社会関係資本が欠如する大都市においては、このような講の存在は考えにくい。」コールマン（Coleman 1990: 310-11; 1988: S104〔本書217頁〕も参照）によれば、「効果的な規範が存在する場合、それは、強力で、しかしときに脆弱な形態の社会関係資本となる。……コミュニティ内の規範が、学校でよい成績を上げた子どもにはきちんとしたご褒美が与えられるべきだと考え、実際にそれを与えるようなものであれば、それで学校の任務が大いに助けられる」。そしてコールマン（Coleman 1988: S107-8〔本書221頁〕）は、次のように要約する。「このような閉鎖性は、ダイヤモンド卸売市場やそれに似たコミュ

ニティの場合と同じように、行動を監視したり、誘導したりするような効果的な制裁をもたらす。〔……〕開放的構造のなかでは、風評が立つこともなく、信頼性を保証する集合的制裁が発動されることもない。」彼はさらに続けて次のように述べる（1990: 318）。「閉鎖性の効果は、親たちと子どもたちがともに関わるようなひとつのシステムを考えてみるとよくわかる。大人たち同士を結びつけるような様々な種類の期待や義務が存在するコミュニティでは、お互いに何かを頼んだり頼まれたりの預金口座があるようなものであり、その口座の貯蓄を引き出せれば、大人たちは自分の子どもたちを他の大人に見てもらったり指導してもらったりすることに手を貸してもらえる」。

　コールマンの閉鎖論は、社会関係資本の議論として著名であるが、密度の高いネットワークが効果的な制裁もたらし、それが信頼と規範を促進すると予測する議論はこれが唯一というわけではない。社会学においては、グラノヴェター（Granovetter 1985, 1992: 44）が、共通の友人がいる人々同士は、制裁の怖れが生じるために、その間に信頼が生まれやすいと論じている（この場合、共通の友人たちは「構造的埋め込み（structural embeddedness）」の一条件になっている）。「つきあいの長い友人をだますことの心苦しさというものは、それが誰にも知られないとしても相当なものであろう。その友人がそれに気づいた場合、羞恥心は増幅されることになる。2人の共通の友人たちがこの裏切りに気づき、お互いにそれを話題にした場合、それはなおさら耐えがたいものとなるであろう」。経済学にも類似した議論がある（例えば、Tullock 1985; Greif 1989 などによる、制裁の脅威が「評判」効果を生み出すという議論）。それによれば、2人の人間の共通の知人たちがその2人の行動を観察していると、(a)知人たちはその2人が互いにどんな行動を取ったかを互いに口に出して語るようになり、(b)2人の共通の知人たちとの今後の関係を作っていく上で評判がますます重要性を帯びるようになり、(c)この2人は自分たちが協力し合っているような印象を醸し出そうと努力するようになり、(d)その結果、互いを信頼して協力し合っても大丈夫そうだと考えるようになるのである。この章は社会関係資本がテーマなので、ネットワーク閉鎖性が社会関係資本を生み出すというコールマンの予測に焦点を当てることにしたい。私は別稿で、信頼を促進するネットワーク構造について論じ、閉鎖性は信頼と関連しているのと同じくらい不信や個性の圧殺

とも強く関連していることを論じた（Burt 1999a, 2001）。

　要約すると、閉鎖論の予測によれば、図7-1のジェームズとロバートのように、他の点では似かよった人同士を比較すると、より多くの社会関係資本を有するのはジェームズだということになる。彼の接触相手たちが互いに強い関係で結ばれていることで、ジェームズは信頼のおけるコミュニケーション・チャンネルを手にすることができており、行為規範に違反する者がいれば、彼は接触相手たちと一致団結した行動を取って対抗し、被害を受けないようにできるのである。

ネットワークに関する証拠データ

　図7-2は、五つの異なる経営管理者たちを調査対象サンプルとした研究の結果をグラフで示したものである。これらの経営管理者の調査に注目するのは、私自身がこれらの経営管理者に関する詳細で比較可能なネットワーク・データをもっているからである。図7-2の調査対象集団のうち四つについては、経営管理者たちは質問紙への記入によって次のような問いに回答している。その問いとは、(a)重要な個人的な問題をもっとも頻繁に話す相手、(b)自由になる時間を一緒に過ごすことがもっとも多い相手、(c)職場で業務報告する相手、(d)もっとも有望な部下、(e)職場内においてもっとも価値のある接触相手、(f)仕入れ落札の際に対象となる主要な相手、(g)職場でうまくやっていくためにもっとも重要な接触相手、(h)一緒にやっていくのがもっとも難しい接触相手、(i)他の企業に転職するとしたら相談する相手、の名前をそれぞれ挙げてください、というものである。調査回答者は、これらの接触相手の名前を挙げた後、各接触相手とはどのような関係にあるか、そして相手との関係の強さはどの程度かを尋ねられた（質問項目のワーディングと尺度化については、Burt 1992: 121-25, 1997b; Burt, Hogarth, & Michaud 2000 を参照）。

　図7-2の各グラフの横軸が、ネットワーク制約の指標Cであり、社会関係資本の測度である。ネットワーク制約という測度は、ネットワークが直接あるいは間接に1人の接触相手に集中する程度を表す。制約の程度は、ネットワークの規模（size）、密度（density）、階層性（hierarchy）という三つの側面におい

て多様性をみせる（Burt 1992: 50, 1995, 1998, 2000 参照）。自分の接触者たち同士が互いに結合していない大規模なネットワークにおいては、制約が小さい。一方、自分の接触相手たちが互いに親しい関係にある小規模な（密度の高い）ネットワークや、1人の中心的な接触相手に他の接触相手が強く結びついている（階層性の高い）ネットワークでは、制約が大きい。この指標は、まず経営管理者 i のネットワークが、直接・間接に j という接触相手との関係にどの程度投資しているかを示す測度から出発する。つまり、i、j でない q に対して、p_{ij} を j という接触相手に投入された i のもつ関係の比率とした場合、$c_{ij} = \left(p_{ij} + \Sigma_q p_{iq} p_{qj}\right)^2$ である。カッコの内の総計は、直接・間接に j との結合に投入された関係の比率である。比率の自乗の総和 $_j c_{ij}$ がネットワーク制約の指標 C である。ここに示した尺度値は100倍したものである。

比較参照のために言えば、図7-2に示された841ケースに関して観測されたネットワーク制約の平均値は27.9であり、標準偏差は10.5であった。図7-1のロバートを取り巻くネットワークは、平均値よりも制約が小さい（$C=15$）。ロバートは、図7-2のどのグラフにおいても左の端の方に位置づけられることになるだろう。ジェームズを取り囲むネットワークは、平均よりもわずかに制約が大きい（$C=31$）。

業績とネットワーク制約との関連を検討することは、社会関係資本をもたらすと主張している前述の二つのネットワーク・メカニズムの決定的な検証になる。構造的隙間論にしたがえば、制約が大きいネットワークは、構造的隙間を橋渡しすることが少なく、社会関係資本が少ないことを意味する。構造的隙間を橋渡しするようなネットワークが社会関係資本の源泉であるならば、業績はネットワーク制約と負の相関を示すはずである。一方、ネットワーク閉鎖論に従えば、制約が大きいということは、ネットワーク閉鎖の程度が高く、したがって社会関係資本も大きくなることを意味する。ネットワーク閉鎖性が社会関係資本の源泉であるならば、業績はネットワーク制約と正の相関を示すはずである。

図7-2の縦軸は、業績の測定値を示している（調査対象サンプルごとの説明については後述）。図7-2のグラフは、いずれも強い負の相関を表しており、構造的隙間が社会関係資本の源泉であるという主張を支持している。

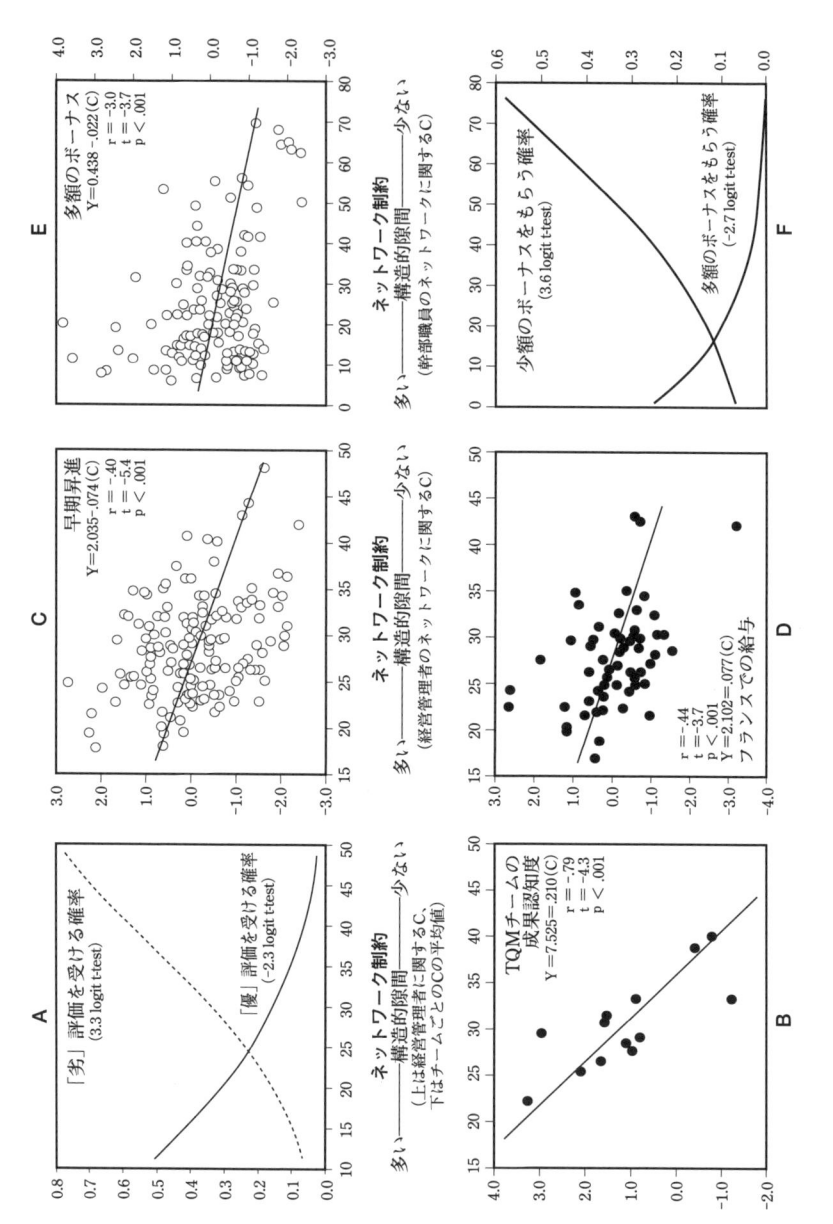

図7-2 社会関係資本の効果

業績評価

　AとBのグラフは、ネットワーク制約と業績評価との間に負の相関があることを示している。図7-2のグラフAは、大規模な金融機関のいくつかの部門内の幹部スタッフを対象とした代表性のあるサンプルに基づいている（Burt, Jannotta, & Mahoney 1998）。従属変数は職務実績評価であり、企業の人事記録から得られたものである。従業員は、各年の年末に、「優」から「劣」までを示すA、B、Cの3段階および同じ段階内の高低を区別する＋と－の記号を付した尺度によって評価される。評価は長期にわたり従業員についてまわり、将来の給与や昇進に影響を与える。スタッフ職に就いている数百人の従業員のうちの大多数が女性である（この職務にある全幹部の76％）。ネットワーク調査の質問紙に回答した160人の幹部スタッフのうちの大半は女性であった（69％）。図7-2の結果は、女性に関するものである（男性については、Burt 2000 の表2参照）。図7-2のAのグラフは、「優」と「劣」に評価される確率が、ネットワーク制約の変化にともなってどのように変化するかを示したものである。このグラフは、この中間の評価カテゴリーを準拠点として、両極端にある評価カテゴリーとなる確率を予測するロジット回帰分析に基づいている。評価は、企業によって定義された四つの管理職務上の地位に関して調整してある。というのも、上級管理者ほど「優」と評価されやすいからである（Burt, Jannotta, & Mahoney 1998: 84）。ロバートのように制約の少ないネットワークをもった管理者は、「優」と評価される確率が有意に高い（ｔテスト値 -2.3）。さらに強い効果を示したのは、制約されたネットワークに引きこもっている管理職は「劣」という評価を受けるという傾向である（ｔテスト値 3.3）。

　図7-2のBのグラフは、職場チームの社会関係資本に関するローゼンタールの博士論文（Rosenthal 1996）から引用したものである。トータル・クオリティー・マネジメント（TQM）が成功したりしなかったりという状況に行き詰まりを感じ、またアンコナとキャルドウェル（Ancona & Caldwell 1992a, 1992b）がチームの外とのつながりのネットワークとチームの業績との関連を実証したことに触発されたローゼンタールは、外部との関係構造がTQMチームに対して構造的隙間論の予測通りの効果を持つかどうかを調べようとした。彼女は、1994年に、中西部にある製造業の企業から協力を得ることができたの

だが、この企業はあらゆる職位の質の向上を目指していくつかの工場でTQMチーム制度を採用しようとしていた（TQMチームは合計で165チーム）。彼女は、二つの工場の操業状況を観察し、その後、各工場において工場の品質管理責任者である上級管理者たちに、自らの工場の各TQMチームの業績を評価するように依頼した。評価結果は、工場内で標準化され、工場間で比較され、チーム業績のばらつきがもっとも大きい職務を確定した。そして、ある工場では成功したが、他の工場ではうまくいかなかった職務を与えられたチームを調査対象サンプルとした。調査対象としてして二つの職務が選定されると、ローゼンタールは選定されたチームの各従業員にネットワークに関する質問紙を送付した。そして得られた調査データから、個人ごとに、チームの内部と外部にまたがるネットワーク制約の程度を算出したのである。

図7-2のグラフBにおける縦軸は、標準化されたチーム評価であり、横軸はチームに所属するメンバーの制約の平均値である。相関は、構造的隙間論の予測通りで、しかも顕著なものであった（相関係数 −.79）。会社内の構造的隙間を橋渡しするような、チームを超えて拡がるネットワークをもつメンバーから成るチームは成功していると認知されやすい、という有意な傾向があったのである。

昇進

図7-2のグラフCは、昇進とネットワーク制約の負の相関を表している。データは、1989年に大規模な電子製造業の上級管理職者の確率サンプルから得られたものである。これらの経営管理者の業績とネットワーク・データについては別稿で詳細に論じている（Burt 1992, 1995, 1997a, b, 1998）。サーベイ調査によるネットワーク・データは、上述の質問群を使って多様な関係について得られたものである。各管理者に関する業績と履歴データは、会社の人事記録から得たものである。会社の人事記録から得られたのは、各管理者の職位（当該企業によって定義された4段階）、現在の職位に昇進した年月日、入社年月日、職務責任領域（販売、サービス、製造、情報システム、エンジニアリング、マーケティング、経理、人事など企業が定義したもの）、および性別、家族状況、収入など通常の人事記録上の変数である。

調査対象になった人々の収入は、職位との関連があまりにも強いため、個々の経営管理者の相対的評価の測度としては使えなかった。それよりは、職位就任年月日の方が、業績変数として適している（Burt 1992: 196-7）。内部昇進であれ外部からの採用であれ、大企業で上級管理職に昇進する人は、それに先立つ数年間の経験を積んでいた。上級職に昇進するには、それ以前に一定の時間経過が必要であると期待されているようである（期間に関する社会的期待については、Merton 1984 を参照）。どれくらいの期間が必要かというのは経験的な問いであり、それへの回答は個々の経営管理者ごとに異なる。早く昇進する経営管理者もいれば、そうでないものもいる。ある経営管理者の早期昇進度というのは、その人が現在の職位に実際に昇進した時期と、人的資本ベースライン・モデルに基づく予測から同様の管理者が同じ仕事内容の同じ職位に昇進する場合の年齢との差、つまり、「期待年齢 － 実年齢」のことである。昇進の期待年齢は、一定の個人履歴（学歴、人種、性別、在職年数）をもった経営管理者が、特定の職務領域内の、特定の地位（職位、職務、配属先工場の場所）に昇進する平均年齢である。昇進の期待年齢は昇進年齢に関するサンプル集団内分散の12％であり、残差は期待昇進年齢を中心にして正規分布曲線を描いている（Burt 1992: 126-31; 1995）。図7-2のCのグラフにおける主要変数は、平均値0、分散1に標準化された早期昇進の程度を示す変数である。

　図7-2のグラフCは、調査に回答した最上級職に就いている男性170人に関するものである（女性の上級職者については Burt 1998: 14 参照）。早期昇進と制約との間には、統計的に有意な負の相関がある（t検定 -5.4）。現在の職位に早期に昇進した男性は制約の程度が低いネットワークをもっている傾向があり（グラフの左側）、遅く昇進した男性は制約の程度が高いネットワークをもつ傾向がある（グラフの右側）。

給与報酬

　グラフD、E、Fは、給与報酬とネットワーク制約との負の関係を表している。図7-2のグラフDは、1997年に、フランスにある化学薬品大企業の一部門で様々な職務に従事する上級管理者から選ばれた代表性のあるサンプル60人に関するものである（Burt, Hogarth, & Michaud 2000）。ここでも上述の質問群を

使って、様々な関係についてサーベイによるネットワーク・データが得られた。調査対象者となった経営管理者に関する業績と履歴データは、会社の人事記録から得られた。調査対象者が得た年収額の分散の72％は、経営管理者の職位と年齢から説明できる（給与額は、在職年数よりも年齢との相関の方が若干高い）。給与の分散の28％を占める残差が、図7-2のグラフDにおける業績変数を規定している。ある経営管理者の給与の相対的な高さとは、その経営管理者の実際の給与と、彼と同年齢で同職位にある人に期待される給与との差、つまり、「給与期待給与」を算出したものである。職位と年齢の効果を統制すると、他の履歴要因との相関は無視できるほど小さくなる（Burt, Hogarth, & Michaud 2000）。相対的な給与の高さは、調査対象者となったすべての経営管理者85人において、平均値0、分散1になるように標準化され（例えば、1.5のスコアは、その経営管理者の給与が、同じ年齢・職位にある人々に支払われている平均的給与より、標準偏差で1.5倍分高いことを意味している）。相対的給与の高さとネットワーク制約の負の相関は、統計的に有意である（t検定 -3.7）。彼の職位と年齢から期待される額よりも高い給与を享受している経営管理者は、企業内の構造的隙間に橋を架けるようなネットワークを有する経営管理者たちであるということになる。

　図7-2のEのグラフは、金融機関の投資部門の幹部職員に関して1993年に得られたデータに基づくものである（Burt 1997a）。調査対象者には、顧客関係担当の銀行員ばかりでなく、ボーナスの分配に与っている数多くの管理事務や支援業務の人員が含まれている。調査対象者についての業績、履歴、ネットワーク・データは、会社の人事記録から得た。年間ボーナス報酬額は0から数百万ドルまでばらつきがあるが、その分散のうちの73％は職位（その金融機関によって定義された職位による違いを示すダミー変数）およびその企業での在職年数（その企業での勤続年数および現在の職に就いてからの年数）によって説明される。給与は、同じ変数によってほぼ完全に説明できる（給与の分散のうち95％が説明される）。職位と在職年数をコントロールすると、性別、人種など、企業がデータもっている履歴要因の違いによってもたらされるボーナスの差は有意ではなくなる。ボーナス額の分散の残り27％については残差要因が図7-2のグラフEの業績変数を規定している。相対的なボーナス額の高さとは、ある経営管理

者に支払われたボーナス額と、彼の同じ職位・年齢で、同じ企業内在職年数をもった人の平均的ボーナス額との差、つまり、「ボーナス額 − 期待ボーナス額」のことである。調査対象者となった経営管理者たちの相対的ボーナス額は、平均値が0、分散が1になるように標準化したものである（したがって、1.5という点数は、その経営管理者のボーナスが、同じ年齢・職位・在職年数にある人々に支払われるボーナスより、標準偏差で1.5倍高いことを意味している）。図7-2のグラフEは、社会関係資本の分析対象となった男性147人のランダム・サンプルに関するものである（女性行員についての分析結果は Burt 2000 の表2参照）。

　この調査の対象になった人々の仕事には、同僚との柔軟な協力関係が不可欠である。個人間の関係に関わる行動の多くは直属の上司には知られないので、官僚制的な指揮系統の連鎖を使って彼らの協力関係を探ることは不可能である。この業界内においてはよくあることであるが、この企業は、従業員の協力関係を把握するために同僚による相互評価を採用していた。この管理職にある人たちは、毎年1回、過去1年間において実質的で頻繁な仕事上の関係をもった相手を挙げて、その人たちと一緒に働くことがどのくらい生産的であったかを回答させられる。この企業は、これらの同僚評価による平均点をボーナスや昇進の考課に使用していた。この企業は、評価の平均点を使うという以上のことには眼を向けようとはしていない。しかし、社会関係資本の理論によれば、この評価方法のなかには管理職たちの業績と密接な関係にあるネットワーク構造が含まれており、それが彼のボーナス額にも影響を与えるはずである（Eccles & Crane 1989 の第8章参照）。投資部門の管理者たちと企業内の他の部門の同僚たちによる同僚評価結果から、経営管理者のひとりひとりが生産的な接触相手であると回答した人たちを同定し、さらに名前の挙がった接触相手たちが彼をどう評価したのかを見て、接触のあった同僚同士が互いにどんな評価をしたのかを明らかにした。その後で、描き出された個々の経営管理者を取り巻くネットワークのネットワーク制約を算出した。

　この調査対象者たちを分析的に価値があるものにしているのは、ネットワーク・データと業績データとの間の時間的な順序関係である。社会関係資本の理論は、社会構造を何かの原因となる説明変数と考えてきた。そのような議論とも一貫するかたちで、私は、理論的・発見的な目的のために、社会構造の優先

性を仮定したい。私が社会構造の優先性を仮定するだけにとどめるのは、図7-2の他の集団を対象にして集められた他のデータが1時点の横断的データであるため、因果関係については何も証明できないからである（この点の議論については Burt 1992: 173-80 参照）。サーベイによってネットワーク・データを収集し、経営管理者が何らかの成功を達成するまで待ち、それから業績データを収集する、というのは困難な方法である。投資部門の管理者に関するネットワーク・データは、5ヶ月後のボーナス報酬額査定に反映させる目的で恒例の同僚評価の一環として集められたものである。

　図7-2のグラフEにおいて、ボーナス報酬とネットワーク制約の間には、負の相関が存在する（t検定 -3.7）。職位と在職年数から期待されるよりも高額のボーナスを得ている経営管理者は、企業内の構造的隙間を橋渡しするネットワークをもつ傾向にある。図7-2のグラフFにおけるロジット分析の結果は、図7-2のグラフEの結果が示唆する以上に強い相関を示している。図7-2のグラフEのデータには三角形のパターンが存在する。グラフの右側は、もっとも制約されたネットワークをもつ経営管理者が低いボーナスを受け取ることを示している。左側を見ると、同僚より多くのボーナスを受け取っている経営管理者はネットワーク制約が低い傾向があるが、同様に制約が小さいネットワークをもつ経営管理者でも少ないボーナスを受け取っているケースが多いのである。私は、これは1年単位のデータであることに起因すると考える。構造的隙間を架け橋する、制約の小さいネットワークは、報酬を得られるような機会へと導いてくれやすいが、例外的な利得を毎年保証してくれるわけではない。当該年のボーナスと前年のボーナスとの間には、（職位と在職年数を統制後）.47の偏相関がある。もっとも生産的な経営管理者でさえ、報酬の多い年の次にはふつうの業務で1年が過ぎるということがありえる。したがって、図7-2のグラフFにおけるロジット分析の結果の方が、投資部門の管理者にとっての社会関係資本の効果を正確に描き出していると言える。ここでは、ボーナスの額によって、経営管理者を三つのカテゴリーに分割した。大（職位と在職年数から期待されるよりも1標準偏差以上多いボーナス）、中、小（職位と在職年数から期待されるよりも1標準偏差分以上の少ないボーナス）の3カテゴリーである。今年のネットワーク制約が大きいのであれば、多額のボーナスを来年もらえる確率が有意に

下がるが（t検定 -2.7）、来年には少額のボーナスしかもらえない確率が上がるという効果の方がさらに強い（t検定 3.6）。

その他の証拠データ

　図7-2の五つの調査対象者集団に共通して言えることは、社会関係資本は、構造的隙間を橋渡しする仲介からもたらされるものであって、ネットワーク閉鎖性に起因するものでない、ということである。私は別稿で、これほど詳細ではないネットワーク・データに依拠した研究も含めて、より多様な人々を対象とした、より多様な現実的問題に関する調査研究をレビューしている（Burt 2000）。そのレビュー論文の結論は、この論文と同じである。すなわち、閉鎖的なネットワークは——具体的に言えば、緊密に相互結合した接触相手たちのネットワークは、一貫して標準以下の業績に結びつきやすいというものである。個人と集団の両方にとって、構造的隙間に架かるネットワークは、創造性と革新性、よい評価や早い昇進、高い報酬や利益につながりやすい。

コールマンの証拠データの再検討

　社会関係資本の一形態としてのネットワーク閉鎖性に関するコールマンの議論のなかでもっとも権威を帯びている論証は、彼自身による高校生の研究に基づくものである。彼は、なぜある生徒たちはほかの生徒たちよりも高校を中退しやすいのかということが、ネットワーク閉鎖性によって説明できると論じる。ネットワーク閉鎖論の予測するところによれば、子どもの生活に関わる大人たちが相互に結合している程度が高い場合には、その大人たちの間に信頼・規範・効果的な制裁が生じやすい。このことは、自分の子どもにきちんと教育を受けさせたいという大人たちの関心追求の実効性が高まることを意味している。

　コールマンは、大人同士が閉鎖的なネットワークを作っているなかで暮らす子どもたちは、中途退学しにくいことを示す三つの証拠を提示している（Coleman 1988, 1990: 590-97）。第1に、両親が同居していて、子ども数が少ない家庭の子どもは中途退学しにくい（両親がそろって暮らしていると、両親が別居している場合よりも効果的に子どもの監視をすることができる）。第2に、日常

生活をすべて同じ近隣地域内で過ごす子どもは、中途退学しにくい（近隣地域内の親たち、教師たち、それ以外の大人たちは、お互いに知り合いになりやすく、子どもの指導・監督においても互いに協力しやすいが、新しくその地域にやってきた親たちはそうはいかない）。第3に、カトリックなどの宗教系の私立学校に通う子どもは中途退学しにくい（そうした私立学校の親たち、教師たち、子どもの友人の親たちは、公立学校において同じような立場にある大人たちに比べて、互いに知り合いである傾向が強く、子どもの指導・監督においても協力関係を作りやすい）。

ここで二つの疑問が出てくる。第1の疑問は、「中途退学しない」ことは、社会関係資本の効果を推定するために採用すべき業績の基準として有効なのか、という問いである。「中退する」かどうかの違いによって示される業績の差異をもたらす要因は、業績に関する連続軸のもう一方の極にある「学業を続け、かつ成績がよい」という対極的な差異を規定する要因とは、おそらく別のものであろう。例えば、898校の高校において9241人の生徒に関する全国教育縦断調査（National Education Longitudinal Study）における数学の学力データ分析で、モーガンとソレンセン（Morgan & Sørensen 1999a, b: 674）は、ネットワーク閉鎖性の価値に関して疑問を投げかけ、次のように言っている。「私たちの知見にしたがえば、（コールマンの）基本的な仮説とは対照的に、視野拡大型の学校に典型的なネットワーク状況がもたらす恩恵の方が、規範強制型の学校に典型的なネットワーク状況がもたらす恩恵よりもはるかに大きいと結論づけられる。」コールマンによる先行研究がそうであったように、モーガンとソレンセンが分析に利用できたネットワーク・データは限界のあるものではあったが[1]、彼らが使用した二つのネットワーク変数はある種の閉鎖性と言えるものを測定しているので、数学の点数と「親同士が知り合いであること」が負の相関を示したことは、閉鎖論に与してきた研究者たちに対して疑義を呈することになった。

第2に、仲介が社会関係資本をもたらすという証拠が蓄積されてきたことからすれば、コールマンが提示した証拠においても仲介が何らかの役割を演じていた可能性を検討する余地がある。友人や先生や親たちがすべて互いに強く結合している制約されたネットワークをもっている子どもたちは、相手によって

違うことを言ったり、言い逃れしたりすることができなくなるので、中途退学しにくくなると仮に認めるとしよう。そうすると、両親や教師からの制約が強いので、勉強に集中せざるをえなくなり、子どもたちにとって長期的なよい効果をもたらす、というわけである。しかし、ここで言う社会関係資本とは、その子どものものなのだろうか。それともその両親のものなのだろうか。この章で概観してきた様々な証拠データは、ひとりの個人を中心にしたネットワークにおける、その個人の社会関係資本に関するものである。大人たちが高い業績をあげることに結びつくような社会関係資本は、互いに結合していない接触相手たちによって構成されるネットワークによってもたらされていた。大人になっていく過程のどの時点からか、それまで周囲の環境によって人格形成されてきた子どもたちは、次第に自分の責任において周囲の環境を作り換える立場に置かれるようになり、また自分が環境にどの程度の価値を付加したかによって報酬を受けるようになっていく、と考えられる。制約は、子どもたちにとってはよい効果をもたらすとしても、大人たちにとってよくないものである。とりわけ、企業のトップにおいてその経営責任を担う大人たちにとってはそうである。さらに言えば、自分の子どもたちを取り巻く親たちのネットワークというものは、教育達成をもたらす社会関係資本効果のほんの一部しか捉えていないことになる。効果的な大人の監視（ネットワーク閉鎖論）と、自分の子どもの成長をうまく支えていくために手を尽くして必要な資源を社会から調達する親の能力（構造的隙間論）とが組み合わされてはじめて説明が完結する。親が子どもを統制できるようにさせる閉鎖性の効果がいかなるものであれ、図7-2に示されていたように、職場において構造的隙間を橋渡しするネットワークを親がもっていて、早期昇進と高収入を家庭にもたらす効果の方が、はるかに大きいのではないだろうか。

ひとつの統合点

しかし、閉鎖性にも重要な役割が残っている。閉鎖性は、構造的隙間に埋もれている価値を実現するために決定的に重要なものになりえるからである。

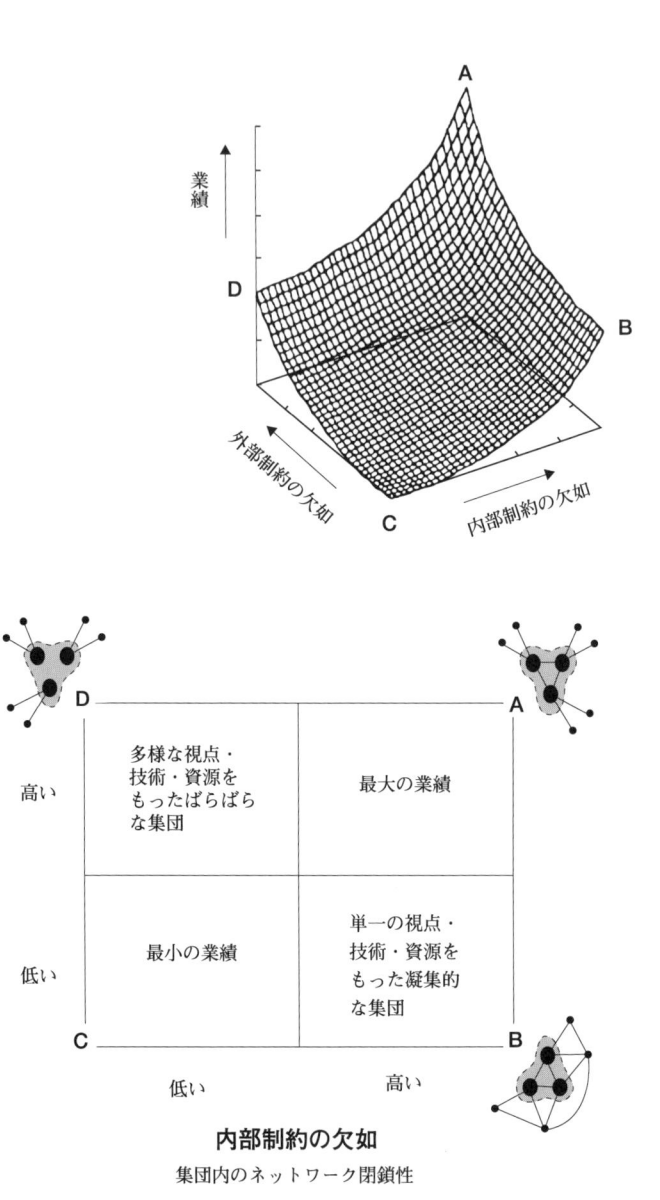

図7-3　社会関係資本の効果

内的・外的制約

　図7-3から始めよう。表の各行は外部ネットワークの観点から集団を区分している。集団は様々な基準で区分されうる。私が想定しているのは情報の冗長性を規定するネットワークに関する二つの基準（凝集性と構造的同値性）であるが、それだけではなくもっと日常的な集団、例えば家族、職場のチーム、近隣、あるいはひとつの業界などのようなもう少し大きなコミュニティを含めることもできる。表の上側に描かれた三者間のソシオグラムで示したように、集団の枠を越えて外部に冗長でない接触相手を数多くもつ個人から成る集団がある。ここに描いた二つの集団に属する人たちは、集団の外につながる冗長でない接触相手を合計で6人もっていることになる。ネットワーク測度に関して言えば、冗長ではない接触相手をもっているということは、集団に対する外的な制約がないことを意味している。図7-2のグラフBの横軸は、例えば、TQMチームに所属する個人にかかるネットワーク制約の平均値を示している。グラフの左側にある制約の少ないチームは、チームの外部に多くの冗長でない接触相手をもつ社員から構成されていた。チームの外に拡がる構造的隙間を架け橋することによって、彼らのネットワークは、多様な視点や技術や資源に手が届くようになる。これらのチームは、高い業績を上げているチームである。その反対側、図7-2のグラフBの右側には、チームの外へと拡がる冗長な接触相手をもつ人たちから構成された低い業績しか上げていないチームが位置している。図7-3の下側にあるソシオグラムはそのような状況を描いたものである。この集団がチームの外にもっている4人の接触相手は、相互に結合しているために、凝集性による冗長性が生じてしまっている。そのようなチームは、単一の視点や技術、資源にしか触れることができず、図7-2のグラフBにおいてこうしたTQMが低い業績しか上げていないことに表れているように、新たな解決方法を思いついたり、うまく実行したりすることは期待できない。

　図7-3の各列は、ネットワーク閉鎖性の観点から集団を区分したものである。集団内に存在する個人間あるいは組織間の構造的隙間は、集団内のコミュニケーションや協力関係を低減し、そのような集団は外部の接触相手との関係をうまく仲介して利益を上げる能力を低下させてしまう。閉鎖性が増せば、チーム内における構造的隙間が消え去り、コミュニケーションを円滑にし、チーム内

の協調性を高める。図7-3の左側のソシオグラムは、その内部に含まれるメンバー同士が結合していない集団を表しており、表の右側にある二つのソシオグラムは、メンバーの三者がすべて結合した集団を表している。密度が高いネットワークや階層性を含んだネットワークは、ネットワークの閉鎖性をもたらすが、階層的であることの方が閉鎖性に結びつきやすい形態のようである（Burt 2000）。チームのすべてのメンバーと強い関係をもっているリーダーは、たとえ構造的隙間によって分断された複数の仲間集団や派閥がチーム内にあったとしても、コミュニケーションを円滑にし、チーム内の協調性を高めることができるのである。

業績の曲面的表現

　図7-3の一番上にあるグラフは、下の表における各セルの集団の業績を表したものである。業績とは、ここで明確に定義されているものではなく、技術革新を成し遂げたり、よい評価を得たり、早期昇進したり、報酬を得たり、利益を上げるなどいろいろなものを含んでいる。図7-3の表における四つの角にあたる点A、B、C、Dは、グラフ上の同じ文字を付した各点に対応している。

　グラフの奥の方（象限A）で業績がもっとも高くなり、そこでは集団内の閉鎖性も高い（ひとりの明確なリーダーあるいはひとつの緊密なネットワークが集団内のメンバーを結びつけている）、集団外に拡がる数多くの冗長でない接触相手が存在する（周辺の組織へとつながるメンバーのネットワークは、異質な視点、技術、資源を豊富に含んでいる）。グラフの手前側（象限C）になるほど業績が低くなり、そこでは集団内の閉鎖性が低く（メンバーは何をすべきか、どう進めるべきかについて、言い争ってばかりいる）、集団の外に拡がる冗長でない接触相手をほとんどもっていない（メンバーがもっている視点、技術、資源は同じようなものばかりである）。

　図7-3は、3種の証拠データから私が導き出した推論を表したものであるが、それらの証拠データについては別稿で詳述している（Burt 2000の図5）。実は、図7-3に示した仲介と閉鎖の交互作用は、構造的隙間論を生み出す基盤となった構造的自律性の概念を表している（Burt 1980, 1982, 1992: 38-45）。

　証拠データの第1のものは、産業別利益幅と市場構造との相関を記述する統

計データを使った調査研究から得られたものである。ある産業の利益幅は業界内の製造企業間の閉鎖性が高いほど増加し、冗長でない原材料・部品納入業者や顧客市場の数が多いほど増加する（Burt 1992の第3章および2000の図6）。市場構造の研究に例えて類推を働かせることは二つの点において生産的である。第1に、市場活動の結果というものは、市場状況に関する統計データに基づいているので、経営管理者のサンプルではふつう手に入らないような、業績とネットワークとの間の極端な関連に関するデータが含まれている。第2に、ネットワーク状況の多様な市場がどんな結果になっているかを比べてみると、ネットワーク構造の違いによってもたらされる報酬の違いは非線形的なかたちを示すことがわかる。ネットワーク制約が極小状態に至って、逸脱が生じる瞬間にもっとも強いネットワーク効果が生じる。集団内のネットワーク構造に関して換言すれば、集団内で重要な関係が切れたときに業績が落ちることになるが、すでに解体が進んでいる集団内でさらにもうひとつ関係が切れたとしてもさほど業績に違いは出ない。集団外部の構造に関しては、単一の視点、技術、資源が周囲の組織から強力に導入されたときに業績は低下するが、すでに外部からの圧力で凍りついた集団にさらに外的圧力が加えられたとしても業績にたいした違いは生じない。

　議論を統合するための第2の証拠データは、リーガンズとズッカーマン（Reagans & Zuckerman, 1999）が八つの業界にまたがる米国企業29社における223の企業研究開発ユニットの業績を研究したものである。彼らの報告によれば、出力レベルが高かったのは、研究者が多様で異質な人口集団から雇用されて集められており（そのネットワークがチーム外部にある多様な視点、技術、資源につながっていることを示唆している）、かつユニット内部において緊密なコミュニケーション・ネットワークが存在するようなユニットであった。在職期間の長さが多様であるとは、異質な視点をもつもの同士が多く含まれ、コミュニケーションと協調が困難になると有害なこともあるが、（チーム内の緊密なネットワークが示唆しているように）コミュニケーションがうまくいきさえすれば、多様な情報を入手できるという仲介による利点のためにチームの業績が高められるのである（在職期間以外の多様性についても同じようなことが言えるが、それについてはWilliams & O'Reilly 1988参照）。リーガンズとズッカーマンの知見

は、図7-3の最上部に示した業績曲面における点Aと点Cを結ぶ曲線のうちのどれかを表している。

統合的な議論のための第3の証拠データは、経営管理者とっての社会関係資本の状況依存的価値（contingent value of social capital）に関する研究に由来する（Burt 1997a, 2000 の図6）。社会関係資本は、(CEOや部門担当副社長、あるいはその企業組織内で新しく始まったベンチャー的な部門を管理する職にあるものなど) 比較的珍しい職に就いているものにとってもっとも価値がある。これらの人々は、社会関係資本による情報利益や制御利益から得るところがもっとも大きい人たちである。多数の仕事仲間がいると、それが競争の準拠枠組を作り上げてしまい、どの経営管理者もそれに照らして業績を比べられることになるので、同じような仕事をしている経営管理者同士はどうしても努力の仕方が似てくる、というのが状況依存理論の議論である。バート（Burt 1997a, 2000 の図6）は、社会関係資本の価値は、同じような仕事をしている経営管理者（仕事仲間）の数が増えるほど非線形的に低下することを明らかにした。仕事仲間のネットワーク閉鎖性は、仲間の数が増えるとともに減少すると仮定すれば、多数の人々の間でネットワーク閉鎖性を維持することは少数者の場合よりも困難であると言える。だとするならば、仲間の数と社会関係資本の価値との間の負の相関は、閉鎖性と社会関係資本の価値との間の負の相関であるということになる。ここでも、構造的隙間を仲介することによってもたらされる社会関係資本は、集団内にネットワーク閉鎖性が存在する集団にとって価値が高いと言える。これには図7-3の奥の方にある点Aが該当する。グラフの点Cから点Dを結ぶ軸に沿って見ると、閉鎖性が低いことは集団内のコミュニケーションと協力関係が乏しいことを意味しており、そのような集団には乏しい業績しか期待できず、視点、技術、資源が極端に多様な外部ネットワークをもっている場合にのみ、わずかにその恩恵を受けることができるのである。

調査結果を統合するための準拠枠組

図7-3は、諸研究の結果を統合するための準拠枠組としても役に立つだろう。ネットワーク閉鎖性が社会関係資本をもたらすという議論と構造的隙間が社会関係資本をもたらすという議論のどちらかだけを支持する証拠を示す研究だか

らといって、必ずしももう一方の議論に異議を唱えることにはならない。

例えば、グリーフ（Greif 1989）は、中世期、北アフリカ・マグレブ地方の貿易商が商売で成功するためには、ネットワーク閉鎖性が決定的に重要であった、と論じている。貿易商たちはみな自分の住む都市で地域的に商売を営んではいたが、それは遠く離れた都市向けの商品の売り上げに依存していた。貿易商たちの間に生じたネットワーク閉鎖性は、互いの協調を可能にし、それが互いの信頼をもたらし、まったく異なった商売を営んでいるにもかかわらずその産物を売買することができただけではなく、かなりの儲けを出していた。個々の貿易商は、仲介する機会に恵まれたネットワークをもっていたが、その機会をうまく活用するためにはお互いの関係に閉鎖性が必要であった。さらに一般化して言えば、多様な視点、技術、資源に富んだ環境においては、集団が業績を上げられるかどうかは、人々が互いの異質性を克服して集団として動こうとするかどうかに依存している。集団が達成する業績の高さは、仲介の多さではなく、集団内の閉鎖性の高さによって変化する。というのは、この場合、集団の外に拡がる仲介の機会は誰にとっても豊富にあるからである（これは、図7-3の曲面上のA点から点Dに至る曲線にあたる）。

ローゼンタール（Rosenthal 1996）のTQMチームの研究は、逆の極端な例を描き出している。この場合、チームに配置されたメンバーはチームとして活動するように訓練されており、この企業内には品質管理に対する熱意がみなぎっていたので、閉鎖性に関してはどのチームもたいした違いはなかった。どのチームにおいても閉鎖性は高かったのである。それゆえに、チームの業績は、図7-2のグラフBに表現されているように、チームの外部ネットワークの違いによって変化する。凝集的なチームというものは、よいアイディアを思いつけばきちんとそれを採用することができる。すべてのチームが凝集的であるわけだから、チーム外に多数の冗長でない接触相手をもったチームが、より多様な視点、技術、資源につながっているという点で有利な条件をもっていることになる。最近のいくつもの研究が、構造的隙間を橋渡しする外部ネットワークをもった集団は大きな成果を上げることを報告している（Burt 2000の概説参照）。ゲレカニツとハンブリック（Geletkanycz & Hambrick 1997）の研究は、最高経営管理者たちが自分の会社や業界の境界を越えて外との関係をもっている企業

は業績がよいことを示している。アフージャ（Ahuja 1998）は、業界トップレベルにおける合弁事業や提携関係のネットワークにおいて仲介的位置を占める組織は特許取得数が多いことを報告している。ペニングス、リー、ウィテルーツイン（Pennings, Lee, & Witteloostuijn 1998）は、会計業界における企業の生き残りにとって、顧客となる企業との強いパートナー関係をもっているかどうかが結果を左右することを示している。また、スチュアートとポドルニー（Stuart & Podolny 1999）は、半導体業界の企業が技術革新を生み出す確率は、自らの専門技術領域外の企業との提携関係がある場合に高くなることを報告している。マッキーヴィリーとザヒーア（McEvily & Zaheer 1999）は、相談に乗ってもらえるような、企業外との冗長でないつながりを多くもっている小規模製造企業ほど、競争力をもったアイディアに接する機会が多くなることを示している。ソレンセン（Sørensen 1999）は、企業外とのネットワークが冗長であると、企業の成長に悪い影響を与えると報告している。さらに、ハンセン、ポドルニー、プェファー（Hansen, Podolny & Pfeffer 2000）のコンピュータの新製品開発チームに関する研究では、自分のチーム外に冗長でない接触相手を多くもっているメンバーから成るチームの方が、目標達成が早いことがわかっている。バウム、カラブレーズ、シルバーマン（Baum, Calabrese & Silverman 2000）のバイオテクノロジー企業に関する研究によれば、多種多様なベンチャー企業を提携相手にしているほど、収入増加が急速であり、特許認可数が多い。カプットとパウエル（Koput & Powell 2000）は、多様なパートナー企業と提携して、多様な活動を展開しているバイオテクノロジー企業ほど、収益が高く、生存率も高いことを示している。そして、ポドルニー（Podolny 2000）によれば、ほかの面ではつながりのなかったパートナー同士が共同投資のネットワークを作り上げているベンチャー資本企業は、初期投資が実を結んで新規株式公開（IPO）にたどり着ける確率が高い。こうした諸研究の結果は、集団外との仲介的つながりが重要なのであって、ビジネス集団内の閉鎖性はさほど問題にならないことを示しているため、閉鎖論は間違いだと言っていると思われるかもしれないが、図7-3を念頭に置いて考えればそうではない。一般的な言い方をすれば、凝集的な集団の業績の良し悪しは、構成メンバーのネットワークが閉鎖的かどうかではなく、構造的隙間を豊富に含んでいるかどうかによって違

ってくるのだが、それはそもそもどの集団も閉鎖性が高いからである（これは、図7-3に示した曲面上の点Aと点Bを結ぶ曲線に該当しており、図7-2ではグラフBに示されている）。

　要するに、構造的隙間とネットワーク閉鎖性は、生産的な方法で組み合わせることが可能である。ただし、統合できるのは経験的な証拠データに関してだけである。そのメカニズムは、依然として異質である。閉鎖性に注目した議論は、緊密なネットワークや階層的なネットワークによって取引をしたり、相手を信頼したりするときに生じるリスクがいかにして縮減され、業績に違いをもたらすかを説明してくれる。一方、構造的隙間というものは、隙間の両側を仲介することで新たな価値を生み出す機会であり、それが業績に違いをもたらすと論じるのが構造的隙間論である。ここで取り上げた経験的な証拠データは、閉鎖論よりも構造的隙間論を支持していると言えるだろう。しかし、図7-3で示した私の結論を要約すれば、構造的隙間を仲介することは新たな付加価値をもたらすが、構造的隙間のなかに埋蔵されている価値を実現するためには閉鎖性が決定的に重要な役割を果たす、ということになる。

【注】

1　例えば、彼らが結論部分で「生徒の友人ネットワーク密度」と呼んでいるものは、ネットワーク密度の測度ではなく、生徒の親にインタビューした際にその生徒の親友として名前が挙がった友人の数である（Morgan & Sørensen 1999a: 666-67 に出てくる0から5までの値をとる「学校の友人」という変数）。「学校の友人」変数が世代間のネットワーク閉鎖性の一指標であり、これは、閉鎖論とも一貫したかたちで、高校3年生までの数学の成績の合計点数と正の相関があった（おもに学校ごとの平均点を使っている。Morgan & Sørensen 1999a: 669, 1999b: 698; Cabonaro, 1999: 684-85）。モーガンとソレンセンの結論部分に出てくる「親ネットワークの密度」も合計人数である。これは、インタビューにおいて名前が挙がった生徒の親友たちのうち、その両親あるいはその一方を知っている数（「親が親を知っている」という変数）である。「親が親を知っている」という変数も、世代間ネットワーク閉鎖性の測度とされているが、閉鎖論とは裏腹に、生徒の数学の成績合計点数とは負の相関があった（これも、おもに学校ごとに生徒の平均点数を使った場合である。Morgan & Sørensen 1999a: 669, 1999b: 698）。もちろん「学校の友人」変数は「親が親を知っている」変数と強く相関している（.58）ために解釈が込み入ってくる。さらに問題なのは、モーガンとソレンセンのネットワーク変数は、生徒自身ではなくその親が数え上げて回答した

数だという点である。生徒自身は親が回答した自分の親友の名前に同意するとは限らないし、生徒たちは親たちの知らないネットワークをもっていることは大いにありえる（生徒たちが高校生であることを忘れないでほしい。父親の知らない友人たちが少年たちの非行行為に重要な影響を及ぼすことについては、Hirschi 1972 参照）。

【文献】

Ahuja, Gautam. 1998. Collaboration networks, structural holes, and innovation: a longitudinal study. Paper presented at the annual meetings of the Academy of Management.

Aldrich, Howard E. 1999. *Organizations Evolving*. Thousand Oaks, CA: Sage.

Ancona, Deborah G., and David F. Caldwell. 1992a. Demography and design: Predictors of new product team performance. *Organization Science* 3: 321-41.

——. 1992b. Bridging the boundary: External activity and performance in organizational teams. *Administrative Science Quarterly* 37: 634-65.

Baker, Wayne E. 1984. The social structure of national securities market. *American Journal of Sociology* 89: 775-811.

Baker, Wayne E., and Ananth Iyer 1992. Information networks and market behavior. *Journal of Mathematical Sociology* 16: 305-32.

Baum, Joel A. C., Tony Calabrese, and Brian S. Silverman. 2000. "Don't go it alone. Alliance network composition and startups' performance in Canadian biotechnology." *Strategic Managiment Journal* 21: 267-94.

Biggart, Nicole Woolsey. 2000. Banking on each other: The situational logic of rotating savings and credit associations. Paper presented at the 2000 Organization Science Winter Conference.

Bourdieu, Piere. 1980. Le capital social: Notes provisoires. *Actes de la Recherche en Sciences Sociales* 3: 2-3.

Bourdieu, Pierre, and Loïc J. D. Wacquant. 1992. *An Invitation to Reflexive Sociology*. Chicago, IL: University of Chicago Press.

Brieger, Ronald L. 1995. Socioeconomic achievement and the phenomenology of achievement. *Annual Review of Sociology* 21: 115-36.

Burt, Ronald S. 1980. Autonomy in a social topology. *American Journal of Sociology* 85: 892-925.

——. 1982. *Toward a Structural Theory of Action*. New York: Academic Press.

——. 1995. Le capital social, les trous structuraux, et l'entrepreneur translated by Emmanuel Lazega.. *Revue Française de Sociologie* 36: 599-628.

——. 1997a. The contingent value of social capital. *Administrative Science Quarterly* 42: 339-65.

——. 1997b. A note on social capital and network content. *Social Networks* 19: 355

-73.
——.1998. The gender of social capital. *Rationality and Society* 10: 5-46.
——. 1999a. Entrepreneurs, distrust, and third parties. Pp. 213-243 in *Shared Cognition in Organizations,* edited by Leigh L. Thompson, John M. Levine, and David M. Messick. Hillsdale, NJ: Lawrence Erlbaum.
——. 1999b. The social capital of opinion laders. *Annals* 566: 37-54.
——. 2000. The network structure of social capital. Pp. 345-423 in *Research in Organizational Behavior*, edited by Robert I. Sutton and Barry M. Staw. Greenwich, CT: JAI Press.
——. 2001. Bandwidth and echo: Trust, information, and gossip in social networks. In *Networks and Markets*, edited by Asessandra Casella and James E. Rauch. New York: Russell Sage Foundation.
Burt, Ronald S., Joseph E. Jannotta, and James T. Mahoney. 1998. Personality correlates of structural holes. *Social Networks* 20: 63-87.
Burt, Ronald S., Robin M. Hogarth, and Claude Michaud. 2000. The social capital of French and American managers. *Organization Science* 11: 123-47.
Carbonaro, William J. 1999. "Openning the debate on closure and schooling outcomes." *American Sociological Review* 64: 682-86.
Coleman, James S. 1988. Social capital in the creation of human capital. *American Journal of Sociology* 94: S95-S120. ジェームズ・コールマン（金光淳訳）「人的資本の形成における社会関係資本」（本書6章）．
——. 1990. *Foundations of Social Theory*. Cambridge, MA: Harvard University Press. ジェームズ・コールマン（久慈利武監訳）『社会理論の基礎』青木書店 2004.
Cook, Karen S., and Richard M. Emerson. 1978. Power, equity and commitment in exchange networks. *American Socioloical Review* 43: 712-39.
Eccles, Robert G., and Dwight B. Crane. 1998. *Doing Deals*. Boston, MA: Harvard Business School Press. R. G. エクルズ & D. B. クレイン（松井和夫監訳）『投資銀行のビジネス戦略——ネットワークにみる「強さ」の秘密』日本経済新聞社 1991.
Freeman, Linton C. 1977. A set of measures of centrality based on betweenness. *Sociometry* 40: 35-40.
Geletkanycz, Marta A., and Donald C. Hambrick. 1997. The external ties of top executives: implications for strategic choice and performance. *Administrative Science Quarterly* 42: 654-81.
Granovetter, Mark S. 1973. The strength of weak ties. *American Journal of Sociology* 78: 1360-80. マーク・グラノヴェター（大岡栄美訳）「弱い紐帯の強さ」（本書4章）．
——. 1985. Economic action, social structure, and embeddedness. *American Journal of Sociology* 91: 481-510. マーク・グラノヴェター「経済行為と社会構造——埋

め込みの問題」(渡辺深訳)『転職――ネットワークとキャリアの研究』ミネルヴァ書房 1998.

――. 1992. Problems of explanation in economic sociology. Pp.29-56 in *Networks and Organization*, edited by Nitin Nohria and Robert G. Eccles. Boston, MA: Harvard Business School Press.

Greif, Avner. 1989. Reputation and coalition in medieval trade: evidence on the Maghribi traders. *Journal of Economic History* 49: 857-82.

Hansen, Morton T., Joel M. Podolny, and Jeffrey Preffer. 2000. So many ties, so little time: a task contingency perspective on the value of social capital in organizations. Paper presented at the 2000 Organization Science Winter Conference.

Hirschi, Travis. 1972. *Causes of Delinquency*. Berkeley, CA: University of Calirornia Press. T. ハーシ (森田洋司・清水新二監訳)『非行の原因――家庭・学校・社会へのつながりを求めて』文化書房博文社 1995.

Koput, Kenneth, and Walter W. Powell. 2000. Not your stepping stone: collaboration and the dynamics of industry evolution in biotechnology. Paper presented at the 2000 Organization Science Winter Conference.

McEvily, Bill, and Akbar Zaheer. 1999. Bridging ties: a source of firm heterogeneity in competitive capabilities. *Strategic Management Journal* 20: 1133-56.

Merton, Robert K. (1957) 1968. Continuities in the theory of reference group behavior. Pp. 335-440 in *Social Theory and Social Structure*. New York: Free Press. ロバート・マートン「準拠集団と社会構造の理論 (つづき)――準拠集団理論の問題提出」(森東吾ほか訳)『社会理論と社会構造』みすず書房 1988.

――. 1984. Socially expected durations: a case study of concept formation in sociology. Pp. 262-83 in *Conflict and Consensus* edited by Walter W. Powell and Richard Robbins. New York: Free Press.

Morgan, Stephen L. and Aage B. Sørensen. 1999a. "A test of Coleman's social capital explanation of school effects." *American Sociological Review* 64: 661-81.

――. 1999b. "Theory, measurement, and specification issues in models of network effects on learning." *American Sociological Review* 64: 694-700.

Morselli, Carlo. 2000. "Structuring Mr. Nice: entrepreneurial opporunities and brokerage positioning in the cannabis trade." *Crime, Law and Social Change* 33: In Press.

Padgett, John F., and Christopher K. Ansell. 1993. Robust action and the rise of the Medici, 1400-1434. *American Journal of Sociology* 98: 1259-1319.

Pennings, Johannes M., Kyungmook Lee, and Arjen van Witteloostuijin. 1998. Human capital, social capital, and firm dissolution. *Academy of Management Journal* 41: 425-40.

Podolny, Joel M. 2000. "Networks as the pipes and prisms of the market." Graduate School of Business, Stanford University.

Putnam, Robert D. 1993. *Making Democracy Work*. Princeton, NJ: Princeton University Press. ロバート・パットナム（河田潤一訳）『哲学する民主主義——伝統と改革の市民的構造』NTT 出版 2001.

Reagans, Ray, and Ezra W. Zuckerman. 1999. Networks, diversity, and performance: the social capital of corporate R & D units. Graduate School of Industrial Administration, Carnegie Mellon University.

Rosenthal, Elizabeth A. 1996. *Social Networks and Team Performance*. Ph.D. Dissertation, Graduate School of Business, University of Chicago.

Simmel, Georg. (1992) 1955. *Conflict and the Web of Group Affiliations* (translated by Kurt H. Wolff and Reinhard Bendix). New York: Free Press. ゲオルク・ジンメル（居安正訳）『社会学——社会化の諸形式についての研究』白水社 1994.

Sørensen, Jesper B. 1999. Executive migration and interorganizational competition. *Social Science Research* 28: 289-315.

Stuart, Toby E., and Joel M. Podolny. 1999. Positional cause and correlates of strategic alliances in the semiconductor industry. Pp. 161-82 in *Research in the Sociology of Organizations*, edited by Steven Andrews and David noke. Greenwich, CT: JAI Press.

Thornton, Patricia H. 1999. The sociology of entrepreneurship. *Annual Review of Sociology* 25: 19-46.

Tillman, Robert, and Michael Indergaard. 1999. Field of schemes: health insurance fraud in the small business sector. *Social Problems* 46: 572-90.

Tullock, Gordon. 1985. Adam Smith and the prisoners' dilemma. *Quarterly Journal of Economics* 100: 1073-81.

Williams, Katherine Y., and Charles A. O'Reilly III. 1998. Demography and diversity in organizations: a review of 40 years of research. Pp. 77-140 in *Research in Organizational Behavior*, edited by Barry M. Staw and L. L. Cummings. Greenwich, CT: JAI Press.

Williams, Phil. 1998. The nature of drug-trafficking networks. *Current History* 97: 154-59.

◆著者紹介・文献解題

ロナルド・バート（Ronald S. Burt）

　ロナルド・バートは、現在シカゴ大学のビジネス・スクールで、ネットワーク分析の視点から組織行動論を研究し、教えている。いわゆるハーバード・ブレイクスルー期にハリソン・ホワイトのもとで（ハーバードの院生ではなかったが）薫陶を受けた俊英の一人で、ニューヨーク州立大学を経て、シカゴ大学の社会学部で博士号を取得した後、カリフォルニア大学・バークレー校、コロンビア大学で教え、現職に至っている。非常にエネルギッシュで、多産なことで知られ、ウェイン・ベーカー（Baker, 2000 = 2001）とともに、ネットワーク分析をビジネス・スクールで普及させた立役者である（ネットワーク分析の歴史については、金光, 2003 参照）。彼の主著『構造的隙間』（Burt, 1992）は、ネットワークにおける「裂け目」あるいは「谷間」とも言える「構造的隙間（structural holes）」という概念に基づき、彼の初期の著作＝博士論文である『行為の構造理論に向けて』（Burt, 1982）などの構造的制約に関する議論を、グラノヴェター（本書4章）を批判しながら拡張したものである。

　さて、ここに収録した論文は、ロナルド・バートが、社会関係資本論に対する自らの貢献である「構造的隙間」論と、社会関係資本概念の現代的創始者とも言えるジェームズ・コールマン（Coleman, 1988）――彼はバートのシカゴ大学時代の師でもある――の「ネットワーク閉鎖」論を、対立する二つの見解として提示し、果たしてどちらが正しいのかと問う、大いに刺激的な論文タイトルで始まる。しかし、論文冒頭で明言されているように、彼の意図はあくまで二つの見解の矛盾を解消し、統合することにある。果たしてそれはどのようにして可能なのか。2人の見解の特徴を対比してみよう。

　バートが「構造的隙間」を資本形成にとって重要なものとみなすのは、それがアクターとアクターを仲介し、新たな結合を生み出す「起業家的ネットワーク」の結節点になる能力を有するからであり、

これは極めてビジネス・スクール的な発想である。バートの社会関係資本論が、主流を成すコールマン＝パットナムのものとは大きく異なる点である。
　これに対して、前章でもみたように、ジェームズ・コールマンは、社会関係資本の基礎となる社会構造を、凝集的な集団における「ネットワーク閉鎖性（network closure）」に見いだしている。ネットワーク閉鎖性は、規範を強制し、信頼を促進するのには適した社会構造だからである。ちなみにコールマンの社会関係資本論は公共政策的な側面があり、これがパットナム（Putnam, 1993 = 2001）らの社会関係資本論の流れに繋がっている（社会関係資本論の歴史、論争点などについては、金光, 2002および2003を参照）。
　ロナルド・バートがこの論文で目指しているのは、まず自らの構造的隙間論が社会関係資本論として説明力があることを経験的証拠によって実証することである。そのために、ビジネスの現場を対象とした夥しい調査結果に依拠し、構造的隙間を測るための「ネットワーク制約」（他者同士の緊密なつながりからの制約が大きいほど構造的隙間ができにくい）という逆概念を使用しながら、経営管理者の営業成績、早期昇進、給与報酬、企業の利益率などの観点で業績の違いをもたらすネットワーク要因を探究していく。その結果、ネットワーク制約が小さい（したがって構造的隙間は多い）ものほど、業績が大きく、昇進も早く、報酬も多く、企業の収益率も高いと結論づけている。
　しかし、本論文でバートがなしたことは、コールマンの「ネットワーク閉鎖論」を一方的に論破し、葬り去ることではなかった。経験的な諸研究の知見を検討した末に、バートは次のように言う。「凝集的な集団の業績の良し悪しは、構成メンバーのネットワークが閉鎖的かどうかではなく、構造的隙間を豊富に含んでいるかどうかによって違ってくるのだが、それはそもそもどの集団も閉鎖性が高いからである」（本書272-273頁）。そして、構造的隙間が社会関係資本の恩恵をもたらす前提として、実は集団の凝集性／閉鎖性が重要だったと認めるのである。
　言い換えればこうなる。共同で何かをしている身近な人々の集団

に凝集性あるいは連帯性がなければよい結果を出すことはできないが、そのなかに引きこもって外に眼を向けなければさらに大きな飛躍は望めない。しかし、外に多様なつながりをもっていていろいろな情報を手に入れることができても、(少なくとも小集団で仕事をしている場合)仕事仲間と協力・連帯できないなら、小さな成果しか上げることはできない。両者の組み合わせが最大の成功をもたらす、というのがバートの統合理論の要点である。「構造的隙間を仲介することは新たな付加価値をもたらすが、構造的隙間のなかに埋蔵されている価値を実現するためには閉鎖性が決定的に重要な役割を果たす」という結語にそれが凝縮されている。

しかし、バートが提示したこの結論を「一般的な社会関係資本のネットワーク・モデル」として図示した図7-3は、必ずしもわかりやすいとは言えず、理論としての精緻化の余地がある。また、この統合仮説は、経験的な調査研究によってしっかりと検証されたわけでもない。この点はバートの新著(Burt, 2005)でも必ずしも充分には果たされていないように思える。この問題は依然として我々が解決を目指すべき大きな課題として残されているのである。

(金光 淳)

【参考文献】

Baker, Wayne, 2000, *Achieving Success Through Social Capital*. Jossey-Bass.［ベーカー，W.（中島豊訳）2001,『ソーシャル・キャピタル——人と組織の間にある「見えざる資産」を活用する』ダイヤモンド社.］

Burt, Ronald, 1982, *Toward a Structural Theory of Action: Network Models of Social Structure, Perception, and Action*, Academic Press.

Burt, Ronald, 1992, *Structural Holes: The Social Structure of Competition*, Harvard University Press.

Burt, Ronald, 2005, *Brokerage & Closure: An Introduction to Social Capital*, Cambridge University Press.

Coleman, James S., 1988, "Social Capital in the Creation of Human Capital," *American Journal of Sociology* 94: S95-S120.（本書6

章)

金光淳, 2002,「人的資本から人間関係資本へ——ソーシャル・キャピタルの理論と計量」『青山マネジメントレビュー』2: 44-52.

金光淳, 2003,『社会ネットワーク分析の基礎——社会的関係資本論にむけて』勁草書房.

Putnam, Robert D. (with Leonardi, R. and Nanetti, R. Y.), 1993, *Making Democracy Work: Civic Traditions in Modern Italy*, Princeton University Press.［パットナム、ロバートD.（河田潤一訳), 2001,『哲学する民主主義——伝統と改革の市民的構造』NTT出版.］

索　引

【ア行】

アイデンティティ　47,189,250
アノミー　156
網の目（web）　28
網目（mesh）　8,89
委員会　1,2,20,32
育児　51,53,59,60,66,69,71
移行期にある家族　46,67,72,84
市場　211,215
逸脱行為　133
イノベーション　131-133
インターネット　120,157,203
インタビュー　42-46,53,90,168,169,177,192,193
インフォーマルな圧力　93
　　──な関係　43,73,76,87,164
　　──な社会関係　48
　　──な社会的資源　214
　　──な社会統制　164
　　──な制裁（sanction）　70,74
　　──な統制　76
　　──なネットワーク　78,83
ウェルマン（Wellman, B.）　v,vi,93,94,159,201-203
埋め込み（embeddedness）　207
影響力　18,37,40,77,82,83,85,86,123,128,137,139,157,162
エゴセントリック　202
　　──・ネットワーク（egocentric network）　vi,135,138
エスニック集団　110
枝分かれした（ramifying）　188,189
　　──構造　166
夫と妻の分離したネットワーク　71

【カ行】

オピニオン・リーダー（opinion leader）　232,249
親子関係　179-182,185,220,224,226
恩義　205,211,214-217,221,223,232,234

階級　1,29,85,88,114,140
　　──システム　2,28,31
　　──ネットワーク（the class network）　14
下位文化（subcultures）　38,140
解放論　159,165-168,171,175-178,180,182,183,185-187,191
拡大親族　110
拡大ネットワーク（extended network）　136
家事　36,51,53,59,60,66,69,71,
家族　14,27,35-46,54-90,92-94,110,142,155,183,207,210,211,216,218,220,223-228,231,233,258,267
　　──外の社会関係資本　227
　　──内の財的資本　236
　　──内の社会関係資本　205,223-227,234-236
　　──内の人的資本　225,235
　　──内部の役割構造　37
　　──の社会関係資本　227
　　──の内部構造　40
　　──は「孤立している（isolated）」　76
　　──役割構造　40
ガンズ（Gans, H.）　140,142,164
官僚制　22-24,160,162,163,168,191,193

──機構　24
──社会システム　166
企業　16,20,25,207,251,254,258-262,269,271,272,273
起業家　250,251
──的ネットワーク　250,278
擬似集団（quasi-groups）　146
基礎的家族（elementary family）　74,76
規範（norms）　56,89,92,131,205,207,208,211,217-221,231,232,234,240,245,252-254,263,264,279
凝集性（cohesion）　88,124,139,156,165,240,248,267,279,280
──的　142,271,272
──力　77
局所ブリッジ（local bridge）　129,130,133,136,144,149,155,156
近所の人（→「隣人」「近隣」の項参照）　53,63,64,66
緊密な網の目　20
緊密な編み目（close-knit）　vi,93
──に編まれた社会的な織物（a tightly knit social fabric）　117
──に編まれたネットワーク（"close-knit" network）　136,176,188
近隣（→「隣人」「近所の人」の項参照）　48,49,55,64,160,163,165,168,169,171,173,175,181,184-188,222,264,267
──ネットワーク　49
クラスター（clusters）　7,139,139,142,164,167,171,176,177,188,189
グラックマン（Gluckman, M.）　30,222,235
グラノヴェター（Granovetter, M.）　ii,v,vi,123,155,201,207,235,247,253,278
クリーク（cliques）　9,104,140-145,149

グループ・ディスカッション　45,48,50-52,89
経済・職業システム　40
経路（path）　113,128-131,134,138,139,141,149
権威への服従　118
合意形成　15
交換理論（exchange theory）　208
交際圏（social circle）　36,137,142
構造的埋め込み（structural embeddedness）　253
──的自律性（structural autonomy）　247,268
──的隙間（structural holes）　v,240,243,245,247-251,255,256,258,260,262,263,265,267,268,270-273,278-280
──的制約　278
──的同値性　267
──分析　iv,203
合同的な夫婦役割関係（joint conjugal role-relationship）　36,46,54,63,69,72,85
高度に結合したネットワーク（highly connected network）　vi,38-40,46,60,67,70,72-79,83,85,90,93
合理的行為　205,208
──行為理論　209,239
──行為論　205,224,234
──選択理論　239,240
コールマン（Coleman, J.）　v,vi,132,205,239,244,245,251-253,263,264,278,279
個化　76
個人間ネットワーク（interpersonal networks）　124
ゴッフマン（Goffman, E.）　94
コミュニケーション・ネットワーク　110
コミュニティ（community）　19,47,

74,75,87,123,135,140,142,143,147,
　　151,157,160-164,166,175,177,184,
　　186,188,189,191,202,203,205,210,
　　217,218,220-223,227-234,236,239,
　　252,253,267
　　――解放論　　v,159,165,185
　　――喪失論　　159,162,185,202
　　――存続論　　159,163,185,187
　　――問題（the Community Question）
　　　v,159-162,165-169,185,201
コミュニティ・ネットワーク　　203
孤立した核家族　　92

【サ行】

サービス機関　　42,43,47,55,73,83
サーベイ　　168,258,260,262
財的資本（financial capital）　　223,
　　225,227-229,234,
産業化　　27,28,73-75,77,160,162,163,
　　166,168,193
三者関係　　127,128,142,145
ジェコブス（Jacobs, J.）　　98,151,164
シカゴ学派　　163
市場　　5,25,137-139,190,193,207,209,
　　210,221,233,244-247,251,252,268,
　　269
親しさ（closeness）　　171,172,178-181,
　　183,184,193
失業　　139
実働ネットワーク（effective network）
　　136
社会移動　　81,82,85,88,124
社会運動　　26
社会階級（social class）　　9,10,28,37,
　　40,84,90,104
社会解体　　156,252
社会関係資本（social capital）　　v,205,
　　206,208-219,221-236,239,240,243-
　　245,247,251-257,261-265,270,278-
　　280

社会構造（social structure）　　89,90,
　　104,110,119,123,140,141,145-147,
　　161,205,209,210,212-215,218-221,
　　231-234,244,245,247,248,250,261,
　　279
社会システム　　5,25,28,35,37,41,132,
　　159,160,163,187,189,190,208,216
社会集団　　3,6,10,21,42,74,76,100,157
社会組織　　1,206-208,213,214,234,245,
　　249
社会的距離（social distance）　　113
社会的行為　　205,233
社会的地位　　8
社会的な力（social forces）　　26
社会的な場（social field）　　4,6
社会的ネットワーク（social networks）
　　iv,8,22,35,163-164,207
社会的ネットワーク分析（social network
　　analysis）　　i,92,123,162,203
社会的文脈（social contexts）　　18,57
社会的役割　　48
社会統合　　156
社会統制（social control）　　57,59,75
宗教　　210,222,228-230,264
集合行為（collective action）　　2,163
集団（group）　　88
小集団　　123,124,129,144,145,280
冗長性（redundancy）　　248,267
　　――でない　　267-269,271,272
情報伝達　　123,124,130,138,150,157
職業　　63,79
　　――移動　　68,81,123,157
　　――階層　　63,64,68,79,80
　　――システム　　77,82
職場　　10,22,37,47,49,52,57,75,80,85,
　　86,142,143,160,165,166,181,183,
　　185,186,191,254,265,267
自律性　　76,87,160,203,247
事例研究　　41
人種　　114,134

親族（kin）　22, 159, 160, 162, 163, 165-171, 173, 175-177, 179, 180, 182-187, 193, 202
　――関係　8, 20, 179, 180
　――集団　75
　――ネットワーク　50, 59, 65, 77
人的資本（human capital）　205, 209, 212, 214, 223-231, 233-236, 244, 259
親密　51, 56, 58
　――さ　125, 155
　――性　169, 178, 185, 187
　――な（intimate）紐帯　162, 169, 171, 173-177, 179, 182, 184, 186, 187, 192
　――な強い紐帯　192
　――なネットワーク　159, 169, 171, 173, 175, 176, 178, 183, 184, 188
ジンメル（Simmel, G.）　191, 247, 250
信頼（trust）　207, 210, 212, 214, 232, 244, 245, 252-254, 263, 271, 273, 279
　――性（trustworthiness）　212, 214, 215, 217, 221, 232, 234, 252, 253
心理的距離（psychological distance）　115
親類（relatives）　48-51, 53, 58-60, 66, 67, 70, 71, 73, 75, 80, 81, 87, 110, 142, 170, 172
推移性（transitivity）　145, 146, 155, 157
　――的な（transitive）　144
隙間　vi
スコット（Scott, J.）　ii, iii
生活様式　47
制裁（sanctions）　80, 217-221, 231, 234, 252, 253, 263
性別役割（sex roles）　110
世代間閉鎖性（intergenerational closure）　220, 221, 227, 228, 230, 236
接触相手（contacts）　128, 136-139, 141, 142, 148

全体ネットワーク（total network）　7
専門化　22, 147
専門機関　75
専門分化　113
相互作用　1, 7, 8, 89, 123, 124, 126, 136, 148, 150, 160, 161, 167, 190
喪失論　162-165, 167, 168, 178, 181, 184, 185, 189, 191
ソーシャル・サポート　157, 201
疎外　147
ソシオグラム（sociograms）　127, 135, 144, 146
ソシオセントリック　202
　――・ネットワーク（sociocentric network）　vi
ソシオメトリー（Sociometry）　113, 124, 131, 144, 145, 149
　――法　131, 133
組織化された集団（organized group）　37, 38, 42, 45, 51, 73, 74, 89
存続論　159, 163-168, 171, 175, 177, 180-185

【タ行】

第一次集団　123
　――的紐帯（primary ties）　159-161, 163-169, 173, 177, 178, 185, 186, 190
対面的関係（face-to-face relationships）　2
多重性（multiplexity）　148
多重的関係（multiplex relations）　222
単一送信型の紐帯　164
単一的関係（simplex relations）　222
団体的な親族集団（corporate kin group）　74
地域（territory／local area）　3, 47
　――集団　74
小さな世界（the small world）　98,

110, 133
小さな世界の技法（the small world technique） 110
小さな世界の方法（the small world method） 114
小さな世界モデル 116
小さな世界問題 ii, 97, 98, 100, 102, 116, 119, 120
知人（acquaintances） 110
知人圏（acquaintance circles/circles of acquaintances） 115, 135, 148
知人の連鎖（acquaintance chain） 98
仲介／仲介者（brokerage/broker） 192, 243, 247-251, 263, 264, 268-273, 280
中心性（centrality） 179-183
紐帯の強さ（tie strength） 123-125, 137, 145, 147, 150, 210
地理的な移動 143
強い紐帯 vi, 125-128, 130, 131, 135-137, 142-150, 155-157, 163, 166, 169, 171, 184, 188
ティリー（Tilly, C.） 148, 190, 201
デュルケーム（Durkheim, E.） 94
転職 137, 156, 157, 254
テンニエース（Tönnies） 160
同値性（equivalence） 248
同僚 22, 48, 49, 52, 59, 64, 69, 73, 80, 88, 138, 170-172, 176-181, 183, 184, 188, 222
都市化 193
都市家族 73-76, 82, 87
都市コミュニティ 201
都市再開発 140, 143
都市社会 75, 168
都市社会学 160-163
共系的親族関係（cognatic kinship） 6
友だち（friend）（→「友人」の項参照） 50, 51

トロント v, 92, 94, 159, 162, 168, 169, 173, 175, 181, 182, 201, 202

【ナ行】

内部結合（inbreeding） 103
二次的な（secondary）所属関係 163
二者関係 128, 155, 167, 176
二者間の関係 182, 186, 190
二者間の紐帯（dyadic ties） 123
ネットワーク（networks） 7, 15, 31, 38, 87, 89, 92, 94, 159, 202, 245
――結合度（connectedness） 38-41, 45, 52, 63, 64, 70, 76, 77, 79, 80, 82, 84-87, 89, 92
――制約（network constraints） 249, 254-262, 267, 269, 279
――中心性 182
――の地域化（localization） 78
――媒介性（network betweenness） 249
――分析 ii-vii, 30, 32, 92, 94, 119, 123, 124, 147, 157, 159, 161, 162, 167, 190, 203, 240, 278
――閉鎖性（network closure） 215, 219, 243, 251-253, 263, 264, 267, 270, 271, 273, 279
――密度（network density） 92, 136, 176, 182, 186, 188
ノルウェー 1, 3, 12, 18, 23

【ハ行】

パーク（Park, R.） 191
パーソナリティ 40, 83, 84, 140
パーソナル・コミュニティ（personal community） 202
――・ネットワーク 188, 201-203
パーソンズ（Parsons, T.） 30, 92
バート（Burt, R.） v, vi, 93, 190, 247, 278
バーンズ（Barnes, J. A.） v, 30, 89, 92,

136, 148
媒介者　107, 108, 114, 115, 141, 252
　──中心性（betweenness centrality）　247
橋渡し機能（bridging function）　129, 157
パットナム（Putnam, R. D.）　240, 245, 279
場の理論（field theory）　86
母親役割　62
バラバシ（Barabasi A.）　i, 119
ヒエラルヒー　5, 6, 15, 16, 20, 189, 191, 216
非地域的な（nonlocal）　159
ひとり親家族　225, 226
フィールドワーク　1, 2, 30, 41, 92, 168, 193
フィッシャー（Fischer, C.）　160, 201
夫婦役割　vi, 35-37, 40-42, 45, 46, 53, 60, 63, 66, 68, 84-86, 89, 90
　──分離　37, 39-41, 45, 46, 52, 59, 63, 64, 66, 67-70, 75, 83, 84, 86, 87
フォーマルな関係　76
　──な官僚制機関　164, 178
　──な諸機関　40
　──な組織　31, 233
　──な団体　16, 20
　──な紐帯　185
　──な媒介　139
　──な役割　185
ブキャナン（Buchanan, M.）　i, 119
普及研究（diffusion study）　131, 133, 140, 249
物質的資本（physical capital）　209, 212, 230, 234
物理的移動　81, 85, 88
物理的近接性をもたないコミュニティ（community without propinquity）　175
プライバシー　49, 65, 70, 73, 74, 87

ブラウ（Blau, P.）　208
フリーマン（Freeman, L.）　ii, iii, 30, 94, 190, 247, 249
ブリッジ（bridge）　128, 129, 131, 143, 149, 151, 248-251
　──機能　143, 149
ブルデュー（Bourdieu, P.）　244
分散したネットワーク（dispersed network）　vi, 38-40, 46, 54, 58-60, 64, 67, 70-73, 77, 79, 93
分枝性（ramifications）　177
　──的　185
分離的な夫婦役割関係（segregated conjugal role-relationship）　36, 46
閉鎖性（closure）　205, 219-222, 232, 243, 251-253, 264-273, 279, 280
閉鎖的な地域集団（"closed" local group）　74
　──なネットワーク　240
ボット（Bott, E.）　v, vi, 30, 31, 35, 92, 135, 136
ホーマンズ（Homans, G.）　29, 30, 16, 126, 144, 208
ホワイト（White, H.）　109, 148, 190, 192, 201, 278
ボワセベン（Boissevain, J. F.）　iv

【マ行】

マートン（Merton, R.）　239, 247, 250
まばら　185
　──なネットワーク　vi
　──に編まれた（sparsely knit）　165, 192
　──に編まれたネットワーク　167, 177
マンチェスター学派　iv, 30, 31
ミクロとマクロ　144
　──の統合　157
　──のレベルを連結　147
　──を連結　147

ミクロ―マクロの橋渡し　124
　――の連結　147
ミクロレベルとマクロレベル　123
　――を連結　147
ミッチェル（Mitchell, J. C.）　iv, 30, 31, 190
密度（density）　92, 150, 159, 176, 182, 183, 185, 190, 245-247, 253-255, 268, 273
ミルグラム（Milgram, S.）　ii, v, 118, 133
モデル化　124
モレノ（Moreno, J. L.）　89

【ヤ行】

役割関係における分離度　39
ヤング（Young, M.）　89, 90
友人（friends）（→「友だち」の項参照）　37, 48-50, 55, 57, 58, 63, 64, 66, 70, 71, 73, 75, 80, 81, 87, 110, 126, 130, 133-136, 138, 142, 143, 148, 150, 155, 156, 168-170, 172-174, 176, 177, 179, 184-187, 207, 215, 217, 221, 252, 253, 264, 273, 274
　――関係　20
　――圏（friendship circles）　125
　――ネットワーク　57, 123, 192
ゆるやかな編み目（loose-knit）　vi, 93
ゆるやかに編まれたネットワーク（"loosely-knit" network）　136
弱い紐帯（weak tie）　v, vi, 123, 125, 127, 129-131, 133-137, 139, 140, 142-147, 149, 150, 155-157, 163, 165, 169, 176, 177, 188, 214
　――の強さ（the strength of weak ties）　ii, 123, 155-157, 247

【ラ行】

ラドクリフ＝ブラウン（Radcliffe-Brown, A. R.）　30, 89
ランダムな結合（random connections）　104
リーダーシップ　15, 20, 32
利益関心集団　160
リエゾン・パーソン（liaison persons）　149
リンケージ（linkages）　159, 161, 162, 165, 166, 187, 188
隣人（→「近隣」「近所の人」の項参照）　22, 37, 67, 70, 71, 73, 75, 79, 87, 142, 170, 172, 178, 191, 215
連結（link）　8, 11, 14, 15, 20, 98, 100, 104, 106-108, 110, 112, 114-116, 144, 147, 161, 173, 176-178, 186, 188, 189, 192, 221, 222
連帯　vi, 156, 159-169, 171, 173, 175-178, 180-183, 185-189, 191, 193, 202, 240, 280
6次の隔たり（six degrees of separation）　119, 120
ロンドン　v, 22, 35, 42, 48, 56, 57

【ワ行】

ワッツ（Watts, D.）　i, ii, 119, 120

訳者略歴

【編・監訳者】

野沢慎司（のざわ　しんじ）

茨城県水戸市生まれ。1989年、東京都立大学大学院博士課程単位取得退学。静岡大学人文学部助教授、トロント大学都市コミュニティ研究センター客員研究員を経て、現在、明治学院大学社会学部教授。専攻は、家族社会学、社会的ネットワーク論、コミュニティ論。著書に『ネットワーク論に何ができるか——「家族・コミュニティ問題」を解く』（勁草書房、2009年）、『ステップファミリーのきほんをまなぶ——離婚・再婚と子どもたち』（金剛出版、2018年、共編著）、『ステップファミリー——子どもから見た離婚・再婚』（角川新書、2021年、共著）、論文に "Similarities and Variations in Stepfamily Dynamics among Selected Asian Societies," (*Journal of Family Issues*, Vol.41, 2020) などがある。

【訳者（50音順）】

大岡栄美（おおおか　えみ）

栃木県宇都宮市生まれ。2002年、トロント大学大学院博士課程修了（社会学博士）。現在、関西学院大学社会学部准教授。専攻は、国際社会学、社会的ネットワーク論、ソーシャル・キャピタル論、共生のまちづくり。著書・論文に、"Network Diversity and Attitude towards Minorities in Japan," (Kwansei Gakuin University Social Sciences Review, Vol.18, 2014)、『総合研究カナダ』（関西学院出版会、2020年、共編著）がある。

金光　淳（かなみつ　じゅん）

岡山県岡山市生まれ。1993年、早稲田大学大学院博士課程単位取得退学。1997年シカゴ大学大学院修士課程修了（社会学修士）後、現在、京都産業大学現代社会学部教授。専攻は、経営社会学、経済社会学、社会ネットワーク分析、ソーシャル・キャピタル論、創造都市研究。著書に『社会ネットワーク分析の基礎——社会的関係資本論にむけて』（勁草書房、2003年）、『図説ネットワーク解析（東アジア共同体の構築　第4巻）』（岩波書店、2006年、共著）、『ソーシャル・キャピタル——「きずな」の科学とは何か』（ミネルヴァ書房、2014年、共同編集）、『ソーシャル・キャピタルと経営』（ミネルヴァ書房、2018年、編著）、『「3密」から「3疎」への社会戦略——ネットワーク分析で迫るリモートシフト』（明石書店、2020年）がある。

立山徳子（たてやま　のりこ）

東京都生まれ。1997年、東京都立大学大学院社会学専攻博士課程単位取得退学。米国、南フロリダ州立大学での客員研究員（2021年）を経て、現在、関東学院大学人間共生学部教授。専攻は、都市社会学、家族社会学、パーソナル・ネットワーク論、災害とネットワークによる復興力。著書・論文に「都市空間の中の子育てネットワーク——『家族・コミュニティ問題』の視点から」（『日本都市社会学会年報』第29号、2011年）、『パーソナル・ネットワーク論』（放送大学教育振興会、2012年、共著）、「リタイア期の夫婦共同性とパーソナル・ネットワーク——都市度による検討」（『季刊　家計経済研究』第111号、2016年）がある。

リーディングス　ネットワーク論
家族・コミュニティ・社会関係資本

2006年8月25日　第1版第1刷発行
2022年8月30日　第1版第9刷発行

編・監訳者　野沢慎司

発行者　井村寿人

発行所　株式会社　勁草書房

112-0005　東京都文京区水道2-1-1　振替 00150-2-175253
（編集）電話 03-3815-5277／FAX 03-3814-6968
（営業）電話 03-3814-6861／FAX 03-3814-6854
港北メディアサービス・松岳社

© NOZAWA Shinji　2006

ISBN978-4-326-60194-3　Printed in Japan

JCOPY ＜出版者著作権管理機構 委託出版物＞
本書の無断複製は著作権法上での例外を除き禁じられています。
複製される場合は、そのつど事前に、出版者著作権管理機構
（電話 03-5244-5088, FAX 03-5244-5089, e-mail: info@jcopy.or.jp）
の許諾を得てください。

＊落丁本・乱丁本はお取替いたします。
　ご感想・お問い合わせは小社ホームページから
　お願いいたします。

https://www.keisoshobo.co.jp

野沢慎司		ネットワーク論に何ができるか 「家族・コミュニティ問題」を解く	A5判	二八六〇円
金光　淳		社会ネットワーク分析の基礎 社会的関係資本論にむけて	A5判	五一七〇円
石黒　格	編著	変わりゆく日本人のネットワーク ICT普及期における社会関係の変化	A5判	三〇八〇円
数土直紀 今田高俊	編著	数理社会学入門	A5判 〔数理社会学シリーズ1〕	三六三〇円
小林　盾 海野道郎	編著	数理社会学の理論と方法	A5判 〔数理社会学シリーズ2〕	三三〇〇円
佐藤嘉倫 平松　闊	編著	ネットワーク・ダイナミクス 社会ネットワークと合理的選択	A5判 〔数理社会学シリーズ3〕	三六三〇円
髙坂健次 三隅一人	編著	シンボリック・デバイス 意味世界へのフォーマル・アプローチ	A5判 〔数理社会学シリーズ5〕	三六三〇円

＊表示価格は二〇二二年八月現在。消費税が含まれております。